Die Zurechnungstatbestände des WpHG und WpÜG

Europäische Hochschulschriften
Publications Universitaires Européennes
European University Studies

Reihe II
Rechtswissenschaft

Série II Series II
Droit
Law

Bd./Vol. 5017

PETER LANG
Frankfurt am Main · Berlin · Bern · Bruxelles · New York · Oxford · Wien

Philipp Rulf

Die Zurechnungstatbestände des WpHG und WpÜG

Auslegung und Abgrenzung der Zurechnungstatbestände des § 22 WpHG und des § 30 WpÜG

PETER LANG
Internationaler Verlag der Wissenschaften

Bibliografische Information der Deutschen Nationalbibliothek
Die Deutsche Nationalbibliothek verzeichnet diese Publikation in der Deutschen Nationalbibliografie; detaillierte bibliografische Daten sind im Internet über http://dnb.d-nb.de abrufbar.

Zugl.: Köln, Univ., Diss., 2009

Gedruckt auf alterungsbeständigem,
säurefreiem Papier.

D 38
ISSN 0531-7312
ISBN 978-3-631-60122-8

Vorwort

Die vorliegende Arbeit wurde im Wintersemester 2009/2010 von der Rechtswissenschaftlichen Fakultät der Universität zu Köln als Dissertation angenommen. Sie berücksichtigt Rechtsprechung und Literatur bis Juni 2009.

Die Arbeit entstand parallel zu meiner Tätigkeit als Rechtsanwalt in einer national und international tätigen Wirtschaftsrechts- und Steuerkanzlei, die auch die Anregung für das auserwählte Thema lieferte.

Ein besonderer Dank gilt meinem Doktorvater Prof. Dr. Joachim Hennrichs für die Annahme als Doktorand, die Betreuung der Arbeit und die mir in diesem Zusammenhang gewährte wissenschaftliche Freiheit bei ihrer Ausgestaltung.

Ganz herzlich danke ich auch Frau Prof. Dr. Barbara Grunewald für die Übernahme und zügige Erstellung des Zweitgutachtens.

Meiner Familie, insbesondere meiner Ehefrau, die neben der Vorbereitung für das erste und zweite Staatsexamen auch die Erstellung dieser Arbeit von Anfang an mit mir geteilt hat bzw. ertragen mußte, gebührt schließlich ein ganz besonderer Dank. Aufmunternd, ermutigend und manchmal auch ermahnend hat meine Ehefrau wesentlich zur Fertigstellung der Arbeit beigetragen. Meiner Ehefrau und nicht zuletzt meinen Eltern, die mit der mir gewährten Ausbildung den Grundstein für diese Arbeit legten, möchte ich diese Arbeit widmen.

Köln, im Januar 2010 Philipp Rulf

Inhaltsverzeichnis

1. Kapitel – Einleitung, Problemstellung und Gang der Untersuchung

A. Einleitung

In den vergangenen zehn Jahren hat der deutsche Gesetzgeber das Kapitalmarktrecht in Deutschland grundlegend überarbeitet. Alle heute geltenden wesentlichen Gesetze für Kapitalmarktteilnehmer wurden in dieser Zeit erstmalig erlassen[1] oder insgesamt neu gefaßt[2] und seitdem laufend aktualisiert[3] und den internationalen bzw. europäischen Rahmenbedingungen angepaßt. Diese gesetzgeberische Aktivität des deutschen Gesetzgebers trägt der wachsenden (volks-)wirtschaftlichen Bedeutung des Kapitalmarktes in Deutschland Rechnung. Waren im Jahre 1995 noch ca. 660 Unternehmen an deutschen Börsen notiert,[4] waren es im Jahr 2008 bereits ca. 1.026 Unternehmen,[5] deren Marktkapitalisierung insgesamt 774,36 Mrd. €[6] betrug und an denen insgesamt 9,8 Millionen Bundesbürger Aktien hielten.[7] Von den zehn größten M&A-Deals unter Beteiligung deutscher Unternehmen im Jahre 2008 im Gesamtvolumen von ca. 55,5 Mrd. € erfolgten zwei Unternehmensübernahmen im Gesamtvolumen von ca. 16 Mrd. € durch öffentliche Übernahmeangebote über die Börse.[8] Diese wachsende Bedeutung des Kapitalmarktes spiegelt sich auch in der Entwicklung der Mitteilungen über die Veränderungen von Stimmrechtsanteilen gemäß § 21 ff. WpHG wider, die von 194 im Jahre 1995[9] auf 8.242 im Jahre 2008[10] angestiegen sind. Eine Bestrebung des deutschen Gesetzgebers war und ist es daher die Funktionsfähigkeit des deutschen Kapitalmarktes zu gewährleisten und zu stärken, insbesondere auch im Hinblick auf seine internationale Wettbewerbsfä-

1 Bsp. Wertpapiererwerbs- und Übernahmegesetz vom 20.12.2001; Wertpapierprospekt-Gesetz vom 20.06.2005.

2 Bsp. Börsengesetz vom 21.06.2002; Gesetz über den Wertpapierhandel vom 09.09.1998; Wertpapier-Verkaufsprospektgesetz vom 09.09.1998.

3 Bsp. durch das Übernahmerichtlinie-Umsetzungsgesetz vom 08.07.2006, das Transparenzrichtlinie-Umsetzungsgesetz vom 05.01.2007, das Finanzmarktrichtlinie-Umsetzungsgesetz vom 16.07.2007.

4 Jahresbericht 1995 des Bundesaufsichtsamtes für den Wertpapierhandel, www.bafin.de.

5 Jahresbericht 2008 der Bundesanstalt für Finanzdienstleistungsaufsicht, www.bafin.de.

6 www.deutsche-boerse.de.

7 www.dai.de.

8 *Sven Kunisch*, der deutsche M & A Markt 2008, www.ma-online.de.

9 Jahresbericht 1995 des Bundesaufsichtsamtes für den Wertpapierhandel, www.bafin.de.

10 Jahresbericht 2008 der Bundesanstalt für Finanzdienstleistungsaufsicht, www.bafin.de.

higkeit. Der deutsche Gesetzgeber hat erkannt, daß ein wesentliches Element hierfür das Vertrauen der Anleger und damit deren Schutz ist. Beides soll insbesondere durch das Wertpapiererwerbs- und Übernahmegesetz vom 20.12.2001 sowie das Gesetz vom Wertpapierhandel vom 09.09.1998 gewährleistet werden.

B. Problemstellung

Wesentlicher Bestandteil des am 01.01.2002 in Kraft getretenen Gesetzes zur Regelung von öffentlichen Angeboten zum Erwerb von Wertpapieren und von Unternehmensübernahmen vom 20.12.2001 war die Einführung des Wertpapiererwerbs- und Übernahmegesetzes (im Folgenden „WpÜG"). Dieses Gesetz trat an die Stelle des freiwilligen – wenig wirkungsvollen – Übernahmekodex der Börsensachverständigenkommission und führte in Deutschland erstmals verbindliche Rechtsregeln für öffentliche Angebote zum Erwerb von Wertpapieren in Form von freiwilligen Übernahmeangeboten und Pflichtangeboten (im Folgenden „öffentliche Angebote") ein. Im Gegensatz zu anderen führenden Finanzmärkten hatte man hierauf in Deutschland bisher verzichtet. Zur Gewährleistung eines fairen und geordneten Verfahrens bei öffentlichen Angeboten sind ausweislich der Gesetzesbegründung bestimmte Grundsätze zu beachten, zu denen insbesondere die Stärkung der rechtlichen Stellung von Minderheitsaktionären bei einer möglichen Unternehmensübernahme gehört.

Die Stärkung der rechtlichen Stellung von Minderheitsaktionären soll unter anderem durch das im WpÜG vorgesehene Pflichtangebot gemäß § 35 WpÜG gewährleistet werden, das der Erwerber der Kontrolle über die „Zielgesellschaft" abzugeben hat. Hierdurch wird dem Minderheitsaktionär die Möglichkeit zum Austritt aus der Gesellschaft nach einem erfolgten Kontrollwechsel gegeben. Der Begriff der Kontrolle gemäß § 29 Abs. 2 WpÜG wird rein formal verstanden. Maßgeblich ist allein, ob jemand an der Zielgesellschaft 30 % der Stimmrechtsanteile unmittelbar hält oder ihm diese auf Grund des § 30 WpÜG zugerechnet werden. Eine wichtige Vorbedingung für die Ermittlung von Stimmrechtsanteilen bilden transparente Beteiligungsverhältnisse, die lediglich durch eine Mitteilung und Veröffentlichung von Beteiligungen erreicht werden können.

Die Pflicht zur Mitteilung und Veröffentlichung von bedeutenden Beteiligungen an börsennotierten Gesellschaften war vor Einführung des WpÜG bereits Gegenstand der §§ 21 ff. des Wertpapierhandelsgesetzes vom 09.09.1998 (WpHG), durch die Artikel 4 Abs. 1 der Transparenzrichtlinie 1988 umgesetzt wurde.[11]

---

11 Die §§ 21 ff. WpHG setzten ursprünglich die Richtlinie 88/627/EWG vom 12.12.1988 über die bei Erwerb und Veräußerung einer bedeutenden Beteiligung an einer bör-

In der Einsicht, daß Veränderungen wesentlicher Stimmrechtsbeteiligungen zugleich wichtige Hinweise auf bevorstehende Unternehmensübernahmen geben können, hat der Gesetzgeber in Artikel 2 des Gesetzes zur Regelung von öffentlichen Angeboten zum Erwerb von Wertpapieren und von Unternehmensübernahmen auch die §§ 21 ff. WpHG geändert. Gesetzgeberisches Motiv der Änderungen war es, u. a. eine weitgehende Parallelität zwischen den Mitteilungspflichten der §§ 21 ff. WpHG und der damit einhergehenden Beteiligungspublizität sowie dem Übernahmerecht zu schaffen. Hierzu hat der Gesetzgeber den Anwendungsbereich der §§ 21 ff. WpHG an das WpÜG angepaßt und die Zurechnungstatbestände des § 22 WpHG bei der Ermittlung von Stimmrechtsanteilen dem Wortlaut des § 30 WpHG angeglichen. Nach dem Willen des Gesetzgebers sollte hierdurch zur Vermeidung von Irritationen am Kapitalmarkt eine einheitliche Zurechnung von Stimmrechten nach dem WpÜG und dem WpHG gewährleistet werden.[12] An dieser einheitlichen Auslegung hielt der Gesetzgeber auch bei den nachträglichen Änderungen beider Gesetze fest.[13]

Problematisch ist hierbei, daß der Gesetzgeber mit typisierten sowie abstrakten, nicht eindeutig abgrenzbaren Zurechnungstatbeständen arbeitet, die zudem nicht auf die materiell-rechtliche Zuordnung von Stimmrechten abstellen. Die Abgrenzung der einzelnen Tatbestände kann nur durch eine Auslegung erreicht werden. Die Auslegung einer Norm hat über den Wortlaut der Norm hinaus vor dem Hintergrund der Gesetzessystematik und des Gesetzeszweckes sowie der daran anknüpfenden Rechtsfolgen zu erfolgen, wobei wiederum ihre Entstehungs- und Entwicklungsgeschichte zu berücksichtigen ist. Unklar ist vor diesem Hintergrund, ob die Zurechnungstatbestände des § 30 WpÜG und des § 22 WpHG identisch anzuwenden sind. Denn die unterschiedliche Gesetzessystematik und der unterschiedliche Gesetzeszweck des WpÜG und des WpHG – vor allem unter Berücksichtigung der an die Erfüllung von Zurechnungstatbeständen anknüpfenden verschiedenen Rechtsfolgen – lassen Zweifel aufkommen, ob eine identische Anwendung immer sachgerecht ist.

Da sich aber bisher weder eine klare Verwaltungspraxis der BaFin noch eine „gefestigte" Rechtsprechung oder eine einheitliche Auffassung im Schrifttum

---

sennotierten Gesellschaft zu veröffentlichenden Informationen (ABl.EG L 348 vom 17.12.1988, S. 62 ff., nachfolgend auch „Transparenzrichtlinie1988" genannt) um. Mittlerweile ist die Transparenzrichtlinie 1988 in den Artikeln 10 – 16 der Richtlinie 2004/109/EG vom 15.12.2004 über die Zulassung von Wertpapieren zur amtlichen Börsennotierung und über die hinsichtlich dieser Wertpapiere zu veröffentlichenden Information aufgegangen (ABl.EG L Nr. 390 vom 31.12.2004, S. 38 ff., nachfolgend „Transparenzrichtlinie 2004" genannt).

12 Bundestag-Drucksache 14/7034, S. 1 (53).

13 Bundestag-Drucksache 16/2498, S. 1 (57).

herausgebildet hat, resultiert hieraus eine erhebliche Rechtsunsicherheit in der Rechtspraxis. Gleichzeitig knüpfen weitgehende und einschneidende Rechtsfolgen sowohl in zivilrechtlicher als auch in ordnungswidrigkeitlicher Sicht an das Erreichen bestimmter Schwellenwerte auf Grund der nach den Zurechnungstatbeständen ermittelten Stimmrechtsanteilen an.

Ziel dieser Untersuchung ist es daher, den Anwendungsbereich der einzelnen Zurechnungstatbestände des WpHG und des WpÜG herauszuarbeiten. Die Grenzen der einzelnen Tatbestände sollen hergeleitet werden, um eine größere Planungssicherheit in der Rechtspraxis zu erlangen und möglicherweise bestehende Unterschiede herauszuarbeiten.

C. Gang der Untersuchung

Der Anwendungsbereich der einzelnen Zurechnungstatbestände des WpÜG und des WpHG kann nur im Wege der Auslegung ermittelt werden. Vorbereitend sind zunächst die Rahmenbedingungen einer Auslegung zu erarbeiten.

Als historischer Hintergrund werden hierzu im zweiten Kapitel einführend die Entstehungs- und Entwicklungsgeschichte des WpÜG und des WpHG skizziert. Innerhalb der Entstehung und Entwicklung des WpÜG ist insbesondere der europäische Hintergrund mit der auf europäischer Ebene seit Jahrzehnten andauernden Diskussion um eine Übernahmerichtlinie und die in diesem Zusammenhang zahlreichen Entwürfe der 13. Richtlinie (Übernahmerichtlinie) der Europäischen Kommission, die 2004 im Erlaß der Übernahmerichtlinie mündeten, hervorzuheben. Auf innerstaatlicher Ebene sind der Übernahmekodex der Börsensachverständigenkommission beim Bundesministerium der Finanzen vom 14. Juli 1995, der Gesetzesentwurf der SPD-Fraktion vom Juli 1997, die Empfehlungen der Börsensachverständigenkommission vom 17.05.2000 und die im weiteren Gesetzgebungsverfahren erarbeiteten Entwürfe eines Übernahmegesetzes zu betrachten. Im Rahmen der Darstellung der Entwicklungs- und Entstehungsgeschichte WpHG sind insbesondere die Transparenzrichtlinien 1988, 2001 und 2004 nebst den Vorschlägen der Europäischen Kommission und der Stellungnahmen des Europäischen Parlaments sowie die Materialien des deutschen Gesetzgebungsverfahrens und die nachfolgenden Änderungen hervorzuheben.

Nach der Aufbereitung des historischen Hintergrundes und den sich daraus ergebenden Schlußfolgerungen für die spätere Auslegung der Zurechnungstatbestände werden im dritten Kapitel die Regelungen zu den Zurechnungstatbeständen in § 22 WpHG und § 30 WpÜG im jeweiligen Regelungssystem des WpHG und des WpÜG eingeordnet, um ihre jeweilige Funktion und die anknüpfenden

Rechtsfolgen herauszuarbeiten. Es wird sich hierbei zeigen, daß für die Auslegung des § 22 WpHG Sinn und Zweck der Mitteilungspflichten nach §§ 21 ff. WpHG und für § 30 WpÜG Sinn und Zweck des Pflichtangebotes nach § 35 WpÜG von besonderer Bedeutung sind.

Ausgehend von den Ergebnissen des zweiten und dritten Kapitels werden daher im vierten Kapitel Sinn und Zweck der Mitteilungspflichten nach den §§ 21 ff. WpHG sowie des Pflichtangebotes nach § 35 WpÜG untersucht.

Im fünften Kapitel werden die Zurechnungstatbestände des § 22 WpHG und des § 30 WpÜG sodann anhand der Ergebnisse des zweiten, dritten und vierten Kapitels ausgelegt, nachdem zuvor die Frage der Auslegungspriorität zwischen beiden Vorschriften beantwortet wurde.

Das sechste Kapitel schließt mit einer Zusammenfassung dieser Untersuchung.

2. Kapitel – Entstehung und Entwicklung des WpÜG und der §§ 21 ff. WpHG

A. Die Entstehung des WpÜG vor europäischem Hintergrund

Das WpÜG ist am 01.01.2002 als Artikel 1 des Gesetzes zur Regelung von öffentlichen Angeboten zum Erwerb von Wertpapieren und von Unternehmensübernahmen vom 20.12.2001 in Kraft getreten.[14] Es trat an die Stelle des freiwilligen – wenig wirkungsvollen[15] – Übernahmekodex der Börsensachverständigenkommission vom 14.07.1995[16] und führte in Deutschland erstmals verbindliche Rechtsregeln für Unternehmensübernahmen bzw. für öffentliche Angebote zum Erwerb von Wertpapieren in Form von freiwilligen Übernahme- und Pflichtangeboten ein. Für Deutschland stellte das Inkrafttreten des WpÜG zum 01.01.2002 einen Höhepunkt sowie einen vorläufigen Abschluß in einem langjährigen Entstehungsprozeß auf deutscher und europäischer Ebene dar, der mit Aufkommen europäischer Harmonisierungsbestrebungen hinsichtlich der Regelung von Unternehmensübernahmen und öffentlicher Angebote Anfang der siebziger Jahre begann. Dieser langjährige Entstehungsprozesses hat auf die Gestaltung des WpÜG und einzelner seiner Vorschriften erheblichen Einfluß gehabt. Seine Betrachtung ist daher für ein vertieftes Verständnis des WpÜG und seiner Regelungen unerläßlich. In Anbetracht der Initial- und Leitfunktion des Entstehungs- und Entwicklungsprozesses auf europäischer Ebene für den Entstehungsprozesses auf deutscher Ebene soll erstgenannter zunächst betrachtet werden. Nur so wird der Verlauf auf deutscher Ebene verständlich und werden Einflüsse sichtbar.

14 BGBl. 2001, I S. 3822 ff.

15 Im Jahr 2000 hatten von den 1016 in Deutschland börsennotierten Aktiengesellschaft lediglich 755 sowie 86 der DAX-100-Unternehmen den Übernahmekodex anerkannt. (vgl. Begr. RegE, BT-Drucks. 14/7034, S. 27 Dies und die Tatsache, daß der Übernahmekodex ohne freiwillige Anerkenntnis durch die beteiligten Unternehmen rechtlich unverbindlich war, schränkte seine praktische Wirksamkeit erheblich ein (*Land/Hasselbach*, DB 2000, S. 1747 (1747).; vgl. auch *Fleischer/Kalss*, Teil 1, S. 45.

16 Abgedruckt in *Fleischer/Kalss*, Teil 2, S. 201 ff.

I. Der europäische Entstehungs- und Entwicklungsprozeß

1. Der Pennington-Entwurf

Am Anfang des europäischen Entwicklungsprozesses stand das Bestreben der EG-Kommission zur Harmonisierung der Rechtsregeln für Unternehmensübernahmen und Übernahmeangebote in den Mitgliedstaaten der Europäischen Gemeinschaft. Als Grundlage und Ausgangspunkt der rechtspolitischen Diskussion diente der vom britischen Rechtswissenschaftler Pennington im Auftrag der EG-Kommission erstellte und im Jahre 1974 vorgelegte „Report on Take-overs and Mergers".[17] Grundlage des Pennington-Reports war eine Untersuchung der in den Mitgliedstaaten der EG für Unternehmensübernahmen und öffentliche Angebote bestehenden Regelungen bzw. Gesetze[18]. Als gemeinsame Leitprinzipien der untersuchten Regelungen und Gesetze arbeitete Pennington das Prinzip der Gleichbehandlung und das Prinzip der umfassenden Information der Aktionäre der Zielgesellschaft zur Fundierung ihrer Entscheidung über den Ausgang eines Übernahmeangebotes heraus.[19] Weitere übergreifende Gemeinsamkeiten stellte Pennington nicht fest, jedoch den sich daraus ergebenden Harmonisierungsbedarf.

Der von Pennington hierzu vorgelegte Entwurf einer Richtlinie[20] versuchte, die seiner Ansicht nach pragmatischsten und geeignetsten Regelungen der untersuchten Mitgliedstaaten zu einem in sich geschlossenen und effektiven System zu verbinden. Dabei griff er vorwiegend auf englische, französische und belgische Regelungen und Gesetze zurück. Kernstück seines Entwurfs war das in Artikel 7 Abs. 1 des Entwurfs geregelte obligatorische Übernahmeangebot. Dieses sollte nach Ansicht Penningtons die Gleichbehandlung der Aktionäre der Zielgesellschaft bei der Veräußerung ihrer Aktien über die Börse oder im Wege der freien Verhandlung sicherstellen.[21] Die Erlangung einer herrschenden oder fast herrschenden Aktienmehrheit an der Zielgesellschaft durch einen Aktionär sollte den restlichen Aktionären die Möglichkeit zum Verkauf ihrer Aktien eröffnen.[22] Zur Abgabe eines obligatorischen Übernahmeangebotes war nach Art. 7

---

17 Kommissionsdokument XI/56/74-E; abgedruckt in *Fleischer/Kalss*, Teil 2, S. 827 ff; hierzu: *Behrens*, ZGR 1975, S. 433 ff.; *Krause*, S. 29 ff; *Etzbach*, S. 119 ff; *Meyer*, S. 20 ff.

18 Kommissionsdokument XI/56/74-E, Nr. 13 – 67.

19 Kommissionsdokument XI/56/74-E, Nr. 73.

20 Kommissionsdokument XI/56/74-E, Appendix; Der Entwurf stieß in Deutschland weitestgehend auf Kritik. Siehe hierzu: *Behrens*, ZGR 1975, S. 433 ff.; *Bess*, AG 1976, Teil 2, S. 206 ff; *Krause*, S. 31; *Beckmann*, S. 28

21 Kommissionsdokument XI/56/74-E, Nr. 86.

22 Kommissionsdokument XI/56/74-E, Nr. 86.

Abs. 1 des Entwurfes verpflichtet, wer mindestens 40% der Stimmrechte der Zielgesellschaft hielt (lit. a) oder mindestens 20% der Stimmrechte innerhalb von 12 Monaten (lit. b) oder die Stimmenmehrheit durch Erwerb erlangt hatte (lit. c). Stimmenmehrheit bezeichnete dabei die tatsächliche Möglichkeit, unmittelbar oder mittelbar durch Stimmrechtsausübung oder Rechte auf Grund eines Vertrages, eines Treuhandverhältnisses oder anderer Grundlage Einfluß („power") darauf zu haben, wie mehr als 50% der Stimmrechte der Zielgesellschaft ausgeübt wurden (Artikel 2 Abs. 3 des Entwurfs). Der Wert der den Aktionären im Rahmen des Übernahmeangebotes gewährten Gegenleistung durfte gemäß Artikel 7 Abs. 4 des Entwurfs u.a. nicht niedriger sein als der höchste Preis, der innerhalb der letzten zwölf Monate von dem zum Angebot Verpflichteten gezahlt worden war (lit. i). Die Nichtbefolgung der Angebotspflicht sollte mit dem Verbot der Stimmrechtsausübung aus den dem zum Angebot Verpflichteten gehörenden Wertpapieren sanktioniert werden können (Artikel 7 Abs. 5 des Entwurfs).

Der Bericht und der Entwurf Penningtons stießen in den Mitgliedstaaten auf Kritik und Widerstand und wurden von der Kommission zunächst nicht weiter verfolgt. Teilweise wurde bereits die Erforderlichkeit einer Regelung für Übernahmeangebote in Frage gestellt.[23] Massive Kritik begegnete vor allem dem obligatorischen Übernahmeangebot, dessen Notwendigkeit bezweifelt wurden und dessen wirtschaftliche Folgen man nicht einzuschätzen vermochte.[24]

2. Richtlinienvorschläge der Kommission 1989/1990

Erst Ende der achtziger Jahre nahm die EG-Kommission – veranlaßt durch die Zunahme von Unternehmensübernahmen in den kontinental-europäischen Mitgliedstaaten[25] – ihre Bestrebungen wieder auf, eine Richtlinie auf dem Gebiet des Gesellschaftsrechts über Übernahmeangebote zu erarbeiten. Im Jahr 1987 veröffentlichte die EG-Kommission den Vorentwurf einer Richtlinie.[26] Die bereits im Pennington-Report als gemeinsame Leitprinzipien der mitgliedstaatlichen Regelungen und Gesetze herausgestellten Prinzipen der Gleichbehandlung und der umfassenden Information der Aktionäre der Zielgesellschaft[27] fanden sich in dem Vorentwurf als Mittel zur Verwirklichung des Minderheitenschutzes der Aktio-

23 Vgl. *Beckmann*, DB 1995, S. 2407 (2407). Was auch damit zusammenhing, daß Übernahmeangebote vorwiegend im anglo-amerikanischen und nicht im kontinental-europäischen Rechtskreis zu beobachten waren (*Krause*, S. 31).

24 *Heinsius* in: Schmitthoff/Goré/Heinsius, S. 35 (58 ff.).

25 *Krause*, S. 32; *Etzbach*, S. 121.

26 Kommissionsdokument XV/63/87-DE rev. 1; vgl. auch *Meyer*, S. 22 f.

27 Siehe oben Kapitel 2, A I 1.

näre der Zielgesellschaft wieder.[28] Entgegen dem Pennington-Report verzichtete der Vorentwurf jedoch auf die grundsätzliche Einführung eines obligatorischen Übernahmeangebotes bei Überschreiten einer bestimmten Stimmrechtsschwelle. Eine Angebotspflicht sollte nur bestehen, wenn die Stimmenmehrheit an der Zielgesellschaft durch ein vorangegangenes Übernahmeangebot erlangt worden war (Artikel 18 des Vorentwurfs). Bei diesem zweiten Übernahmeangebot konnte der vom Bieter zu zahlende Preis jedoch um einen nicht näher definierten Prozentsatz niedriger ausfallen als beim ersten Angebot (Artikel 18 des Vorentwurfs).[29] Die Angebotspflicht wurde nicht ausgelöst, wenn die Stimmenmehrheit nicht auf Grund eines Übernahmeangebotes erlangt worden war, sondern beispielsweise im Pakethandel oder im Privathandel. Nach dem Vorentwurf war folglich nicht allein der Wechsel der Stimmenmehrheit in der Gesellschaft ausschlaggebend, sondern die Art wie die Stimmenmehrheit erlangt wurde. Im Vergleich zum Vorschlagsentwurf Penningtons bedeutete dies eine weniger strikte Beachtung des Prinzips der Gleichbehandlung der Aktionäre sowie des Minderheitenschutzes bei Wechsel der Stimmenmehrheit. Unter dem Gesichtspunkt der Gleichbehandlung und des Minderheitenschutzes leuchtete diese Unterscheidung nicht ein.

Der Anfang 1989 von der Kommission vorgelegte Vorschlag einer 13. Richtlinie des Rates auf dem Gebiete des Gesellschaftsrechts über Übernahmeangebote[30] knüpfte hingegen wieder an den Vorschlag Penningtons an und sah in Artikel 4 Abs. 1 des Richtlinienvorschlags 1989 die grundsätzliche Verpflichtung zur Abgabe eines Übernahmeangebotes auf alle Wertpapiere einer Gesellschaft vor, wenn jemand eine bestimmte Anzahl oder einen bestimmten Vomhundertsatz von Wertpapieren erwerben wollte, mit denen unter Hinzuzählen der von ihm bereits gehaltenen Wertpapiere 33 1/3 % – im Ermessen der Mitgliedstaaten auch weniger – der Stimmrechte in der Gesellschaft verbunden waren. Das Übernahmeangebot mußte sich entgegen dem Vorschlagsentwurf von 1987 auf sämtliche Wertpapiere beziehen. Unter Berücksichtigung der Stellungnahmen des Wirtschafts- und Sozialausschusses[31], des Rechtsausschusses[32] sowie des Europäischen Parlaments[33] unterbreite die Kommission im September 1990 eine

28 Kommissionsdokument XV/63/87-DE rev. 1, S. 6.

29 Kommissionsdokument XV/63/87-DE rev., S. 20.

30 Kommissionsdokument (88) – SYN 186, ABl.EG C 64 vom 14.02.1989, S. 8 ff; vgl. *Assmann/Bozenhardt* in: Assmann/Basaldua/Peltzer, Übernahmeangebote, ZGR-Sonderheft Nr. 9, 1990, S. 1, (32 ff.); *Basaldua* in: Assmann/Basaldua/Peltzer, S. 157 ff.; *Peltzer*, in: Assmann/Basaldua/Peltzer, S. 179 ff.; *Baums*, ZIP 1989, S. 1376 ff.; *Stoll*, BB 1989, S. 1489 ff.; *Hommelhoff*, AG 1990, S. 106 ff.

31 ABl.EG C 298 vom 27.11.1989, S. 56 ff.

32 PE-Dokument A – 392/89 vom 05.12.1989.

33 ABl.EG C 38 vom 19.02.1990, S. 41 ff.

geänderte Fassung eines Richtlinienvorschlags[34]. Diese Änderungen betrafen nach der amtlichen Begründung keine Änderungen im Geiste der Zielsetzungen des Richtlinienvorschlags 1989, sondern nur eine „technische Verbesserung".[35] Ziel des Richtlinienvorschlags war es wiederum, die Interessen der Aktionäre zu schützen. Der Anwendungsbereich des Richtlinienvorschlags wurde auf solche Gesellschaften begrenzt, die innerhalb der EG börsennotiert waren. Wie bereits der Richtlinienvorschlag 1989 (Präambel u. Artikel (3) hob auch der Richtlinienvorschlag 1990 (Präambel u. Artikel 6a lit. a) die besondere Bedeutung der Beachtung des Grundsatzes der Gleichbehandlung der Aktionäre im Rahmen von Übernahmeangeboten hervor. Das zur Gewährleistung der Gleichbehandlungspflicht in Artikel 4 Abs. 1 des Richtlinienvorschlags 1990 geregelte obligatorische Übernahmeangebot wurde zur Rechtssicherheit in seinen Voraussetzungen objektiviert. Entgegen dem Richtlinienvorschlag 1989 sollte nicht mehr der subjektive Erwerbswille von Wertpapieren sondern erst der tatsächliche Erwerb eine Angebotspflicht auslösen können. Gleichzeitig erweiterte der Richtlinienvorschlag 1990 jedoch in Artikel 4 Abs. 2 bzw. (2a) die Voraussetzungen, unter denen dem Bieter Stimmrechte Dritter zugerechnet wurden und die seine Pflicht zur Abgabe eines Übernahmeangebotes auslösen konnten. Nach Artikel 2 Abs. 2 sollten Stimmrechte erfaßt werden, die jemand in eigenem Namen oder für Rechnung des Bieters hielt (lit. a), die ein vom Bieter gemäß Artikel 8 der Richtlinie 88/627/EWG des Rates vom 12.12.1988 über die bei Erwerb und Veräußerung einer bedeutenden Beteiligung an einer börsennotierten Gesellschaft zu veröffentlichenden Informationen kontrolliertes Unternehmen (lit. b) und die jede andere mit dem Bieter im Einvernehmen handelnde Person hielt (lit. c) sowie Stimmrechte die mit vom Bieter gehaltenen hinterlegten Wertpapieren verbunden waren, außer wenn der Verwahrer diese Stimmrechte hielt und seine Absicht erklärte, sie auszuüben (lit. d). Den vorgenannten Stimmrechten waren gemäß Artikel 2 Absatz (2a) Stimmrechte aus Wertpapieren gleichgestellt, an denen der Bieter oder eine Person gemäß Artikel 2 Abs. 2 einen Nießbrauch hatten (lit. a), aufgrund förmlicher Vereinbarung einseitig erwerben konnten (lit. b) oder bei ihnen hinterlegt waren und sie die Stimmrechte nach ihrem Willen ausüben konnten (lit. c). Wegen des erheblichen Widerstandes einzelner Mitgliedstaaten[36] zog die Kommission jedoch auch den geänderten Richtlinienvorschlag Ende 1992 zurück.

---

34 Kommissionsdokument (90) 416 endg. – SYN 186, ABl.EG C 240 vom 26.09.1990, S. 7 ff.; vgl. *Berger*, ZIP 1991, S. 1644 ff.; *Grunewald*, WM 1991, S, 1361 ff.; Krause, S. 33 ff; *Beckmann*, DB 1995, S. 2407 ff; *Lutter*, Europäisches Unternehmensrecht, ZGR-Sonderheft Nr. 1, 1996, S. 281 ff.

35 Kommissionsdokument (90) 416 endg. vom 10.09.1990, S. 2.

36 M. w. N. Krause, S. 37 ff; *Meyer*, S. 24 f.

3. Richtlinienvorschläge von 1996 und 1997 bis zur Abstimmung im europäischen Parlament[37]

Nach einer umfassenden Befragung der Mitgliedsstaaten legte die Kommission im Februar 1996 sodann einen grundlegend geänderten Richtlinienvorschlag vor.[38] Ziel der Richtlinie sollte weiterhin sein, eine Gleichbehandlung der Aktionäre sowie den Schutz der Aktionäre bei Übernahmeangeboten bzw. bei einem Kontrollwechsel zu gewährleisten. Entgegen früherer Entwürfe entschied sich die Kommission diesmal jedoch zu einer Rahmenrichtlinie, die den Mitgliedstaaten mehr Freiheit bei der Ausgestaltung der Regelungen im Detail geben sollte. Die Regelungstiefe früherer Vorschläge wurde durch die Bestimmung lediglich von Mindestanforderungen und allgemeiner Grundsätze aufgeweicht, um einen breiteren Konsens zu erreichen.[39] Ein obligatorisches Übernahmeangebot bei einem Wechsel der Kontrolle bzw. erstmaliger Erlangung der Kontrolle über eine Gesellschaft war nach dem Richtlinienvorschlag 1996 nicht mehr zwingend, wenn in den jeweiligen Mitgliedstaaten mindestens gleichwertige Vorkehrungen den Schutz der Minderheitsaktionäre der Gesellschaft bei einem Kontrollwechsel gewährleisteten (Artikel 3 Abs. 1 des Richtlinienvorschlags 1996).[40] Das obligatorische Übernahmeangebot konnte zudem auf einen wesentlich Teil der Wertpapiere beschränkt werden (Artikel 10 Abs. 1 des Richtlinienvorschlags 1996). Zugleich wurde den Mitgliedstaaten überlassen, den Anteil der Stimmrechte, der eine Kontrolle begründet, und die Art und Weise seiner Berechnung zu bestimmen (Artikel 3 Abs. 2 des Richtlinienvorschlags 1996). Die umfassenden Hinzuzählungstatbestände des Richtlinienvorschlags 1990 wurden nicht aufgenommen. Diese Regelungssystematik wurde auch im Wesentlichen in dem, von der Kommission nach der Kritik des Europäischen Parlaments[41] an dem Richtlinienvorschlag 1996 am 10.11.1997 vorgelegten, geänderten Richtlinienvorschlag[42] beibehalten.[43]

---

37 Vgl. zur umfassenden Darstellung des gesamten Verfahrens *Mühle*, S. 31 ff.

38 Kommissionsdokument (95) 655 endg., ABl.EG C 162, vom 06.06.1996, S. 5 ff.; vgl. *Krause*, AG 1996, S. 209 ff.; *Roos*, WM 1996, S. 2177 (2177 ff.); *Neye*, DB 1996, S. 1121 (1121 ff.); *Peltzer*, AG 1997, S. 145 (145 ff.); *Etzbach*, S. 124 ff.; *Mühle*, S. 34 ff.

39 Insoweit kritisch: *Hopt*, ZHR 1997, S. 368 (384): „ – (...) fauler – Kompromiß, der es allen Recht machen will.“; *Roos*, WM 1996, S. 2177 (2185).

40 Die Einräumung des Optionsrechtes sollte den Bedenken Deutschlands gegenüber einem Pflichtangebot begegnen, daß durch sein Konzernrecht bereits einen angemessenen Schutz von Minderheitsaktionären gewährleistet sah. Vgl. m.w.N. *Mülbert*, S. 470 ff.; *Hommelhoff/Kleindiek*, AG 1990, S. 106 (108); *Mertens*, AG 1990, S. 252 (256).

41 Vgl. ABl.EG C 222 vom 21.07.1997, S. 20 ff.

42 Kommissionsdokument (97) 565 endg., ABl.EG C 378 vom 13.12.1997, S. 10 ff. Vgl. hierzu *Habersack/Mayer*, ZIP 1997, 2141 ff.; *Kallmeyer*, ZIP 1997, 2147 ff.; *Zinser*, EWS 1997, S. 133 ff; *Schuster*, EuZW 1997, S. 237 ff.; *Witt*, S. 318 ff.

43 Zu den Änderungen vgl. *Mühle*, S. 32.

Indes war auch der Richtlinienvorschlag 1997 Gegenstand zahlreicher Verhandlungen[44], die am 17. Juni 2000 in der Verabschiedung des Gemeinsamen Standpunktes des Rates zur 13. Richtlinie mündeten.[45] Im Unterschied zum Richtlinienvorschlag 1997 sah die im Gemeinsamen Standpunkt vorgeschlagene Richtlinie u.a. vor, daß ein Optionsrecht entsprechend Artikel 3 (1) des Richtlinienvorschlags 1997 nur für eine Übergangszeit gelten sollte (Artikel 5 Abs. 3 des Gemeinsamen Standpunktes). Die Pflicht zur Abgabe eines obligatorischen Übernahmeangebotes wurde auf den mittelbaren Kontrollerwerb ausgeweitet und mußte auf sämtliche Wertpapiere der Minderheitsaktionäre an der Gesellschaft gerichtet sein (Artikel 5 Abs. 1 des Gemeinsamen Standpunktes). Den Mitgliedstaaten wurde weiterhin überlassen, den Anteil der Stimmrechte, der eine Kontrolle begründen sollte, sowie die Art und Weise seiner Berechnung zu bestimmen (Artikel 5 Abs. 5 des Gemeinsamen Standpunktes). Jedoch waren dem Bieter zwingend die Stimmrechte gemeinsam mit ihm handelnder Personen zuzurechnen (Artikel 5 Abs. 1 des Gemeinsamen Standpunktes). „Gemeinsam handelnde Personen" sollten nach Artikel 2 lit. b) des Gemeinsamen Standpunktes natürliche oder juristische Personen sein, die auf Grundlage einer ausdrücklichen oder stillschweigenden, mündlich oder schriftlich getroffenen Vereinbarung, die die Erlangung der Kontrolle über die Zielgesellschaft sichern sollte, mit dem Bieter zusammenarbeiteten.

Der Gemeinsame Standpunkt des Rates wurde dem Europäischen Parlament zur Prüfung vorgelegt. Das Europäische Parlament schlug zahlreiche Änderungen vor.[46] Über diese Änderungen konnte jedoch keine Einigkeit mit der Kommission hergestellt werden, so daß ein Vermittlungsverfahren gemäß Artikel 251 Abs. 3 Satz 2 EGV eingeleitet wurde. Der vom Vermittlungsausschuß erzielte Kompromiss einer Richtlinie wurde jedoch am 04. Juli 2001 vom Europäischen Parlament endgültig abgelehnt.[47]

---

44 Vgl. *Mühle*, S. 32 ff; vgl. a. *Seulen*, S. 1 ff.: Die von Seulen als Richtlinienvorschlag 1999 bezeichnete Fassung einer Übernahmerichtlinie (abrufbar unter: http://register.consilium.eu.int, Dok.-Nr. 9482/99) war das Ergebnis einer Tagung des Rates „Binnenmarkt" vom 21. Juni 1999. Der Vorschlag enthielt bezüglich der hier interessierenden Bestimmungen keine wesentlichen Änderungen. Im weiteren Verfahren wurde der Vorschlag nicht berücksichtigt. Dem Gemeinsamen Standpunkt des Rates vom 17. Juni 2000 lag der Richtlinienvorschlag 1997 zu Grunde.

45 ABl.EG C vom 24.01.2001, S. 1 ff.; vgl. *Neye*, AG 2000, 233 ff.; *Pötzsch/Möller*, WM 2000, Sonderbeilage Nr. 2, S. 3 ff.; *Krause*, NZG 2000, S. 905 ff.

46 Vgl. Sitzungsdokument A5-0366/2000, abgedruckt in *Fleischer/Kalss*, Teil 2, S. 1015 ff. Die Änderungen betrafen jedoch weder die Voraussetzungen der Pflicht zur Abgabe eines Übernahmeangebotes noch die grundsätzlichen Zielsetzungen hinsichtlich Einhaltung des Grundsatzes der Gleichbehandlung und Minderheitenschutz bei einem Kontrollwechsel.

47 Dokument PE-CONS 32629/0w, abgedruckt im Beitrag von *Neye*, ZIP 2001, S. 1120 (1123 ff.).; *Pluskat*, WM 2001, S. 1937 f.; zu den Hintergründen des Scheiterns vgl. a. *Mühle*, S. 35 f.

4. *Der erfolgreiche Abschluß: Die Übernahmerichtlinie vom 21. April 2004*

Nach der Ablehnung durch das Europäische Parlament setzte die Kommission im September 2001 eine hochrangige Expertengruppe[48] ein, die die Kommission bei der Ausarbeitung eines weiteren Richtlinienvorschlages unterstützen sollte. Diese Expertengruppe legte ihren Abschlußbericht am 10.01.2002 vor.[49] Unter Berücksichtigung dieses Berichtes erließ die Kommission am 02.10.2002 einen weiteren Richtlinienvorschlag,[50] der dieselben Ziele wie die vorhergehenden Vorschläge verfolgte. Insbesondere der Schutz der Minderheitsaktionäre sollte weiterhin in allen Fällen gewährleistet sein, in denen eine natürliche oder juristische Person die Kontrolle über eine Gesellschaft erlangt.[51] Die entsprechende Regelung des obligatorischen Übernahmeangebotes in Artikel 5 Abs. 1 des Richtlinienvorschlags 2002 entsprach hinsichtlich der Voraussetzungen der Pflicht zur Abgabe eines Übernahmeangebotes der Regelung in Artikel 5 Abs. 1 des Gemeinsamen Standpunktes vom 19.06.2000. Gleiches galt für die Bestimmung des Anteils der Stimmrechte, der eine Kontrolle begründet und die Art seiner Berechnung.[52] Aber auch bezüglich des Richtlinienvorschlags 2002 entbrannte eine kontroverse Diskussion über die Regelungen zur Neutralitätspflicht und der Durchbrechungsregelung insbesondere bei Mehrstimmrechten. Auf Vorschlag Portugals konnten diese beiden Streitpunkte schließlich durch ein Optionsmodell geschlichtet werden. Mit Erlaß der Übernahmerichtlinie[53] vom 21. April 2004, die auf den Richtlinienvorschlägen von 1996 und 2002 aufbaut,[54] wurde die Diskussion um die Übernahmerichtlinie auch auf europäischer Ebene abgeschlossen.[55]

Die Übernahmerichtlinie ist als Rahmenrichtlinie ausgestaltet.[56] Sie gibt Mindest- aber auch Maximalstandards vor.[57] Innerhalb des den Mitgliedstaaten zu-

---

48 Deutsches Mitglied der Expertenkommission war Prof. Dr. Klaus J. Hopt. Gegenstand des Gutachtens sollten folgende Themen sein: Gewährleistung der Gleichbehandlung der Aktionäre in allen EU-Mitgliedstaaten, Definition des Begriffs „angemessener Preis", der Minderheitsaktionären zu zahlen ist, sowie das Recht der Mehrheitsaktionäre, die Anteile von Minderheitsaktionären zu erwerben. Als Grundlage sollte der vom Europäischen Parlament abgelehnte Richtlinienvorschlag dienen.

49 Abrufbar unter www.europa.eu.int.

50 Kommissionsdokument (2002) 534 endg., ABl.EG C 45 E vom 25.02.2003, S. 1 ff; vgl. hierzu *Dauner-Lieb/Lamandini*, BB 2003, S. 265 ff.

51 *Meyer*, S. 44, 48.

52 Artikel 5 Abs. 3 des Richtlinienvorschlags 2002 und des Gemeinsamen Standpunktes vom 19.06.2000, oben Seite 6.

53 ABl.EG L 142/12 vom 30.04.2004, S. 12 ff.

54 *Wiesner*, ZIP 2004, S. 343 (346).

55 Siehe zu dem Verlauf der Verhandlungen bis zum erfolgreichen Abschluß des „Übernahmekrimi's" *Maul/Muffat-Jeandet*, AG 2004, S. 221 (224 f.).

56 *Kindler/Horstmann*, DStR 2004, S. 866 (867).

57 *Mülbert*, NZG 2004, S. 633 (635 f.).

gebilligten Gestaltungsspielraums müssen jedoch durchgehend die allgemeinen Grundsätze des Artikels 3 der Übernahmerichtlinie beachtet werden.[58] Die hier interessierenden Vorschriften haben keine wesentlichen Änderungen erfahren:[59] Art. 5 der Übernahmerichtlinie enthält weiterhin die Pflicht, den Minderheitsaktionären bei Erlangen der Kontrolle ein Angebot zur Übernahme ihrer Beteiligung zu einem angemessenen Preis zu unterbreiten. Die Pflicht zur Abgabe knüpft an das durch Stimmrechte begründete Erlangen der Kontrolle durch eine natürliche oder juristische Person über eine Gesellschaft an (Abs. 1). Die Bestimmung der Höhe der Kontrollschwelle und der Art der Berechnung obliegt grundsätzlich den Mitgliedstaaten (Abs. 3). Stimmrechte gemeinsam handelnder Personen sind jedoch weiter zwingend zuzurechnen (Abs. 1).

II. Der deutsche Entstehungs- und Entwicklungsprozeß eines Übernahmerechts bis zum Inkrafttreten des WpÜG

Angeregt durch den Pennington-Report von 1974 zeigten sich erste Bestrebungen einer Regelung für öffentliche Übernahmeangebote auf deutscher Ebene im Jahre 1979 mit Veröffentlichung der „Leitsätze für öffentliche freiwillige Kauf- und Umtauschangebote bzw. Aufforderung zur Abgabe derartiger Angebote im amtlich notierten oder im geregelten Freiverkehr gehandelter Aktien bzw. Erwerbsrechte", auch LS-Übernahmeangebote genannt.[60] Ein Ziel der Leitsätze war u.a. die Gewährleistung der Gleichbehandlung aller Aktionäre der Zielgesellschaft im Falle eines öffentlichen Übernahmeangebotes (A. Ziffer 1 der Leitsätze). In der Rechtspraxis erlangten die Leitsätze mangels eines Anerkennungs-, Durchsetzungs- bzw. Sanktionsverfahrens kaum Bedeutung.[61] Sie enthielten weder ein obligatorisches Übernahmeangebot noch Vorschriften zur Zurechnung von Stimmrechten.

1. Der Übernahmekodex der Börsensachverständigenkommission vom 14.07.1995

Zahlreiche spektakuläre Übernahmeversuche in den achtziger und neunziger Jahren[62] sowie die Veröffentlichung des Richtlinienvorschlages 1990 führten je-

---

58 *Mülbert*, NZG 2004, S. 633 (635).

59 Zur Übernahmerichtlinie im Detail: *Maul/Muffat-Jeandet*, AG 2004, Teil 2, S. 221 ff. und Teil 2, AG 2004, S. 306 ff.

60 Abgedruckt in *Fleischer/Kalss*, S. 197 ff.

61 *Weisgerber*, ZHR 1997, 421 (422).

62 Vgl.: Übernahmeversuch der Feldmühle-Nobel AG durch die Flick-Neffen im Jahre 1988; Übernahmeversuch der Continental AG durch Pirelli; Übernahme der Hoesch AG durch die Krupp AG.

doch zu einer Intensivierung der politischen und wissenschaftlichen Auseinandersetzung mit Unternehmensübernahmen in Deutschland, die Mitte 1994 in der Einsetzung einer Arbeitsgruppe der Börsensachverständigenkommission beim Bundesminister der Finanzen mündete. Diese veröffentlichte am 14.07.1995 den Übernahmekodex der Börsensachverständigenkommission.[63] Als Vorlage diente der Börsensachverständigenkommission der City Code on Takeovers and Mergers[64] und der Richtlinienvorschlag 1990.[65] Er trat an die Stelle der vorgenannten Leitsätze. Entsprechend dem Aufbau des City Code on Takeovers and Mergers regelte Teil 1 die bei öffentlichen Angeboten zu beachtenden Verfahrensgrundsätze. Die Pflicht zur Gleichbehandlung sämtlicher Inhaber von Wertpapieren einer Gesellschaft derselben Gattung wurde in Artikel 1 des Übernahmekodex eine herausragende Stellung eingeräumt. Teil 2 regelte den notwendigen Inhalt eines öffentlichen Angebotes, Teil 3 die vom Bieter sowie Teil 4 die von der Zielgesellschaft zu beachtenden Pflichten. Teil 5 bestimmte schließlich die organisatorischen Regelungen der von der Börsensachverständigenkommission einzusetzenden Übernahmekommission sowie das Inkrafttreten des Übernahmekodex zum 01.10.1995. Die Artikel 16 und 17 des Übernahmekodex (Teil 3) beinhalteten die für den deutschen Rechtsraum unbekannte und aus dem City Code on Takeovers and Mergers und dem Richtlinienvorschlag 1990 übernommene Pflicht des Bieters (natürliche oder juristische Person) zur Abgabe eines Übernahmeangebotes an die übrigen Inhaber von Wertpapieren der Zielgesellschaft bei Erlangung der Kontrolle über die Zielgesellschaft.

Die Anknüpfung an das Merkmal der Kontrolle wurde erst durch eine Änderung des Übernahmekodex zum 01.01.1998 eingeführt. Bis dahin knüpfte der Übernahmekodex an das Merkmal der Stimmenmehrheit an.[66] Der Übergang zum Kontrollkonzept entsprach der Rechtsentwicklung auf europäischer Ebene. Die Kontrolle hatte nach Artikel 16 des Übernahmekodex erreicht, wer einschließlich der ihm nach § 22 Abs. 1 Ziffer 1 bis 7 WpHG zuzurechnenden Stimmrechte oder auf Grund einer mit anderen Wertpapierinhabern getroffenen Vereinbarung über die Mehrheit[67] der Stimmrechte allein oder gemeinsam mit diesen verfügte, wer durch Erwerb oder auf sonstige Weise einen Stimmrechtsanteil erlangt hatte, der bei der ersten Beschlußfassung in allen drei vor-

---

63 Abgedruckt in *Fleischer/Kalss*, S. 201 ff; vgl. hierzu: *Neye*, ZIP 1995, S. 1464 ff.; *Thoma.*, ZIP 1996, S. 1725 ff.; *Weisgerber*, ZHR 1997, 421 ff.; *Kallmeyer*, ZHR 1997, 435 ff.; *ders.*, ZIP 1997, 2147 ff.; *Wirth/Weiler*, DB 1998, S. 117 ff.; *Letzel*, NZG 2001, 391 ff.

64 Aktuelle Fassung abrufbar unter: www.thetakeoverpanel.org.uk.

65 *Neye*, ZIP 1995, S. (1465); *Heinle*, S. 51 ff.

66 *Wirth/Weiler*, DB 1998, S. 117 (117 ff.).

67 Entspricht mehr als 50 % der Stimmrechte, vgl. *Thoma*, ZIP 1996, 1725 (1726).

hergehenden ordentlichen Hauptversammlungen der Zielgesellschaft zu einem Stimmrechtsanteil von jeweils mindestens drei Vierteln des stimmberechtigten präsenten Grundkapitals geführt hatte oder wem das Recht zustand, die Mehrheit der Mitglieder des Verwaltungs-, Leitungs- oder Aufsichtsorgans zu bestellen oder abzuberufen. Durch die Bezugnahme auf die Regelungen des § 22 Absatz 1 Ziffer 1 bis 7 WpHG stellte der Übernahmekodex einen Gleichlauf mit der Beteiligungspublizität nach § 21 WpHG her[68], soweit nicht einer der sonstigen Zurechnungstatbestände des Artikel 16 des Übernahmekodex zu einer zusätzlichen Zurechnung von Stimmrechten führte. Der Übernahmekodex erkannte insoweit die Notwendigkeit der Beteiligungspublizität für eine effiziente Kontrolle von Unternehmensübernahmen. Anlaß der Zurechnung war bei allen Tatbeständen die tatsächliche oder vermutete Möglichkeit der herrschenden Einflußnahme auf die Organe der Zielgesellschaft entweder auf Grund einer Stimmrechtsmehrheit oder auf sonstiger Weise.

Der Übernahmekodex begegnete jedoch heftiger Kritik sowohl inhaltlicher Natur[69] als auch wegen seiner mangelnden Durchsetzungsfähigkeit.[70] Diese mangelnde Durchsetzungsfähigkeit veranlaßte die Börsensachverständigenkommission im Jahre 1999, den Erlaß einer gesetzlichen Regelung zu empfehlen.[71]

---

68 Vgl. *Assmann*, AG 1995, 563 (571), der den Gleichlauf aus Praktikabilitätsgründen begrüßt.

69 Vgl. *Kallmeyer*, ZHR 1997, S. 435 ff., der das Pflichtangebot nicht für erforderlich erachtet.; *Wirth/Weiler*, DB 1998 117 (118 f.).

70 Vgl. Fn. (11)

71 Vgl. Standpunkte der Börsensachverständigenkommission zur künftigen Regelung von Unternehmensübernahmen von Februar 1999, S. 9, erhältlich unter wwwl. deutsche-boerse.com. Eine gescheiterte Gesetzgebungsinitiative war zuvor im Jahre 1997 von der SPD-Fraktion ausgegangen (Bundestag-Drucksache 13/86164 vom 02.07.1997), deren Gesetzesentwurf im Wesentlichen auf Vorarbeiten von *Baums* (vgl. ZIP 1997, S. 1310 ff.) aufbaute. Der Entwurf sah die Aufnahme eines fünften Abschnittes zu Übernahmeangeboten in das WpHG vor. In einem neu eingefügten § 32 WpHG sollte in Abs. 1 die Pflicht zur Abgabe eines Übernahmeangebotes desjenigen geregelt sein, der unter Hinzurechnung der von ihm bereits gehaltenen Aktien mehr als 25 % der bestehenden Stimmrechte an der Zielgesellschaft erlangte. Dabei sollten diesem gemäß Abs. 2 Aktien nach § 22 Abs. 1 und (3) WpHG entsprechend zugerechnet werden. Der niedrige Schwellenwert wurde mit den zurückgegangenen Hauptversammlungspräsenzen gerechtfertigt, die oftmals eine Mehrheit bei Hauptversammlungsbeschlüssen bereits bei Beherrschung von 25 % der Stimmrechte ermöglichten (s. Bundestag-Drucksache 13/86164, Begründung II. zu § 32). Insoweit folgte der Gesetzesentwurf ebenfalls dem Kontrollkonzept. Der Entwurf fand jedoch keine Zustimmung bei der CDU/CSU/FDP-Koalition.

2. Der Weg zum WpÜG

a) Über Diskussions-, Referenten- und Regierungsentwurf zum WpÜG

Der spektakuläre Übernahmeprozeß der Mannesmann AG durch die britische Vodafone Airtouch plc. im Jahre 1999 führte der deutschen Regierung schließlich in beeindruckender Weise die Schwächen des Übernahmekodex vor. Noch während des laufenden Übernahmeverfahrens berief die Bundesregierung daher eine Expertenkommission ein, um die Eckpunkte für ein deutsches Übernahmegesetz auszuarbeiten. Diese verständigte sich auf zehn – am 18.05.2000 veröffentlichte – Eckpunkte,[72] darunter unter Ziffer 2 auf die Aufnahme der Verpflichtung zur Abgabe eines Angebotes an alle Aktionäre bei Erlangung eines Stimmrechtsanteils von 30 % an der Zielgesellschaft, der die Kontrolle über die Zielgesellschaft indizieren sollte. Bereits am 29.06.2000 veröffentlichte das Bundesfinanzministerium daraufhin einen Diskussionsentwurf zum Übernahmegesetz.[73] Artikel 1 des Diskussionsentwurfes enthielt das WpÜG. Dieses berücksichtigte nahezu vollständig die Vorgaben des Gemeinsamen Standpunktes des Rates zur 13. Richtlinie unter Ausnutzung der den nationalen Gesetzgebern eingeräumten Spielräume.[74] Die Regelung eines Pflichtangebotes wurde in § 37 WpÜG des Diskussionsentwurfes aufgenommen. Weiter sah der Diskussionsentwurf umfangreiche Zurechnungstatbestände von Stimmrechten bei der Bestimmung des Stimmrechtsanteils des Bieters vor (§ 34 WpÜG des Diskussionsentwurfes). Entgegen den Bestimmungen des Übernahmekodex sah das WpÜG des Diskussionsentwurfes einen festen Stimmrechtsanteil von 30 % vor, ab dem die Verpflichtung zur Abgabe eines Übernahmeangebotes eintreten sollte. Es entsprach insoweit den Vorgaben des Gemeinsamen Standpunktes des Rates zur 13. Richtlinie. Nach weiteren Beratungen mit den betroffenen Kreisen veröffentlichte das Bundesfinanzministerium am 12.03.2001 einen überarbeiteten Referentenentwurf[75], der jedoch hinsichtlich der hier interessierenden Bestimmungen keine grundlegenden inhaltlichen Veränderungen enthielt. Das Scheitern der 13. gesellschaftsrechtlichen Richtlinie im Europaparlament am 04.07.2001 sowie die Meinungsänderung der Bundesregierung zur Neutralitätspflicht der Leitungsorgane der Zielgesellschaft

72 Anlage der Pressemitteilung Nr. 237/00 des Bundespresseamtes.

73 Abgedruckt in NZG 2000, S. 844 ff.; vgl. hierzu *Pötzsch/Möller*, WM 2000, Sonderbeilage zu Heft 31, S. 3 ff.; *Land/Hasselbach*, DB 2000, S. 1747 ff.; *Riehmer/Schröder*, NZG 2000, S. 820 ff.; *Hopt* in Festschrift für Koppensteiner zum 65., S. 61 (70 ff.).

74 Vgl. oben I. 3.; *Pötzsch/Möller*, WM 2000 Sonderbeilage Nr. 2 zu Heft 31, S. 3 (4).

75 Erhältlich bei: www.bundesfinanzministerium.de ; vgl. hierzu: *Zinser*, NZG 2001, S. 391 ff.; *Thaeter/Barth*, NZG 2001, S. 545 ff.; *Pluskat*, DStR 2001, 897 ff.; Stellungnahme des Handelsrechtsausschusses des DA e.V. vom April 2001, Nr. 13/2001, S. 1 ff.

führten zu weiteren Änderungen, die in einem neuen Regierungsentwurf[76] mündeten. Der Regierungsentwurf wurde in abgeänderter Form am 15.11.2001 vom Bundestag beschlossen und am 22.12.2001 im Bundesgesetzblatt veröffentlicht. Das WpÜG trat am 01.01.2002 in Kraft. Inhaltlich weicht die verabschiedete Fassung hinsichtlich der hier interessierenden Bestimmungen nur unwesentlich vom Konzept des Diskussionsentwurfes ab.[77]

b) Leitlinien der Gesetzgebung

Auch wenn im Laufe des Entstehungsprozesses des WpÜG in einigen Regelungsbereichen wesentliche Änderungen in die einzelnen Entwürfe eingeflossen sind, so orientierte sich der Entstehungsprozeß des WpÜG durchgehend an vier festen Leitlinien.[78] Das WpÜG sollte 1. ohne Einfluß auf das „ob" einer Unternehmensübernahme ein faires und geordnetes Angebotsverfahren gewährleisten; 2. die Information und Transparenz für die betroffenen Wertpapierinhaber und Arbeitnehmer verbessern; 3. die rechtliche Stellung von Minderheitsaktionären bei Unternehmensübernahmen stärken und 4. sich an internationalen Standards orientieren. Mit dem Regierungsentwurf war eine fünfte Leitlinie entfallen, die forderte, soweit möglich die Vorgaben des europäischen Gesetzgebers zu berücksichtigen. Nach dem Scheitern der 13. gesellschaftsrechtlichen EU-Richtlinie im Europaparlament bestand zunächst kein Grund mehr, die Übereinstimmung mit europarechtlichen Vorgaben als gesonderte Leitlinie hervorzuheben. Tatsache ist jedoch, daß das WpÜG, insbesondere im Hinblick auf die Regelungen zu den Voraussetzungen der Pflicht zur Abgabe eines Übernahmeangebotes, die europäischen Entwürfe berücksichtigt hat.

c) Umsetzung der Übernahmerichtlinie

Mit Erlaß der Übernahmerichtlinie vom 21. April 2004 hat das WpÜG die nach Artikel 21 der Übernahmerichtlinie zwingend erforderliche Umsetzung der

---

76 Bundestag-Drucksache 14/7034; vgl. a. Empfehlung des Bundesrates vom 17.09.2001, Bundestag-Drucksache 574/1/01; Gegenäußerung der Bundesregierung vom 10.10.2001, Bundestag-Drucksache 14/7090; Beschlußempfehlung des Finanzausschusses vom 14.11.2001, Bundestag-Drucksache 14/7477; vgl. ferner *Mülbert*, ZIP 2001, S. 1221 ff.; *Pötzsch/Möller*, ZIP 2001, S. 1256 ff.; *Oechsler*, NZG 2001, S. 817 ff.; Stellungnahme des Handelsrechtsausschusses des DA e.V. September 2001, Nr. 43/2001, S. 1 ff.;

77 Abweichungen werden bei der Untersuchung der einzelnen Vorschriften – soweit für dieses Thema von Relevanz – erörtert.

78 Vgl. jeweils Begründung Allgemeiner Teil I Ziffer 5. des Diskussions-, Referenten- und Regierungsentwurfes sowie der Gesetzesbegründung zum WpÜG.

Richtlinie in das deutsche Recht, insbesondere des Artikels 5 der Übernahmerichtlinie, zu gewährleisten. Insoweit bestand gewisser Anpassungsbedarf.[79] Der deutsche Gesetzgeber ist dem mit Inkrafttreten des Gesetzes zur Umsetzung der RL 2004/25/EG des Europäischen Parlaments und des Rates vom 21.04.2004 betreffend Übernahmeangebote vom 08.07.2006 nachgekommen.[80] Hinsichtlich der Regelung des Pflichtangebotes und der Zurechnung von Stimmrechten entsprach das WpÜG zwar weitestgehend den europäischen Vorgaben,[81] insbesondere bei der Bestimmung des zu zahlenden Preises waren jedoch Anpassungen vorzunehmen.[82] Nach Artikel 5 Abs. 4 der Übernahmerichtlinie muß der Preis des Angebots mindestens dem höchsten Preis entsprechen, den der Bieter während eines Zeitraums von mindestens sechs Monaten und höchstens zwölf Monaten vor dem Angebot für Aktien der Gesellschaft gezahlt hat. Aus diesem Grunde ist § 31 Abs. 3 WpÜG und die Referenzperiode des § 4 Satz 1 WpÜG-AngVO von drei Monaten auf sechs Monate verlängert worden. Der deutsche Gesetzgeber hat die Bestimmungen des Mindestpreises über die Vorgaben der Übernahmerichtlinie hinaus neben dem Pflichtangebot auch auf alle anderen Angebotsarten ausgeweitet. Die weiteren und nicht zwischenzeitlich wieder rückgängig[83] gemachten Änderungen sind für die hier interessierende Fragestellung nicht von Bedeutung.[84]

III. Richtlinienkonforme Auslegung des WpÜG

Mit Erlaß der Übernahmerichtlinie am 21. April 2004 und dem Ablaufen der Umsetzungsfrist gemäß Artikel 21 zum 20. Mai 2006 sind die bisher bestehenden

79 Vgl. zum notwendigen Anpassungsbedarf des WpÜG: *Wiesner*, ZIP 2004, S. 343 ff.; *Krause*, BB 2004, S. 113 ff.; *Mülbert*, NZG 2004, S. 633 ff.; *Maul/Muffat-Jeandet*, AG 2004, a.a.O. Teil I S. 221 ff. u. Teil 2 S. 306 ff.

80 BGBl I 2006, 1426; umfassende Analyse des Regierungsentwurfs zum Übernahmerichtlinie-Umsetzungsgesetz durch *Seibt/Heiser*, AG 2006, S. 301 ff.

81 Vgl. hierzu *Wiesner*, ZIP 2004, S. 343 (347); *Krause*, BB 2004, S. 113 (116 f.); *Mülbert*, NZG 2004, S. 633 (641), sieht insbesondere wegen Artikel 4 Abs. 5 Unterabsatz 2 i. V. m. Art. 4 Abs. 2 lit. e der Übernahmerichtlinie die Notwendigkeit, die Bestimmung des Angebotsverpflichteten im Gesetz genauer zu regeln. Zugleich sind Vorschriften zum Angebotsverfahren im Detail anzupassen, erfahren jedoch keine grundlegende Änderung.

82 Vgl. zur Bedeutung der Umsetzung der Übernahmerichtlinie für das WpÜG *Glade/Haak/Hellich*, Der Konzern 2004, Teil I S. 455 ff, Teil II S.

83 Die Änderung des § 30 Abs. 1 Satz WpÜG durch das Umsetzungsgesetz wurde durch das Transparenzrichtlinien-Umsetzungsgesetz vom 05.01.2007, BGB. I, S. 10, wieder rückgängig gemacht.

84 Vgl. zu den Änderungen: *Merkt/Binder*, BB 2006, S. 1285 ff; *Diekmann*, NJW 2007, S. 17 ff.

Zweifel an einer Pflicht zur richtlinienkonformen Auslegung des WpÜG ausgeräumt. Spätestens mit Ablauf der Umsetzungsfrist besteht eine Verpflichtung der nationalen Gerichte, bestehendes nationales Recht richtlinienkonform auszulegen.[85] Denn der Gesetzgeber besitzt die primäre Kompetenz, Gemeinschaftsrecht in nationales Recht umzusetzen. Eine durch Gerichte vorgenommene Auslegung ist subsidiär. Allerdings billigt die Übernahmerichtlinie als Rahmenrichtlinie *ex natura* den Mitgliedstaaten einen Gestaltungsspielraum bei der Umsetzung in nationales Recht wie insbesondere bei der Bestimmung der Berechnungsart des die Kontrolle begründenden Stimmrechtsanteils. Hierbei ist jedoch stets die Einhaltung der allgemeinen Grundsätze des Artikels 3 der Übernahmerichtlinie bei der Umsetzung in nationales Recht durchgehend zu beachten und der nationale Auslegungsspielraum eingeschränkt.[86]

B. Die Entstehung und Entwicklung der §§ 21 ff. WpHG vor europäischem Hintergrund

Das WpHG wurde als Artikel 1 des Zweiten Finanzmarktförderungsgesetzes vom 26.07.1994[87] eingeführt. Es trat am 01.01.1995 in Kraft. Wie das spätere WpÜG war auch das WpHG maßgeblich durch Entwicklungen auf europäischer Ebene beeinflußt. So wurden durch das WpHG insgesamt drei Richtlinien der Europäischen Gemeinschaft in das deutsche Recht umgesetzt.[88] Die im Fokus dieser Arbeit stehenden §§ 21 ff. WpHG dienten der Umsetzung der Transparenzrichtlinie vom 12.12.1988[89], deren Vorgaben vom deutschen Gesetzgeber daher zu

---

85 *Everling*, a.a.O., S. 376 (383); *Jarass*, a.a.O., S. 92.

86 *Mülbert*, NZG 2004, S. 633 (635 f.).

87 BGBl. I 1994, S. 1749 ff; vgl. hierzu: *Weber*, NJW 1994, S. 2849 ff.; *Riepe*, DStR 1994, S. 1236 ff.

88 Neben der Umsetzung der Richtlinie 88/627/EWG vom 12.12.1988 über die bei Erwerb und Veräußerung einer bedeutenden Beteiligung an einer börsennotierten Gesellschaft zu veröffentlichenden Informationen (ABl.EG L 348 vom 17.12.1988, S. 62 ff., auch „Transparenzrichtlinie" genannt) durch die hier interessierenden §§ 21 ff. WpHG wurden die Richtlinie 89/592/EWG vom 13.11.1989 zur Koordinierung der Vorschriften betreffend Insidergeschäfte (ABl.EG L 334 vom 18.11.1989, S. 30 ff., „Insiderrichtlinie" genannt) sowie Teile der Richtlinie 93/22/EWG vom 10.05.1993 über Wertpapierdienstleistungen (ABl.EG L 141 vom 11.06.1993, S. 27 ff.) durch das WpHG umgesetzt.

89 Vgl. Fn. (11). Mittlerweile ist die Transparenzrichtlinie in den Artikeln 10 – 16 der Richtlinie 2004/109/EG vom 15.12.2004 über die Zulassung von Wertpapieren zur amtlichen Börsennotierung und über die hinsichtlich dieser Wertpapiere zu veröffentlichenden Information aufgegangen (ABl.EG L Nr. 390 vom 31.12.2004, S. 38 ff. mit Übereinstimmungstabelle S. 61 ff. für die Transparenzrichtlinie).

beachten waren. Die Betrachtung des Entstehungs- und Entwicklungsprozesses der Transparenzrichtlinie ist folglich zum besseren Verständnis der Regelungen der §§ 21 ff. WpHG voranzustellen.

I. Der europäische Entstehungs- und Entwicklungsprozeß

Die Kommission veröffentlichte erstmalig am 23.12.1985 einen Vorschlag für eine Richtlinie des Rates über die anläßlich von Erwerb und Veräußerung einer bedeutenden Beteiligung am Kapital einer börsennotierten Gesellschaft zu veröffentlichenden Informationen.[90] Hintergrund der europäischen Initiative war die Auffassung der Kommission, daß eine angemessene Unterrichtung der Anleger den Anlegerschutz verbessern, das Vertrauen der Anleger in den Kapitalmarkt stärken und so dessen Funktionsfähigkeit fördern würde.[91] Die Koordinierung auf Gemeinschaftsebene sollte das Entstehen eines europäischen Kapitalmarktes begünstigen.[92] Dabei blieb es den Mitgliedstaaten jedoch überlassen, strengere Regelungen als die in der Richtlinie enthaltenen vorzusehen (Artikel 2). Der Richtlinienvorschlag gab insofern nur einen Mindeststandard vor. Die Richtlinie sollte nach dem Vorschlag Anwendung für Beteiligungen an Gesellschaften finden, die dem Recht eines Mitgliedstaates der Europäischen Gemeinschaft unterlagen und an einer Börse in der Europäischen Gemeinschaft notierten (Artikel 1). Hinsichtlich der hier interessierenden Meldepflichten bzw. Zurechnungstatbestände sah der Richtlinienvorschlag folgende Regelungen vor: Nach Artikel 3 sollte derjenige, der Aktien erwirbt oder veräußert und infolge des Erwerbs oder Veräußerung sein Anteil am beteiligten Kapital die Schwelle von 10 %, 20 %, 1/3, 50 % oder 2/3 über- oder unterschritt, die Pflicht zur Veröffentlichung dieser Tatsache haben. Nach Artikel 4 des Richtlinienvorschlags waren zur Bestimmung des Anteils des Veräußerers oder Erwerbers am Kapital der Gesellschaft neben den dem Veräußerer oder Erwerber gehörenden Aktien, Aktien ihrer Tochterunternehmen und Aktien, die Dritte in eigenem Namen für Rechnung des Veräußerers oder Erwerbers bzw. deren Tochterunternehmen hielten, mit zu berücksichtigen. Weiter sah Artikel 6 der Richtlinie eine Zurechnung von Aktien vor, wenn sich Personen (juristische oder natürliche) miteinander abgestimmt, d.h., untereinander eine Vereinbarung getroffen hatten, die sie veranlassen konnte, eine gemeinsame Politik gegenüber einer Gesellschaft zu verfolgen.

---

90 Kommissionsdokument (85) 791 endg., ABl.EG C 351 vom 31.12.1985, S. 35 ff.

91 Kommissionsdokument (85) 791 endg., Erwägungsgründe, ABl.EG C 351 vom 31.12.1985, S. 35 (35).

92 Kommissionsdokument (85) 791 endg., Erwägungsgründe, ABl.EG C 351 vom 31.12.1985, S. 35 (35).

In seiner am 02.07.1986 veröffentlichten Stellungnahme[93] zum Richtlinienvorschlag regte der Wirtschafts- und Sozialausschuß zwar u.a. im Hinblick auf die Zurechnung von Aktien eine klarere Formulierung der Regelungen des Artikel 4 des Richtlinienvorschlags an[94], übte jedoch keine grundsätzliche Kritik an dem Richtlinienvorschlag. Das Europäische Parlament legte am 09.04.1987 als Stellungnahme eine geänderte Fassung des Richtlinienvorschlags vor,[95] die jedoch wiederum keine grundlegenden Änderungen enthielt.[96] Artikel 6 Abs. 2 des Richtlinienvorschlags wurde dahingehend erweitert, daß eine gemeinsame Abstimmung i. S. d. Artikels 6 zwischen Mutter- und Tochterunternehmen sowie Tochterunternehmen der selben Mutter bis zum Beweis des Gegenteils vermutet wurde. Unter Berücksichtigung der vorgenannten Stellungnahmen unterbreitete die Kommission am 04.09.1987 einen geänderten Richtlinienvorschlag,[97] der die vom Europäischen Parlament vorgeschlagenen – insbesondere die vorgenannten – Änderungen übernahm.[98] Nach weiteren intensiven Beratungen erließ der Rat der Europäischen Gemeinschaften schließlich am 12.12.1988 die endgültige Fassung der Transparenzrichtlinie.[99] Diese enthielt weitere Änderungen zu den vorangegangenen Vorschlägen. Für die hier im Fokus stehenden Regelungen sind insbesondere zwei inhaltliche Änderungen von Bedeutung. Anders als die vorangegangenen Entwürfe knüpft die Transparenzrichtlinie 1988 die Meldepflicht nicht an das Über- oder Unterschreiten einer bestimmten Anteilsschwelle am Kapital sondern an den Stimmrechten der vom Anwendungsbereich der Richtlinie erfaßten Gesellschaften an (Artikel 4[100]). Der Wechsel des Anknüpfungsmerkmals verdeutlichte die Zielsetzung der Meldepflicht nach Artikel 4 der Transparenzrichtlinie 1988, die tatsächlichen Einflußmöglichkeiten auf die betroffenen Gesellschaften offen zu legen. Die Beteiligung am Kapital einer Gesellschaft ließ keine unmittelbare Aussage über die tatsächlichen Einflußmöglichkeiten auf

---

93 ABl.EG C 263vom 20.10.1986, S. 1 f.

94 ABl.EG C 263 vom 20.10.1986, S. 1 (2).

95 ABl.EG C 125 vom 11.05.1987, S. 141 ff.

96 Vgl. zu den Änderungen im Einzelnen: ABl.EG C 125 vom 11.05.1987, S. 141 ff.

97 Kommissionsdokument (87) 422 endg., ABl.EG Nr. C 255 vom 25.09.1987, S. 6 ff.

98 Vgl. Kommissionsdokument (87) 422 endg., ABl.EG Nr. C 255 vom 25.09.1987, S. 6 ff.

99 Richtlinie 88/627/EWG des Rates vom 12.12.1988 über die bei Erwerb und Veräußerung einer bedeutenden Beteiligung an einer börsennotierten Gesellschaft zu veröffentlichenden Informationen, ABl.EG Nr. L 348 vom 17.12.1988, S. 62 ff., nachfolgend Transparenzrichtlinie 1988 genannt; vgl. auch *Burgard*, AG 1992, S. 41, 51 ff.

100 Artikel 89 der Richtlinie 2001/34/EG, ABl.EG Nr. L 184, S. 1 ff., nachfolgend Transparenzrichtlinie 2001; Artikel 9 der Richtlinie 2004/109/EG, ABl.EG Nr. L 390 vom 31.12.2004, S. 38 – 57, nachfolgend Transparenzrichtlinie 2004.

die Gesellschaft zu.[101] Die gleichzeitige Erweiterung der Zurechnungstatbestände[102] für Stimmrechte durch Artikel 7[103] der Transparenzrichtlinie hob zusätzlich hervor, daß eine Möglichkeit zur Einflußnahme auf eine Gesellschaft nicht nur bei einer unmittelbaren Beteiligung an der Gesellschaft gegeben ist. Maßgeblich sollte bereits die mögliche Beeinflussung der Stimmrechtsausübung sein. Nach Artikel 2[104] der Transparenzrichtlinie 1988 war es den Mitgliedstaaten jedoch erlaubt, strengere als die in der Richtlinie vorgesehenen Regelungen zu treffen. Die Transparenzrichtlinie 1988 stellte insoweit von den Mitgliedstaaten zu beachtende Mindestanforderungen auf, die auch dem deutschen Gesetzgeber bei der Gestaltung der §§ 21 ff. WpHG zu Grunde lagen. Nach Artikel 17 der Transparenzrichtlinie 1988[105] hatten die Mitgliedstaaten bis spätestens zum 01.01.1991 die erforderlichen Maßnahmen zu treffen, um der Richtlinie nachzukommen. Dies war Zwang und Anlaß für den deutschen Gesetzgeber den Entstehungsprozeß der §§ 21 ff. WpHG anzugehen.[106]

Die Transparenzrichtlinie 1988 wurde durch die Richtlinie 2001/34/EG des Europäischen Parlamentes und des Rates vom 28.05.2001 über die Zulassung von Wertpapieren zur amtlichen Börsennotierung und über die hinsichtlich dieser Wertpapiere zu veröffentlichenden Informationen ersetzt. Hiermit war jedoch über die Änderung der Artikelnummern hinaus keine wesentliche inhaltliche oder teleologische Änderung der Transparenzvorschriften verbunden, insbesondere die Zurechnungstatbestände der Transparenzrichtlinie 1988 wurden wortgleich in Art. 92 lit. a) bis h der Transparenzrichtlinie 2001 übernommen. Die Transparenzrichtlinie 2001 wurde schließlich durch die Richtlinie 2004/109/EG des Europäischen Parlamentes und des Rates vom 15.12.2004 zur Harmonisierung der Transparenzanforderungen in Bezug auf Informationen über Emittenten, deren Wertpapiere zum Handel auf einem geregelten Markt, und zur Änderung der Richtlinie 2001/34/EG ersetzt.[107] Sinn und Zweck der Transparenzrichtlinien 1988 und 2001 werden durch die Transparenzrichtlinie 2004 übernommen. Jedoch sind mit der Transparenzrichtlinie 2004 auch inhaltliche Änderungen ver-

101 Bsp. Hohe Beteiligung mit Vorzugsaktien. Deshalb hatte der geänderte Richtlinienvorschlag 1987 in Artikel 8 Abs. 2 vorgesehen, daß die Meldepflicht nach Artikel 3 des Richtlinienvorschlags zwischen der Beteiligung an stimmberechtigten und nicht stimmberechtigten Aktien differenzierte.

102 Artikel 7 der Transparenzrichtlinie sieht insgesamt acht Zurechnungstatbestände vor.

103 Artikel 92 der Transparenzrichtlinie 2001; Art. 10 der Transparenzrichtlinie 2004.

104 Artikel 86 der Transparenzrichtlinie 2001.

105 Artikel 110 der Transparenzrichtlinie 2001.

106 Vgl. Kapitel 2 B. II.

107 Abl.EG Nr. 390 vom 31.12.2004, S. 38 ff., nachfolgend Transparenzrichtlinie 2004 genannt.

bunden, die vorliegend von Bedeutung sind. Es handelt sich hierbei insbesondere um die Anpassung der mitteilungsrelevanten Schwellenwerte[108], die Anpassung der Zurechnungstatbestände[109], die Aufnahme einer Mitteilungspflicht für Finanzinstrumente[110] sowie die Verkürzung der Meldepflichten auf vier Handelstage[111].

II. Der deutsche Entstehungs- und Entwicklungsprozeß der §§ 21ff. WpHG

Die deutsche Bundesregierung entfaltete erst Mitte 1993 mit der Veröffentlichung eines Diskussionsentwurfes[112] zum 2. Finanzmarktförderungsgesetz, dessen Artikel 1 den Entwurf eines Wertpapierhandelsgesetzes mit den Bestimmungen zur Umsetzung der Transparenzrichtlinie 1988[113] enthielt, offensichtliche Aktivitäten zur Umsetzung der Transparenzrichtlinie[114]. Der Diskussionsentwurf diente nach weiteren Überarbeitungen, die im Wesentlichen jedoch den Regelungsbereich der Insider- und der Wertpapierdienstleistungs-Richtlinie betrafen, als Grundlage des von der Bundesregierung an den Bundesrat gemäß Art. 76 Abs. 2 GG am 05.11.1993 zugeleiteten Gesetzesentwurfes eines 2. Finanzmarktförderungsgesetzes[115]. Der Gesetzesentwurf[116] wurde mit der Stellungnahme des Bundesrates[117] sowie der Gegenäußerung der Bundesregierung[118] dem Bundestag am 27.01.1994 vorgelegt. Unter Berücksichtigung des vom Finanzausschusses am 15.06.1994 veröffentlichten Berichtes[119] wurde der Entwurf nochmals überarbeitet[120] und am 17.06.1994 vom Bundestag als 2. Finanzmarktförderungsgesetz angenommen. Der Bundesrat stimmte dem Entwurf am 08.07.1994 zu. Am 30.07.1994 wur-

---

108 Art. 9 der Transparenzrichtlinie 2004: 5%, 10%, 15%, 20%, 25%, 30%, 50% und 75%.

109 Art. 10 der Transparenzrichtlinie 2004: Vgl. zu den einzelnen Tatbeständen unten Kapitel 5 B zu den einzelnen Zurechnungstatbeständen.

110 Art. 13 der Transparenzrichtlinie 2004.

111 Art. 12 Abs. 2 der Transparenzrichtlinie 2004.

112 Entwurf des Bundesfinanzministeriums, Az. VII B 5, nicht veröffentlicht; s. hierzu *Dannhoff*, DZWiR 1993, 521 ff.

113 Im Diskussionsentwurf §§ 28 ff. WpHG-E.

114 Vgl. zum Gesetzgebungsverfahren *Assmann* in: Assmann/Schneider, Kommentar zum WpHG 2006, Einleitung Rn. 12 ff.

115 Bundesrat-Drucksache 793/93, S. 1 ff.; vgl. a. *Austmann*, WiB 1994, S. 143 ff.

116 Bundestag-Drucksache 12/6679, S. 1 ff.

117 Bundestag-Drucksache 12/6679, Anlage 2.

118 Bundestag-Drucksache 12/6679, Anlage 3.

119 Bundestag-Drucksache 12/7918, S. 94 ff.

120 Die hier interessierenden §§ 21 ff. WpHG wurden jedoch nicht geändert. Man folgte auch nicht der Empfehlung des Finanzausschusses, die Tatbestände des § 21 WpHG und der §§ 20 ff. AktG anzugleichen (Bundestag-Drucksache 12/7918, S. 96).

de das Gesetz bekannt gegeben.[121] Im gesamten Gesetzgebungsverfahren waren die §§ 21 ff. WpHG hinsichtlich der hier interessierenden Bestimmungen Gegenstand keinerlei wesentlicher Änderungen. Die verschiedenen Entwürfe und die schließlich verabschiedete Fassung der §§ 21 ff. WpHG orientierten sich an der Transparenzrichtlinie 1988, deren Bestimmungen hinsichtlich der maßgeblichen Schwellenwerte mit einer unteren Schwelle von 5 % verschärft umgesetzt wurden (§ 21 Abs. 1 WpHG). Die Zurechnungstatbestände des Artikel 7 der Transparenzrichtlinie 1988 wurden inhaltlich mit Ausnahme von Teilstrich 4 vollständig umgesetzt. Dieser bedurfte wegen des im deutschen Recht geltenden Abspaltungsverbotes von Stimmrecht und Mitgliedschaft keiner Umsetzung.

Im Folgenden erfuhren die §§ 21 ff. WpHG durch das 3. Finanzmarktförderungsgesetz vom 24.03.1998[122] sowie das Gesetz zur Regelung von öffentlichen Angeboten zum Erwerb von Wertpapieren und von Unternehmensübernahmen[123] vom 20.12.2001 relevante inhaltliche Änderungen. Neben klarstellenden Änderungen wurden durch das 3. Finanzmarktförderungsgesetz die Anwendungsbereiche der §§ 21 ff. WpHG und der §§ 20 ff. AktG derart mit einander abgestimmt, daß die §§ 21 ff. WpHG in ihrem Anwendungsbereich den §§ 20 ff. AktG nunmehr vorgehen. Hierdurch sollte eine Verdopplung von Meldepflichten vermieden werden.[124] Gleichzeitig wurden die Rechtsfolgen bei einem Nichtbefolgen der Meldepflichten angeglichen. Die Zurechnungstatbestände des § 22 WpHG wurden schließlich durch das Gesetz zur Regelung von öffentlichen Angeboten zum Erwerb von Wertpapieren und von Unternehmensübernahmen vom 20.12.2001 umfassend neu gestaltet.[125] Hintergrund der Neufassung war es einerseits einen Gleichlauf mit den Zurechnungstatbeständen des § 30 WpÜG zur Vermeidung von Irritationen am Kapitalmarkt zu erreichen.[126] Andererseits sollten anhand der Erfahrungen der bisherigen Praxis Zweifelsfragen beantwortet und Lücken geschlossen werden.[127]

Die inhaltlichen Änderungen der Mitteilungspflichten auf europäischer Ebene durch die Transparenzrichtlinie 2004 wurden durch das Transparenzrichtlinien-Umsetzungsgesetz vom 05.01.2007 in das WpHG umgesetzt.[128] Der deutsche

---

121 BGBl. I 1994, S. 1749 ff.; vgl. a. *Riepe*, DStR 1994, S. 1236 ff.; *Weber*, NJW 1994, S. 2849 ff.; *Pfitzer/Streib*, BB 1995, S. 1947 ff.; *Hopt*, ZHR 1995, S. 135 ff.

122 BGBl. I 1998, S. 529 ff.

123 Vgl. Fn (1).

124 Bundesrat-Drucksache 605/97, S. 1 (59 f.).

125 Daneben wurde auch der Anwendungsbereich der §§ 21 ff. WpHG auf Gesellschaften ausgedehnt deren Aktien an einem geregelten Markt im Sinne der Wertpapierdienstleistungs-Richtlinie zugelassen sind.

126 Bundestag-Drucksache 14/7034, S. 1 (70).

127 Bundestag-Drucksache 14/7034, S. 1 (70).

128 BGBl. I S. 10; Bundestag-Drucksache 16/2498, S. 1 ff.; *Nießen*, Die Harmonisierung der kapitalmarktrechtlichen Transparenzregeln durch das TUG, NZG 2007, S. 41 ff.

Gesetzgeber hat von der Möglichkeit Gebrauch gemacht, die Mitteilungspflichten im Vergleich zur Transparenzrichtlinie 2004 zu verschärfen, und eine zusätzliche Meldeschwelle von 3 % aufgenommen.

III. Richtlinienkonforme Auslegung der §§ 21ff. WpHG

Die §§ 21 ff. WpHG wurden zur Erfüllung der Pflicht zur Umsetzung der 1988 Richtlinie in deutsches Recht – wenn auch verspätet – vom deutschen Gesetzgeber geschaffen und zur Anpassung an die Transparenzrichtlinie 2004 geändert. Die §§ 21 ff. WpHG sind daher als angeglichenes Recht[129] richtlinienkonform auszulegen,[130] d.h. im Zweifelsfall ist der Auslegung der Vorrang zu geben, die dem verbindlichen Regelungszweck der Richtlinie entspricht.[131] Die Auslegung des angeglichenen Rechts hat „mit Rücksicht auf, und im Lichte der Richtlinie" stattzufinden.[132] Die Verpflichtung zur richtlinienkonformen Auslegung wird aus dem Grundsatz der Gemeinschaftstreue (Art. 5 EGV) und Art. 189 Abs. 3 EGV abgeleitet.[133] Die Verpflichtung ist jedoch nicht nur gemeinschaftsrechtlicher Natur. Sie ist ebenso Ausfluß der Entscheidung des deutschen Gesetzgebers, mit Umsetzung der Transparenzrichtlinie in nationales Recht, gleichzeitig den Auftrag der Richtlinie erfüllen zu wollen.[134] Nach dem Willen des deutschen Gesetzgebers sind die §§ 21 ff. WpHG demnach richtlinienkonform auszulegen und anzuwenden.

129 *Everling*, ZGR 1992, S.376 (376).

130 Vgl. zur Herleitung der Pflicht zur richtlinienkonformen Auslegung: *Jarass*, S.89; *Hennrichs*, ZGR 1997, S.66 (76).

131 EuGH, „Heininger", NJW 2002, S.281 Tzum 27; *Heinrichs* in: Palandt, BGB, 2007, Einführung Rn. 53.

132 *Hennrichs*, ZGR S.66 (67) m. Verweis auf *Lutter* in FS Everling, 1995, S.765 (767); *Riesenhuber/Domröse*, RIW 2005, S.47 (47 ff).

133 *Hennrichs*, ZGR 1997, S.66 (76).

134 *Jarass*, S.89 f; s. zum Willen des Gesetzgebers Bundestag-Drucksache 12/6679, S.1, 35.

3. Kapitel –Die Regelungssysteme der §§ 21 ff. WpHG und des WpÜG unter besonderer Berücksichtigung der Zurechnungstatbestände

Ein genaues Verständnis der Zurechnungstatbestände des § 22 WpHG und des § 30 WpÜG setzt deren Einordnung in die jeweiligen Regelungssysteme der §§ 21 ff. WpHG und des WpÜG voraus. Aufgabe und Funktion sowie Sinn und Zweck der Zurechnungstatbestände können nur ausgehend von den mittel- oder unmittelbaren Rechtsfolgen einer Zurechnung aufgezeigt werden. Gegenstand dieses Kapitels ist es daher, die Regelungssysteme der §§ 21 ff. WpHG und des WpÜG unter besonderer Berücksichtigung von § 22 WpHG und § 30 WpÜG darzustellen.

A. Das Regelungssystem der §§ 21 ff. WpHG unter besonderer Berücksichtigung von § 22 WpHG

I. Überblick

Die §§ 21 ff. WpHG bilden den Abschnitt 5 „Mitteilung, Veröffentlichung und Übermittlung von Veränderungen des Stimmrechtsanteils an das Unternehmensregister“ des WpHG. Sie werden ergänzt durch die Bußgeldvorschriften des § 39 Abs. 2 Nr. 2 lit. e), f), u. g), Nr. 5 lit. c), Nr. 6 (4) WpHG sowie die Übergangsbestimmungen des § 41 Abs. 2-(6) WpHG. Für die hier untersuchte Thematik sind von der Rechtsfolgenseite aus betrachtet zwei Normengruppen hervorzuheben. Erstens Normen, die eine unmittelbare Außenwirkung entfalten, d.h., in die Rechte des jeweiligen Normadressaten eingreifen, indem sie ihm entweder Pflichten auferlegen (Mitteilungspflichten nach §§ 21, 24, 25, 27a WpHG, Veröffentlichungspflichten nach § 26 WpHG) oder die Nichtbefolgung von Pflichten durch den Verpflichteten sanktionieren (Rechtsverlust nach § 28 WpHG, Bußgeldvorschriften gemäß § 39 WpHG). Zweitens ausfüllende Normen, die der Konkretisierung, Erweiterung oder Einschränkung von Tatbestandsmerkmalen und von Rechtsfolgen der Vorschriften der vorgenannten Normengruppe sowie deren Durchführung dienen (Zurechnung von Stimmrechten nach § 22 WpHG, Nichtberücksichtigung von Stimmrechten nach § 23 WpHG). Ausgehend von der Darstellung des Regelungsgegenstandes der Vorschriften der ersten Normengruppe, mit Ausnahme des § 25 WpHG, für den die Zurechnungsvorschriften nach § 22 WpHG keine Anwendung finden, lassen sich die Wirkungslinien der Vorschriften der zweiten Normengruppe insbesondere der Zurechnung von Stimmrechten gemäß § 22 WpHG aufzeigen.

1. Die Mitteilungspflichten nach §§ 21, 25 und 27a WpHG

a) § 21 WpHG

(1) Anlaßdefinierter Normadressat

Nach § 21 Abs. 1 Satz 1 WpHG ist derjenige, der durch Erwerb, Veräußerung oder auf sonstige Weise 3%, 5%, 10%, 15%, 25%, 30%, 50% oder 75% der Stimmrechte an einem Emittenten i. S. d. § 2 Abs. (6) WpHG, für den die Bundesrepublik Deutschland der Herkunftsstaat ist, erreicht, überschreitet oder unterschreitet, zur Mitteilung verpflichtet. Mitteilungspflichtig kann nach dem Wortlaut jedermann, d. h. jede juristische bzw. natürliche Person sein, unabhängig davon, ob sie ihren Sitz bzw. Wohnsitz im In- oder Ausland hat, sowie jede weitere in- oder ausländische zumindest teilrechtsfähige Personenvereinigung.[135] Entscheidend ist allein, daß diese Person Inhaber von Rechten und Pflichten sein kann.[136] Eingegrenzt wird der Adressatenkreis durch ein anlaßbezogenes Element. Dieses anlaßbezogene Element besteht in der Anknüpfung an das Erreichen, Über- oder Unterschreiten einer der vorgenannten Stimmrechtsschwellen durch den Meldepflichtigen durch Erwerb, Veräußerung oder auf sonstige Weise.[137] Veränderungen von Stimmrechtsanteilen, die sich unterhalb, oberhalb oder zwischen den Stimmrechtsschwellen nach § 21 Abs. 1 WpHG bewegen, bleiben unberücksichtigt.

(2) Zivilrechtliches Eigentum

Bei der Ermittlung des Stimmrechtsanteils des Meldepflichtigen im Rahmen des § 21 Abs. 1 u. (1a) WpHG werden auf Grund des Abspaltungsverbotes gemäß § 8

---

135 Bundestag-Drucksache 12/6679 vom 27.01.1994, S. 52; *Schneider* in: Assmann/Schneider, WpHG, 2006, § 21 Rn. 5, 11; *Nottmeier/Schäfer*, AG 1997, S. 87 (90); *Falkenhagen*, WM 1995, 1005 (1005); *Starke*, S. 180f. In Erfüllung der Vorgaben des Art. 1 Abs. 1 der Transparenzrichtlinie hat der deutsche Gesetzgeber damit einen weiten Adressatenkreis der Mitteilungspflicht nach § 21 WpHG festgelegt. Entgegen der herrschenden Meinung zu § 20 AktG können hiernach auch sog. Privataktionäre meldepflichtig sein.

136 *Hildner*, S. 27.

137 § 21 Absatz (1a) WpHG erweitert diese Mitteilungspflicht auf denjenigen, dem zum Zeitpunkt der erstmaligen Zulassung der Aktien zum Handel an einem organisierten Markt 3% oder mehr der Stimmrechte an dem Emittenten zustehen.

Abs. 5 AktG unmittelbar nur diejenigen Aktien berücksichtigt, deren zivilrechtlicher Eigentümer der Meldepflichtige ist.[138] § 21 Abs. 1 u. (1a) WpHG knüpft insoweit unmittelbar lediglich an Veränderungen der dem Meldepflichtigen aus der Mitgliedschaft zur börsennotierten Gesellschaft zustehenden Stimmrechte an.

(3) Erfüllung der Mitteilungspflicht

Der Meldepflichtige hat der Gesellschaft sowie der Bundesanstalt für Finanzdienstleistungsaufsicht (BaFin) unverzüglich, spätestens innerhalb von 4 Handelstagen, das Erreichen, Über- oder Unterschreiten der genannten Schwellen mitzuteilen. Die weiteren Pflichtangaben in der Mitteilung regelt § 17 der Verordnung zur Konkretisierung von Anzeige-, Mitteilungs- und Veröffentlichungspflichten sowie der Pflicht zur Führung von Insiderverzeichnissen nach dem Wertpapierhandelsgesetz (WpAIV).[139] Nach § 17 Abs. 1 WpAIV hat die Mitteilung insbesondere folgende Angaben zu enthalten: Name und Anschrift des Mitteilungspflichtigen (Nr. 2), des Emittenten (Nr. 3), die Schwelle, die berührt wurde, sowie die Angabe, ob die Schwelle überschritten, unterschritten oder erreicht wurde (Nr. 4), die Höhe des nunmehr gehaltenen Stimmrechtsanteils in Bezug auf die Gesamtmenge der Stimmrechte des Emittenten und in Bezug auf alle mit Stimmrechten versehenen Aktien ein und derselben Gattung (Nr.5), das Datum des Überschreitens, Unterschreitens oder Erreichens der Schwelle (Nr. 6) sowie die Angabe, ob und wie viele Stimmrechte durch Ausübung des durch Finanzinstrumente nach § 25 Abs. 1 Satz 1 WpHG verliehenen Rechts, Aktien eines Emittenten, für den die Bundesrepublik Deutschland der Herkunftsstaat ist, zu erwerben, erlangt wurden (Nr. 7). Zusätzlich sind im Falle der Zurechnung von Stimmrechten nach § 22 Abs. 1 u. 2 WpHG nach § 17 Abs. 2 WpAIV folgende Angaben zu machen: der Name des Dritten (Satz 1 Nr. 1) oder des kontrollierten Unternehmens (Satz 1 Nr. 2), aus dessen Aktien jeweils dem Meldepflichtigen Stimmrechte zugerechnet werden, wenn dessen zugerechneter Stimmrechtsanteil jeweils 3 % oder mehr beträgt. Nach § 17 Abs. 2 Satz 2 WpAIV sind zudem die zugerechneten Stimmrechte für jeden Zurechnungstatbestand getrennt anzugeben.

Die Mitteilungspflicht nach § 21 Abs. 1 o. (1a) WpHG kann nach § 24 WpHG auch durch das Mutterunternehmen des Meldepflichtigen oder, wenn das Mutterunternehmen selbst ein Tochterunternehmen ist, durch dessen Mutterunternehmen erfüllt werden. Voraussetzung hierfür ist, daß der Meldepflichtige einem

138 *Schneider* in: Assmann/Schneider, WpHG, 2006, § 21 Rn. 19f.

139 Verordnung vom 13.12.2004, BGBl. I 2004, S. 3376, zuletzt geändert durch zum Gesetz zur Begrenzung der mit Finanzinvestitionen verbundenen Risiken vom 12.08.2008, BGBl. I 2008, S. 1666.

Konzern, für den nach §§ 290, 340i HGB ein Konzernabschluß aufgestellt werden muß, angehört.

b) § 25 WpHG

(1) Normadressat

§ 25 WpHG ergänzt die Mitteilungspflicht nach § 21 WpHG, indem eine Mitteilungspflicht auch für Finanzinstrumente vorgesehen wird, die ihrem mittelbaren oder unmittelbaren Inhaber – zivilrechtlicher Eigentümer wie bei § 21 WpHG – das Recht verleihen, einseitig im Rahmen einer rechtlich bindenden Vereinbarung mit Stimmrechten verbundene und bereits ausgegebene Aktien eines Emittenten, für den die Bundesrepublik Deutschland der Herkunftsstaat ist, zu erwerben. Eine Zurechnung von Finanzinstrumenten gemäß § 22 WpHG findet jedoch nicht statt. Entsprechend § 21 WpHG ist der Normadressat durch das Anknüpfen an das Erreichen, Überschreiten oder Unterschreiten der in § 21 Abs. 1 Satz 1 WpHG genannten Schwellen mit Ausnahme der Schwelle von 3 % anlaßdefiniert.

Zur weiteren Erhöhung der Transparenz von Kapitalmarktbewegungen und zum Gleichlauf mit der Transparenzrichtlinie 2004[140], sieht Art. 1 Nr. 3 des Gesetzes zur Begrenzung der mit Finanzinvestitionen verbundenen Risiken (Risikobegrenzungsgesetz)[141], welcher zum 1. März 2009 in Kraft getreten ist, mit der Änderung von § 25 Abs. 1 Sat 3 WpHG nunmehr eine Zusammenrechnung der Beteiligungen nach den §§ 21 und 22 WpHG mit Finanzinstrumenten nach § 25 WpHG vor. Hierdurch wird die Meldedichte erhöht[142] und das Heranschleichen an Zielgesellschaften erschwert.

(2) Erfüllung der Mitteilungspflicht

Der Meldepflichtige hat der Gesellschaft sowie der Bundesanstalt für Finanzdienstleistungsaufsicht (BaFin) unverzüglich, spätestens innerhalb von 4 Handelstagen, das Erreichen, Über- oder Unterschreiten der genannten Schwellen mitzuteilen. Die weiteren Pflichtangaben in der Mitteilung regelt § 17 Abs. 3 WpAIV.

140 Begr. zum Referenten des Risikobegrenzungsgesetzes, BT-Drucksache 16/7348 vom 7.12.2007, S. 11.

141 BGBl. I 2008, S. 1666 ff.

142 *Dehlinger/Zimmermann* in: Fuchs, Kommentar zum WpHG 2009, § 25 Rn. 4.

c) § 27a WpHG

(1) Normadressat

Mit Art. 1 Nr. 4 des Risikobegrenzungsgesetzes, der am 31. Mai 2009 in Kraft trat, wird eine zusätzliche Mitteilungspflicht für Inhaber von wesentlichen Beteiligungen gemäß § 27a WpHG begründet. Normadressat ist jeder Meldepflichtige nach §§ 21, 22 WpHG, der die Schwelle von 10% der Stimmrechte aus Aktien oder eine höhere Schwelle erreicht oder überschreitet. Eine Meldepflicht besteht nicht, wenn der Schwellenwert aufgrund eines Angebotes nach § 2 Abs. 1 WpÜG erreicht oder überschritten wurde. Grundsätzlich ausgenommen als Adressaten sind unter bestimmten Voraussetzungen Kapitalanlagegesellschaften, Investmentaktiengesellschaften sowie ausländische Verwaltungsgesellschaften und Investmentgesellschaften im Sinne der Richtlinie 85/611/EWG des Rates vom 20. Dezember 1985 zur Koordinierung der Rechts- und Verwaltungsvorschriften betreffend bestimmte Organismen für gemeinsame Anlagen in Wertpapieren[143].

(2) Erfüllung der Mitteilungspflicht

Der Meldepflichtige hat dem Emittenten innerhalb von 20 Handelstagen nach Erreichen oder Überschreiten der vorgenannten Schwellen die mit dem Erwerb verfolgen Ziele und die Herkunft der für den Erwerb verwendeten Mittel mitzuteilen. Eine Änderung der Ziele ist ebenfalls innerhalb von 20 Handelstagen mitzuteilen. Hinsichtlich der mit dem Erwerb der Stimmrechte verfolgten Ziele hat der Meldepflichtige gemäß § 27a Abs. 1 Satz 2 WpHG anzugeben, ob die Investition der Umsetzung strategischer Ziele oder der Erzielung von Handelsgewinnen dient (Nr. 1), er innerhalb der nächsten zwölf Monate weitere Stimmrechte durch Erwerb oder auf sonstige weise zu erlangen beabsichtigt (Nr. 2), er eine Einflußnahme auf die Besetzung von Verwaltungs-, Leitungs- und Aufsichtsorganen des Emittenten anstrebt (Nr. 3) und er eine wesentliche Änderung der Kapitalstruktur der Gesellschaft, insbesondere im Hinblick auf das Verhältnis von Eigen- und Fremdfinanzierung und die Dividendenpolitik anstrebt (Nr. 4). § 27a Abs. 1 Satz 3 sieht ferner weitere Angaben zur Herkunft der Mittel vor.

Der Emittent hat gemäß § 27a Abs. 2 WpHG die ihm mitgeteilten Informationen entsprechend § 26 Abs. 1 Satz 1 WpHG zu veröffentlichen.

Nach § 27a Abs. 3 WpHG kann die Satzung von Emittenten mit Sitz im Inland von der Anwendung von § 27a Abs. 1 WpHG absehen.

---

143 ABl.EG Nr. L 375 S. 3.

2. *Die Veröffentlichungspflichten nach § 26 WpHG*

a) Normadressat

Normadressat des § 26 WpHG ist jeder Inlandsemittent i. S. d. § 2 Abs. (7) WpHG.

b) Erfüllung der Veröffentlichungspflicht

Ist dem Normadressaten eine Mitteilung nach §§ 21 Abs. 1 o. (1a), 25 Abs. (1) Satz 1 WpHG zugegangen, so hat er diese unverzüglich, spätestens innerhalb von drei Handelstagen nach Zugang der Mitteilung zu veröffentlichen. Nach § 19 WpAIV muß die Mitteilung die Angaben der Mitteilung (nach § 17 WpAIV) enthalten sowie den Meldepflichtigen unter Angabe seines Namens, Sitzes und des Staates, in dem sich sein Wohnort oder Sitz befindet. Nach der Veröffentlichung ist die Mitteilung unverzüglich dem Unternehmensregister zu übermitteln.

3. *Die Verletzung der Mitteilungs- und Veröffentlichungspflichten*

a) Verletzung der Mitteilungspflichten

(1) Rechtsverlust gemäß § 28 WpHG

Nach § 28 Satz 1 WpHG bestehen die Rechte aus Aktien, die dem Meldepflichtigen gehören oder aus denen ihm Stimmrechte gemäß § 22 Abs. 1 Satz 1 Nr. 1 o. 2 WpHG zugerechnet werden, nicht für die Zeit, für welche Mitteilungspflichten nach § 21 Abs. 1 o. (1a) WpHG nicht erfüllt wurden. Mit Inkrafttreten der Ergänzung von § 28 WpHG durch Art. 1 Nr. 5 Risikobegrenzungsgesetz zum 1. März 2009 wird der Zeitraum gemäß § 28 Satz 1 WpHG, für den die Rechte aus den Aktien ruhen, um sechs Monate verlängert, sofern die Höhe des Stimmrechtsanteils betroffen ist und vorsätzlich oder grob fahrlässig die Mitteilungspflicht verletzt wurde. Erfasst werden Rechte aus Aktien, deren zivilrechtlicher Eigentümer der Meldepflichtige selbst und/oder sein Tochterunternehmen (§ 22 Abs. 1 Satz 1 Nr. 1 WpHG) und/oder ein Dritter ist, der die Aktien für Rechnung des Meldepflichtigen hält (§ 22 Abs. 1 Satz 1 Nr. 1 WpHG). Der durch § 28 WpHG angeordnete Rechtsverlust umfasst sowohl die mit den Aktien verbundenen Mitverwaltungs-[144] als auch die Vermögensrechte[145] mit Ausnahme der Mitgliedschaft als

144 Bsp.: Stimmrechte, Recht auf Teilnahme an der Hauptversammlung, Antragsrechte, Auskunftsrechte etc.

145 Bsp. Dividendenanspruch, Bezugsrechte etc.

solchen.[146] Lediglich die Rechte des Meldepflichtigen nach § 58 Abs. 4 AktG und § 271 AktG bleiben unberührt, wenn die Mitteilung nicht vorsätzlich unterlassen wurde und der Meldepflichtige diese nachgeholt hat.

(2) Bußgeld gemäß § 39 WpHG

Nach § 39 Abs. 2 Nr. 1 lit. e) WpHG handelt ordnungswidrig, wer vorsätzlich oder leichtfertig entgegen § 21 Abs. 1 Satz (1) oder Absatz (1a) WpHG eine Mitteilung nicht, nicht richtig, nicht vollständig, nicht in der vorgeschriebenen Weise oder nicht rechtzeitig macht. Eine hiernach begangene Ordnungswidrigkeit kann gemäß § 39 Abs. 4 WpHG mit einer Geldbuße bis zu zweihunderttausend Euro geahndet werden. Über § 17 Abs. 4 OWiG kann auch eine darüber hinausgehende Geldbuße festgesetzt werden, wenn der wirtschaftliche Vorteil, den der Meldepflichtige aus der Ordnungswidrigkeit gezogen hat, den gesetzlich vorgesehenen Rahmen übersteigt. Da der wirtschaftliche Vorteil jedoch unmittelbar[147] aus der Ordnungswidrigkeit gezogen werden muß, wird § 17 Abs. 4 OWiG bei einer Verletzung der Mitteilungspflichten nur selten Anwendung finden können. Der unmittelbare wirtschaftliche Vorteil einer Verletzung der Mitteilungspflichten wird bis auf Ausnahmefälle[148] kaum meßbar sein.

b) Verletzung der Veröffentlichungspflichten

Die Verletzung der Veröffentlichungspflichten nach § 26 Abs. 1 WpHG ist gemäß § 39 Abs. 2 Nr. 5 lit. c) i. V. m. Abs. 4 WpHG mit einem Bußgeld bis zu zweihunderttausend Euro bewährt. Gleiches gilt gemäß § 39 Abs. 2 Nr. 2 lit. g) WpHG für die Verletzung des § 26 Abs. 2 WpHG. Vorstehende Ausführungen zum Bußgeld bei Verletzung der Mitteilungspflichten gelten im Übrigen entsprechend.

II. Die funktionale und systematische Einbindung des § 22 WpHG im Regelungssystem der §§ 21ff. WpHG

Ausgehend von seinem Regelungsgegenstand läßt sich die funktionale und systematische Einbindung des § 22 WpHG im Regelungssystem der §§ 21 ff. WpHG aufzeigen.

146 *Schneider* in: Assmann/Schneider, WpHG, 2006, § 28 Rn. 24ff.; *Witt*, WM 1998, 1153 (1156).
147 *König* in: Göhler Ordnungswidrigkeitengesetz, 2002, § 17 Rn. 44.
148 Ggf. beim Mitwirken von Finanzdienstleistungsunternehmen, die gegen Entgelt für einen Dritten Wertpapierpositionen aufbauen, um ein Heranschleichen an eine Zielgesellschaft zu ermöglichen.

1. Regelungsgegenstand des § 22 WpHG

Nach § 22 Abs. 1 u. (2) WpHG werden Stimmrechte aus Aktien, die Dritten gehören, nach abschließend geregelten Tatbeständen den Stimmrechten des Meldepflichtigen aus eigenen Aktien im Rahmen der Mitteilungspflichten des § 21 Abs. 1 u. (1a) WpHG gleichgestellt.[149] § 22 Abs. 1 u. (2) WpHG bestimmt somit, unter welchen Voraussetzungen Stimmrechte aus Aktien Dritter dem Meldepflichtigen zugerechnet und bei der Frage nach dem Vorliegen einer Meldepflicht nach § 21 Abs. 1 u. (1a) WpHG wie seine eigenen behandelt werden. § 22 Abs. 4 WpHG bestimmt, daß in den Mitteilungen nach § 21 Abs. 1 u. (1a) WpHG die nach § 22 Abs. 1 u. Abs. 2 zuzurechnenden Stimmrechte für jeden einzelnen Zurechnungstatbestand getrennt anzugeben sind.

2. Die normausfüllende Funktion des § 22 WpHG

a) Mitteilungspflichten nach § 21 Abs. 1 u. (1a) WpHG

Erster Ansatzpunkt des Regelungsgegenstandes des § 22 WpHG sind die tatbestandlichen Voraussetzungen des § 21 Abs. 1 u. (1a) WpHG. Die Gleichstellung von Stimmrechten aus Aktien Dritter gemäß § 22 Abs. 1 Satz 1 Nr. 1–6 u. Abs. 2 WpHG mit den Stimmrechten aus eigenen Aktien des Meldepflichtigen erweitert auf tatbestandlicher Ebene den Anwendungsbereich des § 21 Abs. 1 u. (1a) WpHG und damit auch den Kreis der Normadressaten. Adressaten der Mitteilungspflichten können auf Grund der Zurechnung von Stimmrechten nach § 22 Abs. 1 Satz 1 Nr. 1–6 u. Abs. 2 WpHG auch Nichtaktionäre der börsennotierten Gesellschaft sein. Denn § 22 Abs. 1 Satz 1 u. Abs. 2 WpHG erfaßt bei der Beurteilung der Mitteilungspflicht Veränderungen, die weder Veränderungen der Mitgliedschaft des Meldepflichtigen als solche noch Veränderungen der sich aus der Mitgliedschaft ergebenden Stimmrechte darstellen. Auf der Rechtsfolgenseite wird über § 22 Abs. 5 WpHG i. V. m. § 17 WpAIV der Kreis der mitzuteilenden Tatsachen erweitert. Für jeden einzelnen Zurechnungstatbestand des § 22 Abs. 1 Satz 1 Nr. 1–6 u. Abs. 2 WpHG sind die Stimmrechte in der Mitteilung gesondert anzugeben. Der Regelungsgegenstand des § 22 WpHG ist daher im System der §§ 21 ff. WpHG sowohl bei der Frage nach dem Entstehen als auch bei der Frage nach der Erfüllung der Mitteilungspflichten heranzuziehen.

149 Ausführlich zu § 22 WpHG unten unter Kapitel 5 B.

b) Rechtsverlust nach § 28 WpHG sowie Bußgeld nach § 39 Abs. 2 Nr. Nr. 1 lit. d) WpHG

§ 22 WpHG bestimmt mittelbar die tatbestandlichen Voraussetzungen des § 28 WpHG und des § 39 Abs. 2 Nr. 2 lit. e) WpHG, indem zum einen die Zurechnung von Stimmrechten eine Mitteilungspflicht, deren Nichterfüllung die §§ 28, 39 Abs. 2 Nr. 2 lit. e) WpHG sanktionieren, bedingen kann. Zum anderen § 22 Abs. 5 WpHG i. V. m. § 17 WpAIV die inhaltlichen Anforderungen an die Mitteilung erweitert, die zur Erfüllung der Mitteilungspflichten einzuhalten sind. Schließlich ordnet § 28 Satz 1 WpHG als Rechtsfolge bei Vorliegen der tatbestandlichen Voraussetzungen im Übrigen den Verlust der Rechte aus Aktien an, aus denen dem Meldepflichtigen Stimmrechte gemäß § 22 Abs. 1 Satz 1 Nr. 1 o. 2 WpHG zugerechnet werden. Über § 22 WpHG wird daher die Sanktion der Verletzung der Mitteilungspflichten durch den Meldepflichtigen auf Rechte Dritter ausgeweitet.

III. Schlußfolgerungen

Die funktionale und systematische Einbindung des § 22 WpHG im Regelungssystem der §§ 21 ff. WpHG hat gezeigt, daß die Zurechnung von Stimmrechten eine zentrale Funktion bei der Frage nach dem Vorliegen, der Frage nach der Erfüllung sowie der Frage nach der Sanktion bei Nichterfüllung von Mitteilungspflichten über das Erreichen, das Über- oder Unterschreiten der Meldeschwellen des § 21 Abs. 1 WpHG einnimmt. Entsprechendes gilt mittelbar für die Veröffentlichungspflichten. In dieser aufgezeigten Aufgabe geht alleinig der Regelungsgegenstand des § 22 WpHG auf. Die Anwendung und Auslegung der Zurechnungstatbestände hat sich daher an dem durch die Mitteilungs- und Veröffentlichungspflichten verfolgten Regelungszweck zu orientieren. Diesen gilt es im Weiteren herauszuarbeiten.[150] Ferner greifen sowohl die Mitteilungs- und Veröffentlichungspflichten als auch die vorgesehenen Sanktionen in die Rechte des Meldepflichtigen, der Gesellschaft und Dritter ein. Über die Zurechnung von Stimmrechten wird nach deren funktionalen und systematischen Stellung im Regelungssystem der §§ 21 ff. WpHG über das „ob" und das „wie" des Eingriffes bestimmt. Die sich hieraus ergebenden Grenzen bei der Auslegung der Zurechnungstatbestände werden ebenfalls aufzuzeigen sein.[151]

150 Vgl. unten unter Kapitel 4 A.
151 Vgl. unten unter Kapitel 5.

B. Das Regelungssystem des WpÜG unter besonderer Berücksichtigung von § 30 WpÜG

I. Überblick

Das WpÜG gliedert sich in neun Abschnitte. Abschnitt 1 enthält allgemeine Vorschriften und Abschnitt 2 Zuständigkeitsregelungen. Im Folgenden unterscheidet das Gesetz bei den materiell-rechtlichen Regelungen zwischen dem allgemeinen Angebot zum Erwerb von Wertpapieren (Abschnitt 3), dem Übernahmeangebot (Abschnitt 4) sowie dem Pflichtangebot (Abschnitt 5). Die Sanktion der Nichtbeachtung der Regelungen der Abschnitte 3 bis 5 regelt Abschnitt 8. Die verbleibenden Abschnitte 6, 7 und 9 enthalten verfahrensrechtliche und aufsichtsrechtliche Vorschriften für die BaFin, Bestimmungen zu Rechtsmitteln und gerichtliche Zuständigkeiten sowie Übergangsregelungen im Zusammenhang mit Wertpapiererwerbs- und Übernahmeangeboten nach den Abschnitten 3 bis 5, die für diese Untersuchung außer Betracht bleiben können.[152]. Der im Fokus dieser Untersuchung stehende § 30 WpÜG befindet sich in Abschnitt 4.

1. Begriffsbestimmung

a) Angebote zum Erwerb von Wertpapieren

Angebote zum Erwerb von Wertpapieren sind nach der Legaldefinition der §§ 10 ff. i.V.m. § 2 Abs. 1 WpÜG alle freiwilligen[153] oder auf Grund einer Verpflich-

---

152 Vgl. zum Aufbau und Systematik des WpÜG die übersichtliche Darstellung von *Assmann*, AG 2002, S. 114 ff.

153 Der Begriff „freiwillig“ ist vom Gesetzgeber nicht definiert worden. Er ist umstritten. Vgl. zum Meinungsstand *Versteegen* in: Kölner Kommentar zum WpÜG 2003, § 2 Rn. 71 ff.; *Schüppen* in: *Schüppen* in: Frankfurter Kommentar zum WpÜG 2008, § 2 Rn. 15 ff. Eine Auseinandersetzung mit dem aktuellen Meinungsstand ist für diese Arbeit nicht zielführend und würde ihren Rahmen sprengen. Nach allen Ansichten ist ein Angebot freiwillig, daß der Bieter abgibt, ohne hierzu nach dem WpÜG oder einem anderen deutschen Gesetz verpflichtet zu sein. Von solchen Angeboten soll hier ausgegangen werden.

tung nach dem WpÜG erfolgenden öffentlichen[154] Kauf- oder Tauschangebote,[155] eines Bieters für die von einer Zielgesellschaft mit Sitz im Inland ausgegebenen oder zum Handel an einem organisierten Markt zugelassenen Wertpapiere.[156]

b) Übernahmeangebote

Übernahmeangebote sind nach der Legaldefinition der §§ 29 Abs. 1 i. V. m. 2 Abs. 1 WpÜG Angebote (zum Erwerb von Wertpapieren), die auf den Erwerb der Kontrolle über eine Zielgesellschaft gerichtet sind.

(1) Kontrollgerichtetes Angebot

Ein Angebot ist dann auf den Erwerb der Kontrolle gerichtet, wenn bei einer Annahme des Angebots durch die Aktionäre der Zielgesellschaft in dem vom Bieter beabsichtigten Umfang, der Bieter die Kontrolle erlangen würde.[157] Maßgeblich ist damit allein die objektive Zielrichtung des Angebotes. Ob der Bieter auch subjektiv mit dem Willen handelt, die Kontrolle zu erwerben, ist unerheblich.[158]

---

154 Der Gesetzgeber hat auf eine Definition des Begriffs „öffentlich" verzichtet. Den Verzicht hat er mit einem Verweis auf die Praxis ausländischer Regelungen und auf die sonst bestehende Gefahr von Umgehungsmöglichkeiten wegen der Vielgestaltigkeit der möglichen Sachverhalte begründet (Begründung zum Gesetzesentwurf, Bundestag-Drucksache 14/7034, S. 1 (33). Umstritten ist im Einzelnen, was unter dem Begriff „öffentlich" zu verstehen ist. Vgl. zur Diskussion des Begriffes „öffentlich": *v. Bülow* in: Kölner Kommentar zum WpÜG 2003, § 2 Rn. 45 ff.; *Santelmann* in: Steinmeyer/Häger WpÜG 2007, § 1 Rn. 7 ff.; *Schüppen* in: Frankfurter Kommentar zum WpÜG 2008, § 2 Rn. 10 ff.; *Angerer* in: Geibel/Süßmann WpÜG 2008, § 1 Rn. 20 ff.; *Fleischer*, ZIP 2001, S. 1653 (1658 f.); *Tröger*, DZWiR 2002 (Teil I), 353 (355) m.w.N.; *Mühle*, S.188 ff., zieht für die Beurteilung der Öffentlichkeit eines Angebots in Anlehnung an die amerikanische Rechtsprechung acht Indikatoren heran. Diese müssen nicht kumulativ vorliegen. Maßgeblich sei vielmehr, daß die Adressaten des Angebotes der spezifischen Gefahrenlage ausgesetzt seien, die bei einem befristeten Angebot an alle Aktionäre entstehen würde. Eine Auseinandersetzung mit dem aktuellen Meinungsstand ist für die vorliegende Arbeit jedoch nicht zielführend und würde ihren Rahmen sprengen. Nach allen Ansichten ist ein Angebot öffentlich, wenn es einseitig formuliert ist und sich an eine Vielzahl von Wertpapierinhabern der Zielgesellschaft richtet. Diese Definition soll der Arbeit zu Grunde gelegt werden.

155 *Versteegen* in: Kölner Kommentar zum WpÜG 2003, § 2 Rn. 37 ff.

156 Noch im Diskussionsentwurf war vorgesehen, das WpÜG nur auf Kauf- und Tauschangebote für Stamm- und Vorzugsaktien anzuwenden ist.

157 Vgl. Begründung zum Gesetzentwurf, Bundestag-Drucksache 14/7034, S. 1 (53).

158 *Haarmann* in: Frankfurter Kommentar zum WpÜG 2008, § 20 Rn. 18.

(2) Kontrollbegriff des § 29 WpÜG

Kontrolle definiert § 29 Abs. 2 WpÜG abstrakt formal als das Halten von mindestens 30% der Stimmrechte an der Zielgesellschaft.[159] Entscheidend ist allein die Beteiligung des Bieters an den Stimmrechten der Zielgesellschaft. Seine Beteiligung am Kapital der Zielgesellschaft bleibt bei der Bestimmung der Kontrolle unberücksichtigt.[160] Für die Berechnung sind die Stimmrechte maßgeblich, die der Bieter selbst hält. Auf Grund des im deutschen Recht geltenden Abspaltungsverbotes gemäß § 8 Abs. 5 AktG werden daher gemäß § 29 Abs. 2 WpÜG unmittelbar nur Stimmrechte aus Aktien berücksichtigt, die dem Bieter selbst gehören, dessen zivilrechtlicher Inhaber er ist.[161] Bei der Beurteilung der Kontrollstellung des Bieters ist daher zunächst eine faktische oder rechtliche Beherrschung durch den Bieter auf Grund besonderer wirtschaftlicher Verhältnisse oder eines Beherrschungsvertrages – ohne Einfluß auf die Ausübung von Stimmrechten – unbeachtlich. Es handelt sich insoweit um einen spezifisch übernahmerechtlichen Kontrollbegriff.[162] Eine Anlehnung an andere gesetzliche Kontrollbegriffe[163] ist ausgeschlossen. Teilweise wird der Kontrollbegriff des § 29 Abs. 2 WpÜG als rein formeller Begriff verstanden.[164] Demgegenüber werten andere die Regelung des § 29 Abs. 2 WpÜG als unwiderlegliche Vermutung für die Kontrollstellung des Bieters.[165] Diese formal-juristische Differenzierung über die gesetzgeberische Wertung des § 29 Abs. 2 WpÜG ist jedoch ohne Bedeutung für seine praktische Anwendung. § 29 Abs. 2 WpÜG läßt insoweit keinen Beurteilungsspielraum. Allein die zivilrechtliche Zuordnung der Aktien der Zielgesellschaft und der mit den Aktien verbundenen Stimmrechte ist für die Bestimmung der Kontrolle an der Zielgesellschaft entscheidend. Hintergrund der 30%-Schwelle waren insbesondere die in anderen europäischen Staaten gewählten Schwellenwerte[166] und die durchschnittliche Präsenz in Hauptversammlungen börsennotierter Aktien-

---

159 Kritisch zur abstrakten Festlegung u. a. *Munscheck*, RIW 1995, S. 998 (999). Dieser will weitere Kriterien zur Kontrollbestimmung heranziehen.

160 *Versteegen* in: Kölner Kommentar zum WpÜG 2003, § 29 Rn 70; *Steinmeyer* in: Steinmeyer/Häger, WpÜG 2007, § 29 Rn. 15.

161 Über die Regelung des § 30 WpÜG wird der Kontrollbegriff des § 29 Abs. 2 WpÜG ausgeweitet, indem auch Stimmrechte aus Aktien erfaßt werden, die dem Bieter nicht gehören.

162 So *v. Bülow* in: Kölner Kommentar zum WpÜG 2003, § 29 Rn. 69.

163 Bsp. § 37 Abs. 1 Ziffer 1 GWB, § 1 Absatz (8) KWG.

164 *Versteegen* in: Kölner Kommentar zum WpÜG 2003, § 29 Rn 69.

165 *Geibel* in: Geibel/Süßmann, WpÜG 2008, § 29 Rn. 15; *Steinmeyer* in: Steinmeyer/Häger, WpÜG 2007, § 29 Rn. 13 ff.; *Ekkenga/Hofschroer*, DStR 2002, S. 768 (772).

166 Bundestag-Drucksache 14/7034, S. 1 (53).

gesellschaften in Deutschland,[167] nach der bei einem Stimmrechtsanteil von 30 % eine relative Hauptversammlungsmehrheit als Grundlage für die umfassende Beherrschung der Gesellschaft über die Entscheidungsorgane[168] überwiegend gewährleistet war.[169] Gleichzeitig sollte durch die Bestimmung einer festen Schwelle Rechtssicherheit geschaffen werden.[170] Die 30 %-Schwelle stellt insoweit einen Kompromiß zwischen Rechtssicherheit und materieller Gerechtigkeit zugunsten der Praktikabilität dar.[171]

c) Pflichtangebote

Der Begriff des Pflichtangebotes ist im WpÜG nicht legaldefiniert. Der Begriff findet sich lediglich in der amtlichen Bezeichnung des Abschnittes 5 des WpÜG wieder. Aus der Regelung des § 35 Abs. 2 WpÜG kann jedoch der Schluß gezogen werden, daß Pflichtangebote Angebote (auf den Erwerb von Wertpapieren) sind, die ein Bieter nach Erlangung der Kontrolle über eine Zielgesellschaft in Erfüllung seiner gesetzlichen Verpflichtung zur Veröffentlichung eines Angebotes nach § 35 Abs. 2 Satz 1 WpÜG abzugeben hat.[172]

2. Angebotssystematik nach dem WpÜG

a) Drei materiell-rechtlich differenzierte Angebotsarten nach dem WpÜG

Wie aus einem Vergleich der vorstehenden Begriffsbestimmungen abzuleiten ist, unterscheidet das WpÜG zwischen freiwilligen Angeboten und Pflichtangeboten sowie zwischen Angeboten, die auf den Erwerb der Kontrolle gerichtet sind und solchen, die nicht auf den Erwerb der Kontrolle gerichtet sind. Der systematische Aufbau des WpÜG folgt dieser Unterscheidung der Angebotsarten.[173] Dazu bedient er sich eines „kaskadenförmigen„[174] bzw. „pyramidenförmigen“[175] Regelungssystems. Abschnitt 3 enthält Regelungen, die für sämtliche Angebote

---

167 Vgl. *Tröger*, DZWiR 2002 (Teil II), 397 (398) m.w.N.
168 Vgl. §§ 101 Abs. 1 Satz 1, 103 Abs. 1 Satz 1, 84 Abs. 2 u. (3) AktG.
169 Vgl. Begründung zum Gesetzentwurf, Bundestag-Drucksache 14/7034, S. 1 (53).
170 Vgl. *Steinmeyer* in: Steinmeyer/Häger, WpÜG 2007, § 29 Rn. 13; *Houben*, WM 2000, S. 1873 (1879).
171 Vgl. zur Diskussion über die feste 30 %-Schwelle insbesondere *Steinmeyer* in: Steinmeyer/Häger, WpÜG 2007, § 29 Rn. 13; *Houben*, WM 2000, S. 1873 (1879); kritisch *Mülbert*, ZIP 2001, S. 1221 (1225).
172 So *v. Bülow* in: Kölner Kommentar zum WpÜG 2003, § 29 Rn. 18.
173 Begründung zum Gesetzesentwurf, Bundestag-Drucksache 14/7034, S. 34.
174 *Assmann*, AG 2002, S. 114 (114).
175 *Tröger*, DZWiR 2002, Teil (I) S. 354 (357).

zum Erwerb von Wertpapieren nach dem WpÜG gelten, d.h. nach vorstehender Begriffsbestimmung für alle freiwilligen Angebote und Pflichtangebote unabhängig davon, ob diese auf den Erwerb der Kontrolle gerichtet sind oder nicht.[176] Abschnitt 4 findet Anwendung auf Übernahmeangebote. Nach vorstehender Begriffsbestimmung werden somit sämtliche freiwilligen Angebote, die auf den Erwerb der Kontrolle gerichtet sind, sowie Pflichtangebote,[177] denen eine Kontrollerlangung oder ein Kontrollwechsel vorausgeht, erfasst.[178] Über § 34 WpÜG finden die Regelungen des Abschnittes 3 auch für diese Angebote Anwendung, soweit sich aus Abschnitt 4 nichts anderes ergibt. Abschnitt 5 schließlich gilt für sämtliche Pflichtangebote. Gemäß § 39 WpÜG finden auf Pflichtangebote die Regelungen der vorherigen Abschnitte 3 und 4 mit Ausnahme der in § 39 WpÜG genannten Vorschriften Anwendung. Subtrahiert man gedanklich die von den Abschnitten 4 und 5 erfaßten Angebotsarten vom Anwendungsbereich des Abschnittes 3, verbleiben die freiwilligen Angebote zum Erwerb von Wertpapieren, die nicht auf den Erwerb der Kontrolle gerichtet sind.[179] Für solche Angebote gelten allein die Vorschriften des Abschnittes 3. Materiell-rechtlich können daher drei Angebotsformen unterschieden werden: (1) das freiwillige Angebote zum Erwerb von Wertpapieren, das nicht auf die Erlangung der Kontrolle gerichtet ist (im Folgenden als „echtes freiwilliges Angebot“ bezeichnet); (2) das freiwillige Übernahmeangebot sowie (3) das Pflichtangebot. Der Vergleich der Angebotsarten zeigt weiter, daß maßgebliches Kriterium zur Unterscheidung der Angebotsarten und damit der Angebotssystematik die Frage der Kontrolle gemäß § 29 Abs. 2 WpÜG ist.

---

176 So sind die Vorschriften des Abschnittes 3 nach §§ 34, 39 WpÜG sowohl für das Übernahmeangebot als auch das Pflichtangebot zu berücksichtigen.

177 Zwar ist Voraussetzung des Pflichtangebotes die Erlangung der Kontrolle über die Zielgesellschaft, so daß typischerweise das Angebot nicht mehr auf die Erlangung der Kontrolle gerichtet sein kann. Jedoch ist ein Bieter auch dann noch zur Abgabe eines Angebotes verpflichtet, wenn er nach Erreichen der Kontrolle über die Zielgesellschaft diese wieder verliert (arg. ex § 37 WpÜG; *von Bülow* in: Kölner Kommentar zum WpÜG, § 29 Rn. 26). Ein solches Angebot wäre dann wegen § 32 WpÜG i. V. m. § 39 WpÜG auf die Erlangung der Kontrolle gerichtet.

178 So gelten die Vorschriften des Abschnittes 4 nach § 39 WpÜG auch für das Pflichtangebot.

179 Dazu gehören insbesondere auch Angebote die bei einer bereits bestehenden Kontrollstellung auf die Aufstockung einer Beteiligung abzielen (vgl. *Geibel/Süßmann*, BKR 2002, S. 52 (53).

b) Wesentliche Bestimmungen der Angebotsverfahren

Auf die Regelung der Angebotsverfahren[180] soll hier nicht im Detail, sondern lediglich soweit für die Thematik dieser Arbeit wesentlich, eingegangen werden. Als von besonderer Bedeutung für diese Arbeit sind insbesondere vier Punkte hervorzuheben. Sie betreffen die Verpflichtung zur Veröffentlichung und zur Abgabe eines Angebotes bei Erlangen der Kontrolle (§ 35 WpÜG) – insbesondere den Zeitpunkt der Angebotsabgabe, den zulässigen Umfang des Angebotes (§ 32 WpÜG) sowie die vom Bieter zu erbringende Gegenleistung (§§ 23 Abs. 2, 31, 38 WpÜG).

(1) Verpflichtung zur Veröffentlichung und zur Abgabe eines Angebotes bei Erlangen der Kontrolle gemäß § 35 WpÜG

Die in § 35 WpÜG normierte Verpflichtung zur Veröffentlichung und zur Abgabe eines Angebotes bei Erlangen der Kontrolle ist allein Grundlage des Pflichtangebotes. Nach Erlangen der Kontrolle des Bieters über die Zielgesellschaft entsteht grundsätzlich[181] ohne Zutreten weiterer Umstände zunächst die Verpflichtung zur Veröffentlichung gemäß § 35 Abs. 1 WpÜG und anschließend die Verpflichtung zur Abgabe eines Übernahmeangebotes gemäß § 35 Abs. 2 WpÜG. Der Bieter kann die Kontrolle auf Grund eigener Initiative oder ohne jeglichen eigenen kausalen Beitrag erlangen. Entsprechend knüpft die Veröffentlichungspflicht des § 35 Abs. 1 WpÜG an den objektiv bestimmbaren Zeitpunkt des Erlangens der Kontrolle an und nicht an eine etwaige Willensbetätigung des Bieters. Für den Beginn der Frist zur Veröffentlichung ist allerdings die Kenntnis des Bieters von der Kontrollerlangung Voraussetzung. Der Bieter bestimmt daher unter Umständen nicht selbst über den Zeitraum, innerhalb dessen er ein öffentliches Angebot abzugeben hat. Dieser ist durch die Fristen des § 35 WpÜG vorgegeben.

In der dem Pflichtangebot vorausgehenden Veröffentlichung gemäß § 35 Abs. 1 WpÜG hat der Bieter[182] unverzüglich spätestens innerhalb von sieben

180 Vgl. hierzu beispielsweise *Assmann*, AG 2002, S. 114 ff.; *Ekkenga/Hofschroer*, DStR 2002 (Teil I), S. 724 ff., Teil II S. 768 ff.; *Tröger*, DZWiR 2002, Teil I S. 353 ff., Teil II S. 397 ff.)

181 A.N. § 35 Abs. 3 WpÜG, § 37 WpÜG.

182 Der Wortlaut des § 35 Abs. 1 WpÜG begrenzt seinen Anwendungsbereich zwar nicht auf den Bieter i. S. d. § 2 Abs. 4 WpÜG. Aus dem systematischen Zusammenhang mit § 35 Abs. 2 WpÜG ist jedoch zu schließen, daß die Normadressaten des § 35 Abs. 1 u. (2) WpÜG identisch sind (vgl. *von Bülow* in: Kölner Kommentar zum WpÜG 2003, § 35, Rn. 33 f.), ob dabei der Begriff des Bieters innerhalb des § 35 WpÜG weit auszulegen ist, mag hier dahinstehen (vgl. *von Bülow* in: Kölner Kommentar zum WpÜG 2003, § 35, Rn. 35 ff.).

Kalendertagen gemäß § 10 Abs. 3 Satz 1 u. 2 WpÜG die Tatsache der Kontrollerlangung unter Angabe seines Stimmrechtsanteils und unter Angabe der ihm nach § 30 WpÜG zuzurechnenden Stimmrechte und zwar getrennt für jeden Zurechnungstatbestand zu veröffentlichen. § 10 Abs. 2, (3) Satz 3 und Abs. 4–6 WpÜG gelten für die Veröffentlichung entsprechend. Insoweit korreliert § 35 Abs. 1 WpÜG mit der für das echte freiwillige Angebot und das freiwillige Übernahmeangebot geltenden Veröffentlichungspflicht des § 10 WpÜG. § 10 WpÜG liegt der Gedanke zu Grunde, bei öffentlichen Angeboten durch die Gewährleistung größtmöglicher Transparenz im Angebotsverfahren Insidergeschäfte zu vermeiden, die informationelle Gleichbehandlung aller Wertpapierinhaber sicherzustellen sowie das Heranschleichen des Bieters an die Zielgesellschaft zu vermeiden.[183] Im Mittelpunkt stehen hier die mit einem öffentlichen Angebot typischerweise verbundenen Auswirkungen bzw. Gefahren für die Beteiligten von öffentlichen Angeboten, insbesondere für Minderheitsaktionäre auf Grund von Informationsasymmetrien. § 10 WpÜG normiert eine auf sämtliche öffentliche Angebote spezifisch ausgelegte Veröffentlichungspflicht. Während im Fokus des § 35 Abs. 1 WpÜG die Offenlegung von Kontrollsituationen als Vorstufe der Pflicht zur Abgabe eines öffentlichen Angebotes über eine Zielgesellschaft steht. Die Veröffentlichungspflicht nach § 35 Abs. 1 WpÜG und die Pflicht zur Abgabe eines öffentlichen Angebotes bilden eine Einheit im Schutzsystem des WpÜG.

(2) Zulässiger Umfang des öffentlichen Angebotes

Öffentliche Angebote können grundsätzlich als Teilangebote auf einen Teil der Wertpapiere der Zielgesellschaft beschränkt werden[184] oder als Vollangebote auf den Erwerb sämtlicher Wertpapiere der Zielgesellschaft gerichtet sein. Sowohl für freiwillige Übernahmeangebote gemäß § 29 Abs. 1 WpÜG als auch für Pflichtangebote gemäß § 35 Abs. 2 WpÜG bestimmen jedoch § 32 WpÜG bzw. §§ 32, 39 WpÜG die Unzulässigkeit von Teilangeboten. Freiwillige Übernahme- und Pflichtangebote haben sich auf sämtliche Wertpapiere an der Zielgesellschaft zu erstrecken.[185] Der Wechsel der Kontrollstellung bei Pflichtangeboten bzw. der beabsichtigte Wechsel der Kontrollstellung bei freiwilligen Übernahmeange-

183 Vgl. *Tröger*, DZWiR 2002, Teil I, S. 353 (357).

184 *Versteegen* in: Kölner Kommentar zum WpÜG 2003, § 2 Rn. 18; *Assmann*, AG 2002, S. 114 (115): Die Zulässigkeit von Teilangeboten folgt aus § 19 WpÜG. Teilangebote können sowohl auf eine bestimmte Gattung von Wertpapieren als auch einen bestimmten Anteil oder bestimmte Anzahl von Wertpapieren beschränkt sein (*Versteegen* in: Kölner Kommentar zum WpÜG 2003, § 19 Rn. 12).

185 *Tröger*, DZWiR 2002, Teil II, S. 397 (397).

boten bedingt daher grundsätzlich die Unzulässigkeit von Teil- und damit den Zwang zum Vollangebot.[186]

(3) Gegenleistung bei öffentlichen Angeboten

Für das echte freiwillige Angebot enthält das WpÜG keine Vorgaben, die die wirtschaftliche Ausgestaltung des Angebotes, d. h. insbesondere die zu gewährende Gegenleistung, betreffen. Der Bieter hat lediglich in den Angebotsunterlagen gemäß § 2 Nr. 3 WpÜG-Angebotsverordnung die zur Festsetzung der Gegenleistung angewandten Bewertungsmethoden sowie die Gründe anzugeben, warum die Anwendung dieser Bewertungsmethoden angemessen ist. Anders bei einem freiwilligen Übernahme- oder Pflichtangebot. Bei einem freiwilligen Übernahme- oder einem Pflichtangebot hat der Bieter den Aktionären der Zielgesellschaft gemäß §§ 31 Abs. 1 Satz 1, 39 WpÜG eine angemessene Gegenleistung zu gewähren. Die Gegenleistung hat nach § 31 Abs. 2 Satz 1 WpÜG in einer Geldleistung in Euro oder in liquiden Aktien[187] zu bestehen. Bei der Bestimmung der angemessenen Gegenleistung werden grundsätzlich[188] zwei Parameter herangezogen: der durchschnittliche Börsenkurs der Aktien der Zielgesellschaft und Erwerbe von Aktien der Zielgesellschaft durch den Bieter, mit ihm gemeinsam handelnder Personen oder deren Tochtergesellschaften.[189] Dabei läuft die Regelung des § 31 WpÜG i. V. m. §§ 3 ff WpÜG-Angebotsverordnung auf eine Mindestpreisregelung hinaus.[190] Der nach Umsätzen gewichtete durchschnittliche Börsenkurs der letzten drei Monate[191] vor der Veröffentlichung nach § 10 Abs. 1 Satz 1 WpÜG-AngebotsVO oder nach § 35 Abs. 1 WpÜG sowie die Höhe der vom Bieter, von mit ihm gemeinsam handelnden Personen oder deren Tochtergesellschaften geleisteten Gegenleistung bei Vorerwerben von Aktien der Zielgesellschaft innerhalb von sechs Monaten vor der Veröffentlichung gemäß § 10 Abs. (3) Satz 1 WpÜG bzw. nach § 4 WpÜG-AngebotsVO sechs Monate vor der Veröffentlichung gemäß §§ 14 Abs. (3) oder 35 Abs. 1 WpÜG stellen

---

186 Vgl. Ausnahmen können sich insbesondere aus den Befreiungsvorschriften der §§ 36, 37 WpÜG i. V. m. § 8 ff. WpÜG-Angebotsverordnung ergeben.

187 Zur Frage, wann Aktien liquide sind vgl. *Hopt*, ZHR 2002, S. 383 (413). Weiter ist zu beachten, daß Inhabern stimmberechtigter Aktien angebotene Aktien ebenfalls stimmberechtigt sein müssen, § 31 Abs. 2 Satz 2 WpÜG. Im Falle des § 31 Abs. 3 Nr. 1 u. 2 WpÜG hat die Gegenleistung in einer Geldleistung zu bestehen.

188 A.N.: §§ 5 Abs. 4, 6 Abs. 6 WpÜG Angebotsverordnung.

189 *Hopt*, ZHR 2002, S. 383 (412); vgl. § 31 Abs. 1 Satz 2 WpÜG.

190 *Hopt*, ZHR 2002, S. 383 (410); *Tröger*, DZWiR 2002, S. 397 (399); vgl. §§ 5, 6 WpÜG-Angebotsverordnung.

191 A.N. Aktien der Zielgesellschaft sind weniger als drei Monate zur Börsen zugelassen.

die beim Angebot zu beachtende absolute Untergrenze dar.[192] Ferner ist die Gegenleistung an eine vom Bieter, von mit ihm gemeinsam handelnder Personen oder deren Tochtergesellschaften gewährte höhere Gegenleistung an Dritte bei Nacherwerben außerhalb des Angebotsverfahrens gemäß § 31 Abs. (5) WpÜG zwingend anzupassen.[193] Damit diese Nacherwerbe erfaßt werden, ist der Bieter bei freiwilligen Übernahme- und Pflichtangeboten verpflichtet, die Höhe der nach der Veröffentlichung der Angebotsunterlagen und vor Ablauf eines Jahres nach Veröffentlichung gemäß § 23 Abs. 1 Nr. 2 WpÜG erworbenen Aktien- und Stimmrechtsanteile unter Angabe der Art und Höhe der für jeden Anteil gewährten Gegenleistung unverzüglich gemäß § 14 Abs. 3 WpÜG zu veröffentlichen und der BaFin mitzuteilen. Hinsichtlich der Gegenleistung wird den Aktionären der Zielgesellschaft ein gesetzlicher Anspruch auf Zinsen unter den Voraussetzungen des § 38 WpÜG zugebilligt.

c) Schlußfolgerungen aus den unterschiedlichen Angebotsverfahren

Es ist festzustellen, daß sowohl beim Übernahmeangebot als auch dem Pflichtangebot die wirtschaftliche Entscheidungsfreiheit des Bieters in Bezug auf die wirtschaftliche Ausgestaltung des öffentlichen Angebotes im Gegensatz zum echten freiwilligen öffentlichen Angebot beschränkt ist. Pflicht- und Übernahmeangebot sind zwingend als Vollangebote auf sämtliche Aktien der Zielgesellschaft auszurichten. Die vom Bieter zu erbringende Gegenleistung muß einer bestimmten Art entsprechen und darf eine bestimmte Mindesthöhe nicht unterschreiten. Beim echten freiwilligen öffentlichen Angebot hat der Bieter jeweils nur darzulegen, warum die von ihm angebotene Gegenleistung angemessen ist. Nach der oben herausgearbeiteten Regelungssystematik des WpÜG ist Anlaß der wirtschaftlichen Beschränkungen des Bieters beim Übernahme- und Pflichtangebot die bereits erlangte oder durch das öffentliche Angebot zu erlangende Kontrolle über die Zielgesellschaft. Das WpÜG stellt an ein öffentliches Angebot die gleichen Anforderungen, wenn dieses wegen des Erlangens der Kontrolle abzugeben ist (Pflichtangebot) oder auf das Erlangen der Kontrolle zielt (Übernahmeangebot). Der eingetretene Wechsel der Kontrolle oder ein auf den Wechsel der Kontrolle gerichtetes öffentliches Angebot (Übernahmeangebot) erfordern nach dem WpÜG demnach, eine Regelung der „materiellen“ Bedingungen des öffentlichen Angebots. Das WpÜG gewährleistet in diesem Fall sämtlichen Aktionären der Zielgesellschaft die Möglichkeit der Veräußerung ihrer gesamten Beteiligung an der Zielgesellschaft zu einer nach gesetzlich festgelegten Kriterien zu ermitteln-

192 Vgl. § 4 WpÜG-Angebotsverordnung.
193 Vgl. § 31 Abs. 4 u. (5) WpÜG.

den Gegenleistung. Dieser Gleichlauf der Angebotsbedingungen läßt zunächst vermuten, daß nach den Wertungen des WpÜG beide Sachverhalte gleich zu bewerten sind und der mit der Bestimmung des zulässigen Angebotsumfangs sowie der zulässigen Art und Höhe der Gegenleistung verfolgte Schutzzweck bei beiden Sachverhalten gleichsam zu gewährleisten ist. Nach den Gesetzesmaterialien findet der Gleichlauf zwischen den Angebotsbedingungen des Übernahme- und Pflichtangebotes jedoch seine Rechtfertigung im Schutzzweck des Pflichtangebotes.[194] Nach der Regelungssystematik des WpÜG hätte ein Bieter, der durch ein Übernahmeangebot die Kontrolle über die Zielgesellschaft erlangt hat, mit Erlangen der Kontrolle die Verpflichtungen des § 35 WpÜG zu erfüllen. Ein nachgeschaltetes Pflichtangebot wäre daher notwendig. Um den damit verbundenen Zeit- und Kostenaufwand für den Bieter zu vermeiden, bestimmt § 35 Abs. 3 WpÜG, daß die Verpflichtungen nach § 35 Abs. 1 u. (2) WpÜG nicht bestehen, wenn der Bieter die Kontrolle über die Zielgesellschaft auf Grund eines Übernahmeangebotes erlangt hat.[195] Eine Befreiung vom Pflichtangebot ist nach der Systematik des WpÜG und dem Schutzzweck des Pflichtangebotes jedoch nur dann gerechtfertigt, wenn das Übernahmeangebot bereits den Anforderungen unterliegt, die für das Pflichtangebot gelten. Dies wird durch § 39 WpÜG sichergestellt. Die Regelung der Angebotsbedingungen beim Übernahme- und Pflichtangebot im Unterschied zum echten freiwilligen öffentlichen Angebot soll folglich nach Meinung des Gesetzgebers ihre Rechtfertigung in dem mit dem Pflichtangebot verfolgten Schutzzweck finden. Das Merkmal der Kontrollerlangung über die Zielgesellschaft als Abgrenzungskriterium der Angebotsarten des WpÜG bestimmt daher in erster Linie den Umfang des Schutzes, der durch die Regelungen zum Pflichtangebot gewährleistet werden soll.

II. Die funktionale und systematische Einbindung des § 30 WpÜG im Regelungssystem des WpÜG

Ausgehend von seinem Regelungsgegenstand soll nun die funktionale und systematische Einbindung des § 30 WpÜG im Regelungssystem des WpÜG durch aufzeigen seiner Wirkungsfelder innerhalb der drei Angebotsarten herausgearbeitet werden.

194 Begr. RegE, BT-Drucks. 14/7034, S. 60.
195 Begr. RegE, BT-Drucks. 14/7034, S. 60.

1. Regelungsgegenstand des § 30 WpÜG

Nach § 30 Abs. 1 u. (2) WpÜG werden Stimmrechte aus Aktien der Zielgesellschaft, die Dritten gehören, nach abschließend geregelten Tatbeständen[196] den Stimmrechten des Bieters aus eigenen Aktien gleichgestellt.[197] § 30 WpÜG erweitert folglich den übernahmerechtlich relevanten Stimmrechtsanteil des Bieters an der Zielgesellschaft. § 30 WpÜG grenzt indes anders als § 22 WpHG („für die Mitteilungspflichten") nicht explizit ein, in welchem Zusammenhang Stimmrechte Dritter den Stimmrechten des Bieters aus Aktien der Zielgesellschaft gleichgestellt werden. Dies soll jedoch im Folgenden durch Herausarbeiten der Wirkungsfelder des § 30 WpÜG aufgezeigt werden.

2. Wirkungsfelder des § 30 WpÜG

a) Ermittlung des kontrollrelevanten Stimmrechtsanteils zur Abgrenzung der Angebotsarten

Es wurde bereits dargelegt, daß die Unterscheidung der drei Angebotsarten des WpÜG ausgehend vom Kriterium der Kontrolle gemäß § 29 Abs. 2 WpÜG getroffen wird. Ist das Angebot auf das Erlangen der Kontrolle gerichtet, handelt es sich um ein freiwilliges Übernahmeangebot. Erlangt der Bieter die Kontrolle über eine Gesellschaft anders als durch ein Übernahmeangebot (§ 35 Abs. 3 WpÜG) entsteht grundsätzlich[198] die Verpflichtung zur Veröffentlichung der Kontrollerlangung gemäß § 35 Abs. 1 WpÜG und damit gemäß § 35 Abs. 2 WpÜG zur Abgabe eines öffentlichen Angebotes, dem sog. Pflichtangebot. An erster Stelle steht daher immer die Vorfrage, ob ein Bieter die Kontrolle erlangt hat und die Verpflichtungen nach § 35 WpÜG entstehen oder ob der Bieter durch sein freiwillig abgegebenes öffentliches Angebot die Kontrolle erst erlangen wird. Die Antwort auf diese Frage bestimmt die Angebotsart und somit das zu beachtende Angebotsverfahren bzw. wie oben dargelegt, den Schutzbereich des Pflichtangebotes. Kontrolle definiert § 29 Abs. 2 WpÜG als das Halten von mindestens 30% der Stimmrechte an der Zielgesellschaft. Erfaßt werden hiernach ausschließlich die Stimmrechte aus Aktien an der Zielgesellschaft, deren Eigentümer der Bieter ist. Dadurch daß § 30 WpÜG Stimmrechte aus Aktien Dritter den Stimmrechten des Bieters aus eigenen Aktien gleichstellt, erweitert er gleichzeitig den Kontrollbegriff des § 29 Abs. 2 WpÜG. Über die Anwendung des § 30 WpÜG können

196 So *v. Bülow* in: Kölner Kommentar zum WpÜG, § 30 Rn. 3.
197 Ausführlich zu § 30 WpÜG unten unter Kapitel 5.
198 A.N. § 37 WpÜG.

auch Nichtaktionäre Kontrollinhaber werden. Ob eine Kontrollsituation vorliegt oder ein öffentliches Angebot auf das Erlangen der Kontrolle gerichtet ist, kann daher allein auf einer Zurechnung von Stimmrechten nach § 30 WpÜG beruhen. § 30 WpÜG definiert insofern, welche Ereignisse einen als übernahmerechtlich relevant eingestuften Einfluß auf die Ausübung der Stimmrechte und somit die Möglichkeit zur Kontrolle der Zielgesellschaft darstellen. Da die Zurechnung von Stimmrechten nach § 30 WpÜG unmittelbare Auswirkungen auf die Bestimmung der Angebotsart und folglich das zu beachtende Angebotsverfahren hat, bestimmt § 30 WpÜG damit gleichzeitig den möglichen Eintritt des Zeitpunktes und den Umfang des Anwendungsbereiches, in dem der mit dem Pflichtangebot verfolgte Schutzzweck gewährleistet werden soll. Die systematische Stellung des § 30 WpÜG im Abschnitt 4 und die Nähe zu § 29 Abs. 2 WpÜG deutet bereits an, daß hier die zentrale Aufgabe von § 30 WpÜG begründet liegt. Anders als wiederum seine systematische Stellung in Abschnitt 4 des WpÜG vermuten läßt, ist § 30 WpÜG jedoch zur Beantwortung der Vorfrage nach der Kontrolle bereits im Vorfeld jeden Angebotsverfahrens zu dessen Bestimmung heranzuziehen. Systematisch wäre deshalb eine Stellung im Allgemeinen Teil des WpÜG gerechtfertigt gewesen.

Festgehalten werden kann, daß primäre Aufgabe des § 30 WpÜG zunächst die Ermittlung des kontrollrelevanten Stimmrechtsanteils des Bieters i. S. d. § 29 Abs. 2 WpÜG ist, wie dies bereits seine systematische Stellung in Abschnitt 4 offenbart. Aus ihr resultiert die Abgrenzung der Angebotsarten und damit der Bestimmung des zu beachtenden Angebotsverfahrens. § 30 WpÜG erweitert insbesondere den Anwendungsbereich der Vorschriften des Pflichtangebotes. Dies ist auch der maßgebliche Zweck des § 30 WpÜG.[199] Da die Regelungen des Übernahmeangebotes sich am Schutzzweck des Pflichtangebotes ausrichten, hat eine Auslegung des § 30 WpÜG sich daran zu orientieren, welcher Sinn und Zweck mit dem Pflichtangebot verfolgt werden.

b) Veröffentlichungs- und Mitteilungspflichten

Das WpÜG enthält im Hinblick auf den allgemein zu beachtenden Grundsatz der Transparenz (vgl. § 3 Abs. 2 WpÜG) zahlreiche Veröffentlichungs- und Mitteilungspflichten des Bieters während und nach Ablauf der Angebotsverfahren, die den Stimmrechtsanteil des Bieters an der Zielgesellschaft zum Gegenstand haben. § 30 WpÜG findet im Rahmen dieser Veröffentlichungs- und Mitteilungspflichten bei der Frage nach der Entstehung und/oder Erfüllung Anwendung.

199 So *v. Bülow* in: Kölner Kommentar zum WpÜG, § 30 Rn. 4.

(1) Veröffentlichungs- und Mitteilungspflicht gemäß § 35 Abs. 1 WpÜG i. V. m. § 10 Abs. 2-(5) WpÜG

Nach § 35 Abs. 1 Satz 1 WpÜG hat der Bieter die Tatsache der Kontrollerlangung über eine Zielgesellschaft gemäß § 10 Abs. 3 Satz 1 u. 2 WpÜG zu veröffentlichen. Die Veröffentlichung hat in den gemäß § 35 Abs. 1 Satz 1 i. V. m. § 10 Abs. 3 Satz 1 WpÜG bestimmten Medien zu erfolgen. Da § 30 WpÜG über die Zurechnung von Stimmrechten unmittelbar über das Vorliegen des Tatbestandsmerkmals der Kontrolle mitbestimmt, erweitert er auf tatbestandlicher Ebene den Kreis der Normadressaten dieser Veröffentlichungspflicht. Auf Grund der Zurechnung können auch Nichtaktionäre Kontrollinhaber und damit zur Veröffentlichung verpflichtet sein. Zudem sieht § 35 Abs. 1 Satz 3 WpÜG vor, daß in der Veröffentlichung die nach § 30 WpÜG zugerechneten Stimmrechte für jeden Zurechnungstatbestand getrennt anzugeben sind. § 30 WpÜG bestimmt folglich unmittelbar sowohl über die Voraussetzungen der Veröffentlichungspflicht als auch den Inhalt der Veröffentlichung. § 30 WpÜG erfüllt insoweit eine Doppelfunktion. Mit der Veröffentlichungspflicht nach § 35 Abs. 1 WpÜG korrelieren weitere Pflichten. Zum einen hat der Bieter vor der Veröffentlichung die Tatsache der Kontrollerlangung den Adressaten des § 10 Abs. 2 WpÜG[200] gemäß § 35 Abs. 1 Satz 4 WpÜG mitzuteilen.[201] Zum anderen hat der Bieter nach der Veröffentlichung gemäß § 35 Abs. 1 WpÜG dem Vorstand der Zielgesellschaft die Tatsache der Kontrollerlangung gemäß § 35 Abs. 1 Satz 4 i. V. m. § 10 Abs. 5 Satz 1 WpÜG unverzüglich mitzuteilen. An diese Veröffentlichungs- und Mitteilungspflichten knüpft das Pflichtangebot gemäß § 35 Abs. 2 WpÜG an.

(2) Veröffentlichungs- und Mitteilungspflicht gemäß § 23 Abs. 1 WpÜG

Nach § 23 Abs. 1 WpÜG hat der Bieter einerseits die Anzahl sämtlicher ihm, den mit ihm gemeinsam handelnden Personen und deren Tochterunternehmen zustehenden Wertpapiere der Zielgesellschaft einschließlich der Höhe der jeweiligen Anteile und der ihm zustehenden und nach § 30 WpÜG zuzurechnenden Stimmrechtsanteile sowie andererseits die sich aus den ihm zugegangenen Annahmeerklärungen ergebende Anzahl der Wertpapiere, die Gegenstand des Angebots sind, einschließlich der Höhe der Wertpapier- und Stimmrechtsanteile nach Veröffentlichung der Angebotsunterlagen bis eine Woche vor Ablauf der Annahmefrist wöchentlich, dann täglich (Nr. 1) sowie unverzüglich nach Ablauf der Annahmefrist (Nr. 2), unverzüglich nach Ablauf der weiteren Annahmefrist

200 Geschäftsführungen der Börsen, BaFin.
201 A.N. § 10 Abs. 2 Satz 3 WpÜG: „gleichzeitig mit der Veröffentlichung“.

(Nr. 3) gemäß § 14 Abs. 3 Satz 1 WpÜG und schließlich unverzüglich nach Erreichen der einen Squeeze-out ermöglichenden Schwelle gemäß § 39a Abs. 1 u. 2 WpÜG zu veröffentlichen und der BaFin mitzuteilen. Aus dem Inhalt der Veröffentlichung nach § 23 Abs. 1 WpÜG können zwei Aussagen abgeleitet werden. Zum einen ist aus der Anzahl der Wertpapiere und der Höhe der Wertpapier- und Stimmrechtsanteile, die aus den zugegangenen Annahmeerklärungen resultieren, die Akzeptanz des öffentlichen Angebotes ersichtlich. Da ausschließlich Wertpapiere einschließlich der damit verbundenen Stimmrechte erfaßt werden, die dem Bieter im Rahmen des formal geregelten und öffentlichen Angebotsverfahrens zum Erwerb angeboten werden. Zum anderen ermöglicht die Veröffentlichung ein ständig aktualisiertes Bild über die Beteiligungsverhältnisse des Bieters, der mit ihm gemeinsam handelnden Personen und deren Tochterunternehmen an der Zielgesellschaft, indem insbesondere nicht nur diesen selbst gehörende Wertpapiere und die damit verbundenen Stimmrechte erfaßt werden, sondern auch Stimmrechte, die nach § 30 WpÜG zuzurechnen sind. In Verbindung mit den Angaben nach § 11 Abs. 4 WpÜG i. V. m. § 2 Nr. 5 WpÜG-Angebotsverordnung ist ersichtlich, welche – als übernahmerechtlich relevant eingestuften – Veränderungen der Beteiligungsverhältnisse außerhalb des Angebotsverfahrens stattgefunden haben. § 30 WpÜG bestimmt folglich den Inhalt der Veröffentlichungs- und Mitteilungspflichten.

(3) Inhalt der zu veröffentlichenden Angebotsunterlage gemäß § 11 Abs. 4 WpÜG i. V. m. § 2 Nr. 1 u. 5 WpÜG-Angebotsverordnung

Der Bieter hat nach § 11 Abs. 1 Satz 1 WpÜG eine Angebotsunterlage zu erstellen und zu veröffentlichen. Die Angebotsunterlage muß gemäß § 11 Abs. 1 Satz 2 WpÜG die Angaben enthalten, die notwendig sind, um in Kenntnis der Sachlage über das Angebot entscheiden zu können. Nach § 11 Abs. 4 WpÜG i. V. m. § 2 Nr. 1 u. 5 WpÜG-AngebotsVO zählen hierzu Angaben zu den Personen (juristische oder natürliche), aus deren Aktien Stimmrechte dem Bieter nach § 30 WpÜG zuzurechnen sind.[202] Zudem hat die Angebotsunterlage die Anzahl der vom Bieter und von mit ihm gemeinsam handelnden Personen und deren Tochterunternehmen bereits gehaltenen Wertpapiere sowie die Höhe der von diesen gehaltenen Stimmrechtanteile unter Angabe der ihnen jeweils nach § 30 WpÜG zuzurechnenden Stimmrechtsanteile getrennt für jeden Zurechnungstatbestand

202 Die Formulierung des § 2 Nr. 1 WpÜG-Angebotsverordnung ist insoweit unglücklich, als der Wortlaut zwischen „gleichstehen“ und „zuzurechnen“ differenziert. Gleichstellung und Zurechnung sind jedoch nach § 30 WpÜG unabdingbar miteinander verbunden. Vgl. a. *v. Bülow* in: Kölner Kommentar zum WpÜG 2003, § 30 Rn. 23.

zu enthalten (§ 2 Nr. 5 WpÜG-AngebotsVO). § 30 WpÜG bestimmt hier wiederum den Inhalt der zu veröffentlichenden Angaben. Aus seiner Anwendung resultiert die Offenlegung von Beteiligungsverhältnissen – nicht unmittelbar am Übernahmeverfahren beteiligter – Dritter.

(4) Bewertung der Bedeutung der Veröffentlichungs- und Mitteilungspflichten für § 30 WpÜG

Bei der Bedeutung dieses Wirkungsfeldes für § 30 WpÜG ist zu beachten, daß Transparenzgesichtspunkte bei der Zurechnung von Stimmrechten nach § 30 WpÜG nur eine untergeordnete Rolle spielen.[203] Der Rückgriff auf § 30 WpÜG zur Bestimmung des Inhaltes von Veröffentlichungen oder Mitteilungen nach dem WpÜG resultierte aus der Bevorzugung einer gesetzesinternen Lösung. Wegen des vom Gesetzgeber beabsichtigten Gleichlaufs zwischen § 22 WpHG und § 30 WPÜG sah man auch keine Notwendigkeit auf den für Mitteilungs- und Veröffentlichungspflichten nach dem WpHG extra konzipierten § 22 WpHG zu verweisen. Die Auslegung des § 30 WpÜG hat sich daher nicht an Sinn und Zweck der Veröffentlichungs- und Mitteilungspflichten des WpÜG, soweit er allein deren Inhalt bestimmt, zu orientieren. Ausgenommen ist insofern § 35 Abs. 1 WpÜG, der wiederum die Vorstufe zum Pflichtangebot darstellt und an die Kontrollerlangung des Bieters anknüpft. Insofern besteht ein untrennbarer Zusammenhang zur Funktion des § 30 WpÜG bei der Ermittlung des kontrollrechtsrelevanten Stimmrechtsanteils des Bieters.

c) Sanktionen

(1) Verlust der Rechte aus Aktien der Zielgesellschaft gemäß § 59 WpÜG

Der von § 59 WpÜG angeordnete Rechtsverlust knüpft an die Verletzung der Pflichten des Bieters nach § 35 Abs. 1 o (2) WpÜG an. § 30 WpÜG beeinflußt über die angeordnete Zurechnung von Stimmrechten unmittelbar die tatbestandlichen Voraussetzungen („Kontrolle“) des § 35 Abs. 1 WpÜG und somit des daran anknüpfenden § 35 Abs. 2 WpÜG. Mittelbar bestimmt § 30 WpÜG damit über das Vorliegen der tatbestandlichen Voraussetzungen des Rechtsverlustes gemäß § 59 WpÜG. Zudem ordnet § 59 WpÜG als Rechtsfolge den Verlust der Rechte aus Aktien an, aus denen dem Bieter Stimmrechte gemäß § 30 Abs. 1 Satz 1 Nr. 1 u. 2 WpÜG zugerechnet werden. Über § 30 WpÜG wird daher die Sanktion der Verletzung der Pflichten nach § 35 Abs. 1 u. (2) WpÜG durch den Bieter auch auf

203 So *v. Bülow* in: Kölner Kommentar zum WpÜG 2003, § 30 Rn. 7.

Rechte Dritter ausgeweitet. Im Hinblick darauf, daß der angeordnete Rechtsverlust einen schwerwiegenden Eingriff in die Rechte des Bieters oder eines Dritten bedeuten kann, hat die Auslegung des § 30 WpÜG immer auch die sachlichen Rechtfertigungsgrenzen eines solchen Eingriffs zu beachten.

(2) Bußgeldvorschriften gemäß § 60 WpÜG

§ 60 WpÜG qualifiziert bestimmte Verletzungen von Veröffentlichungs-, Mitteilungs- oder sonstigen Pflichten nach dem WpÜG als Ordnungswidrigkeiten. Diese können mit einer Geldbuße bis zu Euro einer Millionen gemäß § 60 Abs. 3 WpÜG belegt werden. § 30 WpÜG bestimmt, wie die vorstehenden Ausführungen gezeigt haben, sowohl über das Vorliegen als auch die Erfüllung (Bsp. Inhalt von Veröffentlichungen) solcher Pflichten, deren Verletzung als Ordnungswidrigkeit zu qualifizieren ist.[204] Da § 30 WpÜG mittelbar den Tatbestand des § 60 WpÜG regelt, indem er auch Voraussetzungen und Erfüllung von Pflichten, deren Nichtbeachtung sanktioniert wird, mitbestimmt, ist eine Ausdehnung des § 30 WpÜG über den von seinem Wortlaut gedeckten Sinngehalt wegen Art. 103 Abs. 2 GG i. V. m. § 3 OWiG nicht möglich.

III. Schlußfolgerungen

Aus der Darstellung der systematischen und funktionalen Einordnung des § 30 WpÜG im Regelungssystem des WpÜG konnte die besondere Bedeutung der Zurechnung von Stimmrechten gemäß § 30 WpÜG für die Bestimmung des sachlichen und zeitlichen Anwendungsbereiches der Vorschriften des freiwilligen Übernahmeangebotes nach Abschnitt 4 und des Pflichtangebotes nach Abschnitt 5 abgeleitet werden. Bei diesen Angebotsverfahren unterliegt der Bieter Einschränkungen und Pflichten hinsichtlich der Entscheidung des „ob" und „wann" der Abgabe eines Angebotes, der zu gewährenden Gegenleistung, dem zulässigem Umfang des Angebotes sowie hinsichtlich von Rechten aus Aktien der Zielgesellschaft. Es konnte weiter aufgezeigt werden, daß die vorgenannten Einschränkungen und Pflichten nach Ansicht des Gesetzgebers ihre Rechtfertigung im Schutzzweck des Pflichtangebotes finden. Im Folgenden wird daher aufzuzeigen sein, welcher Schutzzweck mit dem Pflichtangebot, d.h. mit den vorgenannten Einschränkungen und Pflichten, verfolgt wird.[205] Die Auslegung

---

204 Vgl. § 60 Abs. 1 Nr. 1 lit. a) Alt. 2 u. 3, lit. b) Alt. 2 u. 3, Nr. 2 lit. a) Alt. 2 u. 4, lit. b) Alt. 2 u. 5; Nr. 3 Alt. 2 u. 4; Nr. 4 Alt. 2 WpÜG.

205 Siehe hierzu unten unter Kapitel 4 B.

des § 30 WpÜG wird durch diesen Schutzzweck mitbestimmt. Daß Transparenzgesichtspunkte hingegen für die Auslegung des § 30 WpÜG keine Bedeutung haben, konnte dargelegt werden. Ferner stellen die vorgesehenen Einschränkungen und Pflichten des Bieters sowie die vorgesehenen Sanktionen einen Eingriff in die Rechte des Bieters und teilweise in die Rechte Dritter dar. Die sich hieraus ergebenden Grenzen bei der Auslegung der Zurechnungstatbestände werden ebenfalls aufzuzeigen sein.

4. Kapitel – Sinn und Zweck der Mitteilungs- und Veröffentlichungspflichten nach §§ 21 ff WpHG und des Pflichtangebotes nach § 35 WpÜG

A. Sinn und Zweck der Mitteilungs- und Veröffentlichungspflichten nach §§ 21 ff. WpHG

I. Allgemeines

Mit dem Inkrafttreten der §§ 21 ff. WpHG hat der deutsche Gesetzgeber gleichzeitig die auf Art. 54 EGV beruhende Transparenzrichtlinie 1988 vom 12.12.1988 in deutsches Recht umgesetzt. Neben dem von dieser Richtlinie verfolgten Sinn und Zweck hat der deutsche Gesetzgeber zudem eigene rechtspolitische Ziele verwirklicht. Vor diesem Hintergrund ist formal eigentlich zwischen dem Sinn und Zweck der Transparenzrichtlinie 1988[206] einerseits und dem Sinn und Zweck der §§ 21 ff. WpHG andererseits zu unterscheiden. Nach den Erwägungsgründen zur Transparenzrichtlinie 1988 ist deren Sinn und Zweck, durch angemessene Unterrichtung der Anleger im Wertpapiersektor über die Beteiligungsverhältnisse bzw. die Veränderungen wesentlicher Beteiligungen an börsennotierten Gesellschaften, den Anlegerschutz zu verbessern, das Vertrauen der Anleger in den Kapitalmarkt zu stärken und hierdurch zu dessen reibungslosen Funktionieren insgesamt beizutragen.[207] Die Transparenzrichtlinie 2004 hat als weitere Zielsetzung, die Markteffizienz zu erhöhen und einen verbesserten Anlegerschutz auf den europäischen Kapitalmärkten durch weitere Harmonisierung unter anderem der anlaßabhängigen Publizität sicherzustellen.[208] Die §§ 21 ff. WpHG nehmen diese Ziele der Transparenzrichtlinie 1988 bzw. der Transparenzrichtlinie 2004 auf,[209] insbesondere die Information des Marktes über Kontrollstrukturen börsennotierter Gesellschaften.[210] Gleichzeitig soll die durch Melde- und Veröffent-

---

206 Die Transparenzrichtlinie ist unter Beibehaltung von Sinn und Zweck in der Richtlinie 2004/109/EG aufgegangen. Korrekterweise müßte daher eigentlich von Sinn und Zweck der Richtlinie 2004/109/EG im Hinblick auf die Mitteilungs- und Veröffentlichungspflichten gesprochen werden.

207 Vgl. ABl.EG Nr. L 348 vom 17.12.1988, S. 62 (62); ABl.EG Nr. L 390 vom 15.12.2004, S. 38 (38).

208 Transparenzrichtlinie 2004, ABl.EG Nr. L 390 vom 15.12.2004, S. 38 (38).

209 Bundestags-Drucksache 12/6679, S. 52; Bundestags-Drucksache 16/2498, S. 1 ff.; zur Zielsetzung des Transparenzrichtlinie-Umsetzungsgesetzes vgl. a. *Hutter/Kaulamo*, NJW 2007, S. 471 (471).

210 *Arends*, S. 4 ff., 46 f.; *Heinrich*, 2006, S. 65.

lichungspflichten erreichte Publizität der Beteiligungsverhältnisse[211], dem Missbrauch von Insiderinformationen entgegenwirken sowie durch die in Anlehnung an internationale Standards aufgenommenen Verschärfungen der Meldepflichten im Vergleich zur Transparenzrichtlinie die Attraktivität und die Wettbewerbsfähigkeit Deutschlands als Finanzmarkt verbessert werden, indem insbesondere das Vertrauen der Anleger in die Funktionsfähigkeit des deutschen Aktienmarktes insgesamt gefördert wird.[212] Sinn und Zweck der Transparenzrichtlinie sowie der §§ 21 ff. WpHG unterscheiden sich folglich im Kern nicht. Sowohl Sinn und Zweck der Transparenzrichtlinie als auch der §§ 21 ff. WpHG stellen in den Vordergrund den Schutz des Anlegers und die Funktionsfähigkeit des Kapitalmarktes. Beides soll durch eine angemessene Publizität der Beteiligungsverhältnisse börsennotierter Aktiengesellschaften gewährleistet werden. Denn das Vorhandensein wesentlicher Beteiligungen, ihre Verstärkung oder Schwächung sind wesentliche Faktoren für die Anlageentscheidung.[213] Der Schutz des Anlegers sowie die Stärkung seines Vertrauens in den Kapitalmarkt werden dabei jeweils als Voraussetzungen für die Funktions- und damit die Wettbewerbsfähigkeit des deutschen bzw. gesamteuropäischen Finanzmarktes gewertet.[214] Der kapitalmarktrechtliche Anlegerschutz dient insoweit vorrangig der Sicherstellung der Funktionsfähigkeit des Kapitalmarktes.[215] Der deutsche und der europäische Gesetzgeber stellen damit eine Verbindung zwischen Publizität der Beteiligungsverhältnisse, Anlegerschutz und Funktionsfähigkeit des Kapitalmarktes her. Sinn und Zweck der §§ 21 ff. WpHG ist vor diesem Hintergrund durch angemessene Publizität der Beteiligungsverhältnisse börsennotierter Gesellschaften den Anlegerschutz und damit die Funktionsfähigkeit des Kapitalmarktes zu gewährleisten.[216] Die §§ 21 ff. WpHG entsprechen somit der heute unbestrittenen „dualistischen Ziel- oder Funktionskonzeption“[217] des Kapitalmarktrechts, wonach das Kapitalmarktrecht dem Schutz der Anleger und dem Schutz der Kapitalmärkte dient.[218] Das durch die Transparenzrichtlinie geschaffene Publizitätssystem ist

211 Publizität der Beteiligungsverhältnisse bedeutet, daß die Information über die Beteiligungsverhältnisse einer Gesellschaft für die Marktteilnehmer (Anleger und professionelle Händler) allgemein zugänglich veröffentlicht wird und damit idealiter sämtliche Marktteilnehmer zeitgleich über diese Information verfügen können.

212 Bundestags-Drucksache 12/6679, S. 52.

213 *Heinrich*, S. 65; *Merkt*, S. 275 ff.

214 Vgl. ABl.EG L 348 vom 17.12.1988, S. 62 (62); ABl.EG Nr. L 390 vom 15.12.2004, S. 38 (38); Bundestags-Drucksache 12/6679, S. 52.

215 *Starke*, S. 94.

216 *Ebenroth/Wilken*, BB 1993, S. 1818 (1819 f.); *Weitbrecht/Wilken*, EWS 1994, S. 418 (422).

217 *Merkt*, S. 296.

218 *Merkt*, S. 296 m. w. N; *Hopt*, ZHR 1977, S. 389 (431).

insoweit kapitalmarktorientiert, weil es nicht nur den tatsächlichen Einfluß eines auf den Wertpapiermärkten tätigen Anlegers widerspiegelt, sondern allgemein seine Interessen an der Unternehmensleitung, der Geschäftsstrategie und den Gewinnen der Gesellschaft; Informationen, die ein verständiger Anleger benötigt.[219] Anlegerschutz bedeutet Schutz der Interessen der Anleger bei deren Beteiligung am öffentlichen Kapitalmarkt.[220] Anlegerschutz hat dabei primär die Voraussetzungen dafür zu schaffen, daß die Anleger möglichst optimale Anlageentscheidungen treffen können.[221] Hierzu ist insbesondere erforderlich, daß der Anleger über alle Informationen verfügt, die ihm unter Berücksichtigung sämtlicher Risiken eine rationale Investitionsentscheidung ermöglicht.[222] Der Zusammenhang zwischen Anlegerschutz sowie Funktionsfähigkeit des Kapitalmarktes und einer angemessenen Publizität der Beteiligungsverhältnisse bzw. deren Veränderungen soll im Folgenden aufgezeigt werden.

II. Anlegerschutz und Funktionsfähigkeit des Kapitalmarktes durch Publizität der Beteiligungsverhältnisse

1. Begriff und Bedeutung der Publizität von Beteilungsverhältnissen und deren Veränderungen für den Anlegerschutz

Weder die Transparenzrichtlinie noch das WpHG definieren den Begriff Publizität der Beteiligungsverhältnisse. Umgangssprachlich ist hierunter die Offenlegung durch Veröffentlichung der Beteiligungsverhältnisse börsennotierter Gesellschaften zu verstehen. Sie soll dafür sorgen, die Inhaber von Beteiligungen an börsennotierten Gesellschaften erkennbar werden zu lassen. Dabei stehen jedoch nicht nur Beteiligungen i. S. v. § 271 Abs. 1 HGB im Fokus, sondern jedwede Beteiligung die Einflußmöglichkeiten auf die Stimmrechtsausübung in börsennotierten Gesellschaften zulassen. Die Erkennbarkeit von Kapital- oder Stimmrechtsanteilen ist ein Bestandteil der Publizität der Beteiligungsverhältnisse. Der Zusammenhang zwischen der Publizität der Beteiligungsverhältnisse und Anlegerschutz tritt wiederum aus einem kapitalmarktrechtlichen Blickwinkel zu Tage. Im Blickpunkt des Kapitalmarktrechts und vorliegend der §§ 21 ff. WpHG steht nicht der gegenwärtige Aktionär als Verbandsmitglied und sein

219 Kommissionsvorschlag zu einer Transparenzrichtlinie KOM (2003) 138 endg. Vom 26.03.2003; *Veil*, ZBB 2006, S. 162 (169).
220 *Mülbert*, S. 72.
221 *Möllers*, ZGR 1997, S. 334 (337).
222 *Möllers*, ZGR 1997, S. 334 (338).

Verhältnis zu anderen Aktionären und/oder der Aktiengesellschaft,[223] sondern der gegenwärtige und zukünftige Aktionär als (Kapital)- Anleger und Unternehmensfinanzierer.[224] Als solcher ist er unterschiedlichen Risiken ausgesetzt, denen der Anlegerschutz des Kapitalmarktrechts gerecht werden muß.[225] Als maßgebliche Risiken des Anlegers sind insbesondere das Informations- und Konditionenrisiko[226], das Substanzerhaltungsrisiko[227], das Verwaltungsrisiko[228], das Interessenvertretungsrisiko[229] und das Liquidationsrisiko[230] zu nennen. Die Bedeutung der Publizität der Beteiligungsverhältnisse bzw. der Veränderung von Beteiligungsverhältnissen für die vorgenannten Risiken soll im Folgenden dargestellt werden.

a) Bedeutung von Beteiligungsverhältnissen im Allgemeinen

Die Beteiligungsverhältnisse einer börsennotierten Gesellschaft sind unter einem quantitativen und qualitativen Aspekt ein wesentliches Kriterium für die Chancen und Risiken sowie die Kursentwicklung einer Anlage. Unter einem quantitativen Aspekt entfalten die Beteiligungsverhältnisse ihre Bedeutung im Hinblick auf den sog. „free float"[231] einer börsennotierten Gesellschaft. Das Anwachsen bzw. Abschmelzen wesentlicher Beteiligungen an börsennotierten Gesellschaften und die damit grundsätzlich zusammenhängende Menge des „free float's" haben erheblichen Einfluß auf die Kursentwicklung und die Chancen und Risiken einer Aktienanlage und sind für die Anlageentscheidung von wesentlicher

223 *Schneider* in: Assmann/Schneider, WpHG 2006, Vor § 21 Rn. 12 f.
224 Vgl. *Arends*, 2000, S. 46; *Mülbert*, S. 98.
225 Vgl. *Hopt*, Kapitalanlegerschutz, S. 53 ff.; *Heiser*, S. 29 f.
226 Der Anleger ist bei der Anlageentscheidung, dem Risiko mangelnder bzw. mangelhafter Information ausgesetzt. Zudem besteht für den Anleger bei der Umsetzung seiner Anlageentscheidung die Gefahr, insbesondere wegen mangelnder bzw. mangelhafter Informationen zu unvorteilhaften Bedingungen (Preis, Haftung etc.) eine Anlage zu erwerben oder zu veräußern. Vgl. hierzu *Merkt*, S. 299.
227 Vgl. *Merkt*, S. 298. Im Zusammenhang mit dem Substanzerhaltungsrisiko wird teilweise auch von dem sog. Ertragsrisiko des Anlegers gesprochen welches das Risiko des Anlegers widerspiegelt, durch seine Anlage Erträge nicht oder nicht in hinreichendem Maße zu erzielen, vgl. *Assmann* in: Großkommentar zum Aktiengesetz, Einl. Rn. 369.
228 Vgl. *Merkt*, S. 299.
229 Vgl. *Merkt*, S. 299.
230 Dies beinhaltet das Risiko, sich nicht rechtzeitig und angemessen von der Anlage trennen zu können. Vgl. *Merkt*, S. 299.
231 Der „free float" bezeichnet die Menge Aktien, die sich nicht in festen Händen befindet und somit an der Börse frei gehandelt werden wird. Vgl. *von Rosen*, Die Bank 1995, S. 9 (12); *Fiedler*, S. 25.

Bedeutung.[232] Ein geringer „free float“ einer börsennotierten Gesellschaft führt zu einer erhöhten Volatilität und ein hoher „free float“ entsprechend zu einer geringeren Volatilität des Kurses. Hohe Volatilität bedeutet eine gesteigerte Sensibilität des Aktienkurses für Kauf- bzw. Verkaufsordern, d.h., größere Kauf- bzw. Verkaufsorder können zu einem starken Steigen bzw. Einbruch des Aktienkurses führen.[233] Die Kursentwicklung einer Aktie ist entsprechend sensibler für Anlageentscheidungen ihrer wesentlich beteiligten Aktionäre. Eine hohe Volatilität beinhaltet daher gleichzeitig ein hohes Risiko und eine erhöhte Chance der Wertentwicklung der Aktienanlage. Anhand der Beteiligungsverhältnisse einer Gesellschaft kann der „free float“ einer börsennotierten Gesellschaft abgeschätzt werden. Sie sind damit ein wichtiges Kriterium für Chancen und Risiken einer Anlage. Unter einem qualitativen Aspekt besteht die Bedeutung der Beteiligungsverhältnisse einer Gesellschaft in den sich daraus ergebenden Einflußmöglichkeiten ihrer Anteilseigner. Anhand der Beteiligungsverhältnisse und ihrer Veränderungen können die Einflußmöglichkeiten einzelner Anteilseigner aufgedeckt werden.[234] Zwar hat der Kleinanleger als solcher generell keine entscheidende Möglichkeit der Einflußnahme, jedoch ist diese Information gerade für größere Investoren von Interesse, die mit ihrer Beteiligung gleichzeitig strategische Ziele verbinden.[235] Auf Grund der Einflußmöglichkeiten sind an wesentliche Beteiligungen oftmals Erwartungen oder Befürchtungen geknüpft und in den Kurs eingepreist. Denn mit wesentlichen Beteiligungen an börsennotierten Gesellschaften ist häufig eine strategische Entscheidung des wesentlich beteiligten Anteilseigners verbunden. Entsprechend können Veränderungen von wesentlichen Beteiligungen den Kurs einer Anlage beeinflussen. Der Aufbau wesentlicher Beteiligungen kann zudem Hinweis sein für eine zukünftige Übernahme und damit den Ausbau der Einflußmöglichkeiten hin zur Kontrolle einer börsennotierten Gesellschaft.[236] Das Heranschleichen an eine Zielgesellschaft kann durch die Publizität der Beteiligungsverhältnisse und ihrer Veränderungen zumindest teilweise offen gelegt werden,[237] so daß der Anleger zeitnah reagieren kann. Durch das Gesetz zur Regelung von öffentlichen Angeboten zum Erwerb von Wertpapieren und von Unternehmensübernahmen vom 22.12.2001 und durch das Transparenzrichtlinie-Umsetzungsgesetz vom 05.01.2007 ist der Anwen-

---

232 *Schneider* in: Assmann/Schneider, WpHG 2006, Vor § 21 Rn. 13; *Kümpel*, S.24; *Heinrich*, S.65; *Merkt*, S.275 ff.
233 *Ziemons/Jaeger*, AG 1996, S.358 (358).
234 Vgl. *Starke*, S.99.
235 *Hildner*, S.24.
236 *Schneider* in: Assmann/Schneider, WpHG 2006, Vor § 21 Rn. 13.
237 Vgl. *Schneider* in: Assmann/Schneider, WpHG 2006, Vor § 21,Rn. 19a f; *Fiedler*, S.26.

dungsbereich der §§ 21 ff. WpHG aus diesem Grunde erweitert worden.[238] Erst mit Kenntnis der wesentlich beteiligten Anteilseigner einer börsennotierten Gesellschaft kann der Anleger entscheiden, ob nach seiner Ansicht seine Interessen deckungsgleich sind mit denen des oder der wesentlich beteiligten Aktionären. Erst mit Kenntnis der Veränderungen wesentlicher Beteiligungen ist der Anleger dann auch in der Lage auf diese zu reagieren[239] und seine Anlageentscheidung zu treffen bzw. zu korrigieren.

b) Bedeutung und Rolle der Publizität der Beteiligungsverhältnisse für Anlegerrisiken

Aus der Natur der Sache selbst heraus hat die Publizität der Beteiligungsverhältnisse unmittelbaren Einfluß auf das Informationsrisiko des Anlegers. Der Anleger bedarf zur Fundierung einer sachgerechten Anlegerentscheidung in einem idealen Markt sämtlicher kursrelevanter Informationen. Hierzu gehört – wie oben dargelegt – auch die Kenntnis der Beteiligungsverhältnisse und damit der bestehenden Machtstrukturen einer börsennotierten Gesellschaft. Ferner sind für eine Anlageentscheidung die mit der Anlage verbundenen Chancen und Risiken von besonderer Bedeutung.[240] Anhand der Chancen und Risiken einer Anlage kann der Anleger die Adäquanz einer Anlage mit seinem persönlichen Anlageverhalten beurteilen.[241] Erst mit Kenntnis des aus den Beteiligungsverhältnissen abgeleiteten „free float's“ einer Gesellschaft vermag der Anleger jedoch die Volatilität und damit ein Kriterium für Chancen und Risiken einer Anlage einzuschätzen. Insoweit ist auch das Substanzerhaltungsrisiko des Anlegers tangiert, denn der informierte Anleger kann von sehr volatilen und damit auch risikoreichen Werten Abstand nehmen.[242]

Weiter können durch die Publizität der Beteiligungsverhältnisse Informationsasymmetrien ausgeglichen werden, die besonders zwischen Kleinanlegern einerseits und professionellen Händlern sowie Emittenten andererseits bestehen.[243] In einem Markt unvollkommener Informationseffizienz sind sämtliche Informationen nicht ohne zeitliche Verschiebung in den Kursen einer Anlage

---

238 Vgl. zum WpÜG: Bundestags-Drucksache 14/7034, S. 70 (70); zum TUG: Bundestag-Drucksache 16/2498, S. 1 (34).

239 *Bott/Schleef*, ZBB 1998, S. 331 (331).

240 *Heiser*, S. 353: Unter Bezug auf die Portofolio-Theorie von *Markowitz*

241 Vgl. *Merkt*, S. 308.

242 *Merkt*, S. 308.

243 *Möllers* (ZGR 1997, S. 334 (366) sieht im Abbau von Informationsasymmetrien die entscheidende Bedeutung des Kapitalmarktrechts.

eingepreist.[244] Der Informationsvorsprung insbesondere von professionellen Händlern steigert daher das Konditionenrisiko der Anleger. Die Publizität der Beteiligungsverhältnisse kann dem entgegenwirken, indem die Wettbewerbsgleichheit zwischen Anlegern und professionellen Händlern durch Offenlegung relevanter Informationen wie die der Beteiligungsverhältnisse einer Gesellschaft und deren Veränderungen gefördert wird.[245]

Schließlich ist die Publizität der Beteiligungsverhältnisse von besonderer Bedeutung für das Liquidationsinteresse des Anlegers. Die frühzeitige Information über Veränderungen wesentlicher Beteiligungen kann für den Anleger entscheidend sein, um sich zum richtigen Zeitpunkt und zu einem angemessenen Preis von seiner Anlage zu trennen. Das Liquidationsrisiko ist dann besonders hoch, wenn mit der Veränderung von Beteiligungen eine strategische Neuausrichtung der Gesellschaft verbunden sein kann, z.B. bei Austritt eines wesentlich beteiligten Aktionärs, Eintritt eines neuen wesentlich beteiligten Aktionärs, aber auch bei Änderungen der Beteiligungsverhältnisse als Vorboten einer Übernahme der Gesellschaft. In diesen Fällen ist die frühzeitige Information des Anlegers notwendig, um gegebenenfalls zukünftige Kursentwicklungen antizipieren zu können.

2. Publizität der Beteiligungsverhältnisse und Funktionsfähigkeit des Kapitalmarktes

a) Funktionsfähigkeit des Kapitalmarktes

Bei der Funktionsfähigkeit des Kapitalmarktes[246] werden allgemein drei Aspekte differenziert: Die institutionelle, die operationale und die allokative Funktionsfähigkeit.[247] Die institutionelle Funktionsfähigkeit betrifft die Grundvoraussetzungen eines wirksamen Marktmechanismus, d.h. insbesondere den ungehinderten Zugang zum Kapitalmarkt zur Sicherstellung ausreichender Markttiefe und -breite[248] sowie das Vertrauen der Kapitalmarktteilnehmer in die Stabilität

244 Vgl. zur abnehmenden Bedeutung der Transparenz von Beteiligungsverhältnissen bei zunehmender Informationseffizienz für das Konditionenrisiko des Anlegers, *Starke*, S. 99.

245 *Merkt*, S. 308.

246 Im Hinblick auf die Aktiengesellschaft besteht dabei in erster Linie das Bedürfnis, die notwendigen rechtlichen Voraussetzungen für die Funktionsfähigkeit des Kapitalmarktes bereit zu stellen, um die Kapitalsammelfunktion der Aktiengesellschaft bestmöglich zu erfüllen.

247 *Kübler*, Gesellschaftsrecht, S. 372; *Hopt*, Gutachten 51. DJT, S. 47 ff.

248 Vgl. *Starke*, S. 94.

und Integrität des Marktes.[249] Vertrauen der Anleger wird vornehmlich durch Risikominderung und Berechenbarkeit der Risikofaktoren geschaffen.[250] Nur unter den Voraussetzungen eines langfristigen Vertrauens der Anleger in den Kapitalmarkt und insbesondere in die Aktie als Anlage, kann die Aktiengesellschaft ihre gesamtwirtschaftlich erforderliche Kapitalsammelfunktion erfüllen. Anhaltspunkte für den Zustand der institutionellen Funktionsfähigkeit sind die Breite des Marktes, seine Tiefe, seine Stabilität[251] sowie seine Wettbewerbsfähigkeit. Die operationale Funktionsfähigkeit setzt voraus, daß die Bereitstellungs- sowie Transaktionskosten der Kapitalmarktteilnehmer minimiert oder gänzlich beseitigt bzw. dem Marktteilnehmer auferlegt werden, der sie am besten reduzieren kann.[252] Dem liegt die Prämisse zugrunde, daß Kosten die Akzeptanz des Marktes sowohl bei Kapitalnachfragern als auch -anbietern hemmen.[253] Die allokative Funktionsfähigkeit setzt voraus, daß das Anlagekapital ungehindert dorthin fließt, wo es am dringendsten benötigt wird und zugleich die höchsten Renditen erwirtschaftet.[254] Diese vorgenannten drei Aspekte der Funktionsfähigkeit des Kapitalmarktes stehen in Abhängigkeit zueinander und sind nicht isoliert erreichbar.[255] Insbesondere die institutionelle Funktionsfähigkeit wird durch Sicherung der operationalen und allokativen Funktionsfähigkeit mitverwirklicht.[256]

b) Bedeutung und Rolle der Publizität der Beteiligungsverhältnisse für die Funktionsfähigkeit des Kapitalmarktes

Wesensgehalt der Publizität der Beteiligungsverhältnisse ist die angemessene Information der Marktteilnehmer (Anleger, professionelle Händler, Emittenten) über die Beteiligungsverhältnisse der börsennotierten Gesellschaften. Ausgangspunkt der besonderen Bedeutung der angemessenen Information der Marktteilnehmer für die Funktionsfähigkeit des Kapitalmarktes ist ein ökonomischer Befund:[257] Die Funktionsfähigkeit des Kapitalmarktes ist davon abhängig, daß Renditeerwartungen und Risiken einer Anlage in Einklang gebracht werden können. Die Einschätzung des Anlagerisikos bedarf jedoch der auf Informationen fundierten Anlageentscheidung. Können die Anleger mangels an-

249 *Heiser*, S. 17; *Schwarz* in FS für Stimpel, S. 1087 (1091); *Starke*, S. 94.
250 Vgl. *Assmann*, ZBB 1989, S. 49 (52).
251 *Kübler*, AG 1977, S. 85 (89).
252 *Kümpel*, Bank- und Kapitalmarktrecht, Rn. 8.198 ff.
253 Vgl. *Heiser*, a. a. O., S. 18.
254 Vgl. *Kübler*, AG 1977, S. 85 (89), *Heiser*, S. 18.
255 *Zimmer*, Internationales Gesellschaftsrecht, S. 43.
256 *Heiser*, S. 17.
257 *Merkt*, S. 306.

gemessener Informationen keine fundierte Anlageentscheidung treffen, resultieren daraus Misstrauen, Abwanderung in andere Anlagen oder Märkte und schließlich Marktversagen.[258] Dies soll anhand der vorgenannten Teilaspekte der Funktionsfähigkeit des Kapitalmarktes näher erläutert werden. Grundlage der institutionellen Funktionsfähigkeit ist neben dem ungehinderten Zugang der Anleger zum Markt das Vertrauen der Anleger in den Markt. Dieses Vertrauen der Anleger basiert insbesondere auf dem Vorhandensein eines ausreichenden Anlegerschutzes, d. h. der Minderung der typischen Anlegerrisiken. Die Publizität der Beteiligungsverhältnisse fördert gerade – wie oben dargelegt – den Anlegerschutz durch Minimieren einzelner Anlegerrisiken, indem dem Anleger wesentliche Informationen zur Fundierung seiner Anlageentscheidung bereitgestellt werden. Fehlt ein entsprechender Anlegerschutz kann der Anleger das Vertrauen in den Kapitalmarkt verlieren bzw. sich anderen Märkten zuwenden, die seinen Vorstellungen des Anlegerschutzes entsprechen. Die Bereitstellung von Informationen ist ebenfalls für die operationale Funktionsfähigkeit des Kapitalmarktes von Bedeutung. Die fehlende Information über die Beteiligungsverhältnisse der börsennotierten Gesellschaften stellt zunächst ein Transaktionshindernis dar, da Anleger Kosten zur Ermittlung der notwendigen Informationen selbst aufwenden müssen. Operationale Effizienz verlangt jedoch, daß Informationen von demjenigen, der sie am Kosten sparendsten produzieren kann, produziert werden.[259] Bei der Publizität der Beteiligungsverhältnisse sind dies die wesentlich Beteiligten und die Gesellschaft. Allerdings ist sicherzustellen, daß die Informationen über die Beteiligungsverhältnisse und ihre Veränderungen im Rahmen der Publizität auf das Wesentliche beschränkt werden, da ein Zuviel an Informationen die Verarbeitung der Informationen erschwert und dann wiederum ein Transaktionshindernis darstellt.[260] Hinsichtlich der allokativen Funktionsfähigkeit besteht die Bedeutung der Publizität der Beteiligungsverhältnisse darin, mit der Information über die Beteiligungsverhältnisse ein wichtiges Kriterium zur Einschätzung des Anlagerisikos zu erhalten. Dies ist für den Vergleich der Anlagemöglichkeiten zur Realisierung der allokativen Effizienz notwendig.[261]

3. Zwischenergebnis

Eine angemessene Publizität der Beteiligungsverhältnisse und ihrer Veränderungen stellt ein Instrument zur Verbesserung des Anlegerschutzes dar, indem wesentliche Anlegerrisiken gemindert werden. Gleichzeitig trägt eine angemes-

258 Vgl. *Assmann*, Kapitalmarktrecht, S. 278 f.
259 *Heiser*, a. a. O., S. 18.
260 Vgl. *Gehrt*, Ad-hoc-Publizität, S. 21.
261 *Zimmer*, Internationales Gesellschaftsrecht, S. 43.

sene Publizität der Beteiligungsverhältnisse durch die Verbesserung des Anlegerschutzes zu einer besseren Funktionsfähigkeit insbesondere der institutionellen Funktionsfähigkeit des Kapitalmarktes bei, indem das Vertrauen der Anleger in den Kapitalmarkt gestärkt wird. Denn der Anlegerschutz ist ein wesentliches Element des Funktionsschutzes des öffentlichen Kapitalmarktes.[262] Mittels eines weitreichenden Anlegerschutzes wird das Vertrauen derselben in den Kapitalmarkt gestärkt und gewahrt.[263] Zusätzlich fördert eine angemessene Publizität der Beteiligungsverhältnisse grundsätzlich die operationale und die allokative Funktionsfähigkeit des Kapitalmarktes. Wobei zu beachten ist, daß eine Informationsüberfrachtung auch zur Einschränkung der operationalen Funktionsfähigkeit beitragen kann. Eine angemessene Publizität der Beteiligungsverhältnisse ist damit im wesentlichen geeignet, Sinn und Zweck der Transparenzrichtlinie bzw. der §§ 21 ff. WpHG, nämlich eine Verbesserung des Anlegerschutzes bzw. eine Förderung der Funktionsfähigkeit des Kapitalmarktes zu gewährleisten. Gleichzeitig ermöglicht eine angemessene Publizität der Beteiligungsverhältnisse die Verwirklichung eines weiteren Zieles der Transparenzrichtlinie sowie der §§ 21 ff. WpHG: die Förderung der Wettbewerbsfähigkeit des gesamteuropäischen bzw. des deutschen Kapitalmarktes. Eine Verbesserung des Anlegerschutzes und der Funktionsfähigkeit des Kapitalmarktes erhöht die Wettbewerbsfähigkeit eines Marktes im Vergleich zu anderen Märkten. Eine Ausrichtung an internationalen Standards hinsichtlich der Publizität der Beteiligungsverhältnisse war daher auch Grundlage der Transparenzrichtlinie und der §§ 21 ff. WpHG.[264] Durch die Verbesserung der Funktionsfähigkeit des Kapitalmarktes und des Anlegerschutzes wird gleichzeitig die Kapitalsammelfunktion der börsennotierten Gesellschaften und damit ein wesentliches Finanzierungsinstrument der Gesamtwirtschaft gefördert.[265]

III. Schlußfolgerungen

Da die Auslegung der Zurechnungstatbestände des § 22 WpHG sich am Sinn und Zweck der §§ 21 ff. WpHG zu orientieren hat, können die Erkenntnisse aus diesem Abschnitt Leitlinien für diese Auslegung bilden. Es konnte aufgezeigt werden, daß die §§ 21 ff. WpHG in erster Linie auf Herstellung einer angemessenen Beteiligungstransparenz bei börsennotierten Gesellschaften abzielen und unter Beteiligungstransparenz die Offenlegung bestehender stimmrechtsbegründeter

262 *Meyer*, S. 302.
263 *Berding*, WM 2002, S. 1149 (1155).
264 Vgl. Bundestags-Drucksache 12/6679, S. 52.
265 *Kümpel*, in: Kümpel/Hammen/Ekkenga, Kapitalmarktrecht 050, S. 4.

Einflußmöglichkeiten in einer börsennotierten Gesellschaft zu verstehen ist. Weiter konnte aufgezeigt werden, welche Bedeutung die Beteiligungsverhältnisse einer börsennotierten Gesellschaft und die damit verbundenen Einflußmöglichkeiten für die Anlageentscheidung des Anlegers haben. Sinn und Zweck der Beteiligungstransparenz ist die Gewährleistung eines effektiven Anlegerschutzes und der Funktionsfähigkeit des Kapitalmarktes. Auslegungsfragen der einzelnen Tatbestände sind daher insbesondere vor dem Hintergrund der Gewährleistung einer angemessenen Beteiligungstransparenz zu beantworten. Maßstab für die Angemessenheit ist der dadurch erreichte Schutz der Anleger sowie die erreichte Funktionsfähigkeit des Kapitalmarktes. Da sowohl der Schutz der Anleger als auch die Funktionsfähigkeit des Kapitalmarktes in Anlehnung an die Standards internationaler Kapitalmärkte verwirklicht werden sollen, kann deren rechtliche Beurteilung von gleich gelagerten Sachverhalten als Auslegungskriterium herangezogen werden.

B. Sinn und Zweck des Pflichtangebotes nach § 35 WpÜG

I. Allgemeines

Sinn und Zweck des WpÜG ist es, allgemein die rechtliche Stellung von (Minderheits-)Aktionären bei Unternehmensübernahmen zu stärken und sich dabei an internationalen Standards zu orientieren.[266] Das Pflichtangebot gemäß § 35 WpÜG soll hierzu beitragen, indem (Minderheits-)Aktionäre einer börsennotierten Gesellschaft bei einem Kontrollwechsel[267] durch die Möglichkeit zur Veräußerung ihrer Beteiligung zu einem angemessenen Preis geschützt werden.[268] Der Schutz der (Minderheits-)Aktionäre soll gleichzeitig die Funktions- und damit die Wettbewerbsfähigkeit des deutschen Kapitalmarktes fördern. Mit Erlaß der Übernahmerichtlinie ist mit § 35 WpÜG die weitere Aufgabe verknüpft, die nach Artikel 21 der Übernahmerichtlinie zwingend erforderliche Umsetzung der Richtlinie in das deutsche Rechte, insbesondere des Artikels 5 der Übernahmerichtlinie, sachgerecht zu gewährleisten. Als umgesetztes Recht ist daher bei seiner Auslegung der Sinn und Zweck der umgesetzten europäischen Regelungen ebenso zu beachten wie der vom deutschen Gesetzgeber mit § 35 WpÜG verfolgte

266 Begründung zum Regierungsentwurf, Bundestag-Drucksache 14/7034 S. 28.

267 Kontrollwechsel beinhaltet sowohl den Wechsel des Kontrollinhabers als auch das erstmalige Entstehen einer Kontrolllage. Der Kontrollwechsel wird von *Luttmann* zurecht als Grundlagenänderung qualifiziert (*Luttmann*, S. 154 ff.).

268 *Letzel*, BKR 2002, S. 293 (294 ff); *von Bülow* in: Kölner Kommentar zum WpÜG 2003, § 35 Rn. 3.

Sinn und Zweck. Nach den der Übernahmerichtlinie vorangestellten Erwägungsgründen soll diese dafür Sorge tragen, daß gemeinschaftsweit gewisse Schutzbestimmungen, die börsennotierten Gesellschaften in Ländern der europäischen Gemeinschaft im Interesse der Gesellschafter und Dritten vorgeschrieben sind, gleichwertig gestaltet werden.[269] Hierdurch soll ein level playing field in Europa geschaffen werden. Das Pflichtangebot wird als eine solche Schutzbestimmung angesehen, die europaweit gleichwertig Anwendung finden soll. Sinn und Zweck des Pflichtangebotes ist nach der Übernahmerichtlinie in erster Linie, den Schutz von (Minderheits-)Aktionären börsennotierter Gesellschaften nach einem erfolgten Kontrollwechsel zu gewährleisten.[270] Soweit es dieser Schutzzweck nicht erfordert, soll die Regelung Übernahmen weder fördern noch behindern.[271] Der mit dem Pflichtangebot verbundene Schutz der (Minderheits-)Aktionäre soll weiter zur Förderung der Funktionsfähigkeit des europäischen Kapitalmarktes beitragen.[272] Das Pflichtangebot hat folglich nach den Vorgaben durch die Übernahmerichtlinie und den deutschen Gesetzgeber zwei Aufgaben zu erfüllen: den Schutz von (Minderheits-)Aktionären bei einem Kontrollwechsel und damit verbunden die Förderung der Funktionsfähigkeit des deutschen bzw. europäischen Kapitalmarktes. Da § 30 WpÜG über die Zurechnung von Stimmrechten den zeitlichen und sachlichen Anwendungsbereich des Pflichtangebotes bestimmt, sind diese Aufgabenfelder des Pflichtangebotes für die Auslegung des § 30 WpÜG aufzuzeigen. Dabei ist jedoch zu beachten, daß nach den bisherigen Erkenntnissen die Besonderheit des Pflichtangebots im Gegensatz zu den anderen Angebotsarten darin begründet liegt, daß der Bieter Einschränkungen und Pflichten hinsichtlich der Entscheidung des „ob“ und „wann“ der Abgabe eines Angebotes, der zu gewährenden Gegenleistung sowie dem zulässigen Umfang des Angebotes unterliegt,[273] im Übrigen die Verfahren jedoch gleich gestaltet sind. Zunächst wird daher dargestellt, welchen Schutz der (Minderheits-)Aktionäre das Pflichtangebot bezweckt, um anschließend dessen Auswirkungen auf die Funktionsfähigkeit des Kapitalmarktes aufzuzeigen.

---

269 Übernahmerichtlinie, Erwägungsgrund (2), ABl.EG Nr. L 142 vom 30.04.2004, S. 12.

270 Übernahmerichtlinie, Erwägungsgrund (9), ABl.EG Nr. L 142 vom 30.04.2004, S. 12.

271 *Sünner* in FS Quack, 1991, S. 457 (465) zur Vorgänger-Richtlinie.

272 Übernahmerichtlinie, Erwägungsgrund (9), ABl.EG Nr. L 142 vom 30.04.2004, S. 12.

273 Siehe oben unter Kapitel 3 B.

II. Das Pflichtangebot: Individual-, Minderheiten- oder Anlegerschutz?

Hinsichtlich des beabsichtigten Schutzes der (Minderheits-)Aktionäre gilt es zunächst festzustellen, welchem Wertungsprinzip dieser Schutz folgt, da sich der Schutzzweck des Pflichtangebotes jeweils daran auszurichten hat. Drei Wertungsprinzipien werden in Anlehnung an Wiedemann[274] differenziert: Individualschutz, Minderheitenschutz und Anlegerschutz.

1. Definition der drei Wertungsprinzipien

a) Individualschutz

Individualschutz i. S. von *Wiedemann* betrachtet den Aktionär als Individuum innerhalb des Verbandes, gegenüber dem ihm besondere Schutzrechte[275] gewährt werden müssen.[276] Seine Stellung innerhalb der Gesellschaft oder seine mit der Mitgliedschaft in der Gesellschaft verfolgte Intention bleiben außer Betracht. Anknüpfungspunkt des Individualschutzes ist daher allein die verbandsrechtliche Zugehörigkeit des Aktionärs.[277] Individualschutz in diesem Sinne ist somit dem Gesellschaftsrecht zuzuordnen.

b) Minderheitenschutz

Minderheitenschutz i. S. von *Wiedemann* knüpft an der Stellung des Aktionärs innerhalb der Gesellschaft an.[278] Maßgeblich für das Eingreifen des Minderheitenschutzes ist, daß der Aktionär sich bei verbandsinternen Vorgängen einer Mehrheit gegenüber sieht, deren Missbrauch der Einflußnahmemöglichkeiten zum Schaden des Minderheitsaktionärs vorgebeugt werden soll. Neben der Zugehörigkeit zum Verband ist daher zusätzlich die Stellung des Aktionärs innerhalb der verbandsinternen Entscheidungsprozesse relevant. Minderheitenschutz in diesem Sinne ist daher ebenfalls dem Gesellschaftsrecht zuzuordnen.

c) Anlegerschutz

Anlegerschutz zielt primär auf den Aktionär als Unternehmensfinanzierer und nicht als Verbandsmitglied. Die verbandsinterne Stellung des Aktionärs gegen-

274 *Wiedemann*, Gesellschaftsrecht I, S. 355 ff.
275 Bsp. Informationsrechte.
276 *Wiedemann*, Gesellschaftsrecht I, S. 363.
277 *Wiedemann*, Gesellschaftsrecht I, S. 363.
278 *Wiedemann*, Gesellschaftsrecht I, S. 405.

über seinen Mitaktionären ist ohne Bedeutung. Im Vordergrund steht die Investitionsentscheidung des Anlegers. Anlegerschutz hat daher vornehmlich den kapitalmarktrechtlichen und ökonomischen Kontext der Anlageentscheidung zu berücksichtigen, um den Schutz der Investition des Anlegers zu gewährleisten.[279] Der dem Kapitalmarktrecht zuzuordnende Anlegerschutz unterscheidet sich insofern wesentlich von dem gesellschaftsrechtlich intendierten Individual- bzw. Minderheitenschutz.

2. Einordnung des Pflichtangebotes

a) Einleitung

Aus den vorangestellten Definitionen dieser drei Wertungsprinzipien ist zunächst unmittelbar abzuleiten, daß der durch das Pflichtangebot gewährte Schutz nicht dem gesellschaftsrechtlichen Individualschutz zugeordnet werden kann. Das Recht der (Minderheits-)Aktionäre im Falle eines Kontrollwechsels für einen angemessenen Preis aus der Gesellschaft ausscheiden zu können, ist nicht allein Ausfluß ihrer verbandsrechtlichen Zugehörigkeit. Hinzutreten muß, daß sich der Aktionär wegen des Umfangs seiner Beteiligung in einem Abhängigkeitsverhältnis gegenüber der Mehrheit bei verbandsinternen Entscheidungsprozessen befindet. Der durch das Pflichtangebot gewährte Schutz kann daher allein dem gesellschaftsrechtlichen Minderheitenschutz und/oder dem kapitalmarkrechtlichen Anlegerschutz zugeordnet werden. Insoweit besteht in der Rechtswissenschaft jedoch grundsätzlich Einigkeit, daß das Pflichtangebot weder ausschließlich dem gesellschaftsrechtlichen Minderheitenschutz noch ausschließlich dem kapitalmarktrechtlichen Anlegerschutz zugeordnet werden kann.[280] Vielmehr wird die Doppelfunktionalität des Pflichtangebotes auf der Schnittstelle zum Gesellschafts- und Kapitalmarktrecht hervorgehoben. Das Übernahmerecht allgemein wird in einem normativen Zusammenhang zwischen dem Gesellschafts- und Konzernrecht gesehen.[281] Das Pflichtangebot weist hiernach sowohl gesellschaftsrechtliche als auch kapitalmarktrechtliche Elemente auf.[282] Der gesellschaftsrechtliche sowie der kapitalmarktrechtliche Schutzweck des Pflichtangebotes sollen im Folgenden dargestellt werden.

---

279 *Mülbert*, S. 98.

280 *Mülbert*, ZIP 2001, S. 1221 (1222); *Hopt* in: Hommelhoff/Hopt/Lutter, Konzernrecht und Kapitalmarktrecht, 2001, S. 279, 287; *Krause*, WM 1996, Teil I, S. 845 (846); a.A. *Paul*, Der Konzern 2009, S. 80 (81ff.), der das Pflichtangebot ausschließlich dem kapitalmarktrechtlichen Anlegerschutz zuordnen will.

281 *Schneider/Burgard*, DB 2001, S. 963 (963).

282 *Kirchner*, AG 1999, S. 481.

b) Der gesellschaftsrechtliche Schutzzweck des Pflichtangebotes

Die gesellschaftsrechtliche Ausrichtung des Pflichtangebotes wird darin deutlich, daß es auch Anwendung findet, wenn die Kontrollbeteiligung nicht über den Kapitalmarkt erworben wurde. Das Pflichtangebot soll den (Minderheits-) Aktionär allgemein davor bewahren, in die wenig komfortable Position des außen stehenden Aktionärs einer Gesellschaft zu geraten.[283] Dieser beabsichtigte Schutz der Gesellschaftereigenschaft des Aktionärs wird bei der Eingrenzung der Pflichtangebotsregel für eigene Aktien der Gesellschaft besonders deutlich. Im Regierungsentwurf zum WpÜG heißt es denn auch im Hinblick auf eigene Aktien der Gesellschaft: „Hier fehlt es an dem besonderen Schutzbedürfnis des Minderheitsaktionärs, der sich nach einem Kontrollwechsel einem neuen kontrollierenden Aktionär gegenüber sieht und dem deshalb ein Austritt aus der Gesellschaft ermöglicht wird."[284] Die gesellschaftsrechtliche bzw. konzernrechtliche Qualifizierung des Pflichtangebotes lässt sich ebenfalls anhand der Entstehungsgeschichte der Übernahmerichtlinie darlegen. In den Richtlinienvorschlägen der Jahre 1996 und 1997 wurde auf Drängen der Bundesregierung vor dem Hintergrund der Vorschriften der §§ 311 ff. AktG des deutschen Konzernrechts eine Öffnungsklausel aufgenommen, die im Bezug auf die Pflichtangebotsregel eine Umsetzung nicht verlangte, wenn „andere geeignete und mindestens gleichwertige Vorkehrungen zum Schutze der Minderheitsaktionäre dieser Gesellschaft" vorgesehen wurden. Als solche gleichwertige Vorkehrung wurden die §§ 311 ff. AktG gewertet.[285] Die Pflichtangebotsregel und die §§ 311 ff. AktG entsprechen sich insofern, als sie jeweils den Schutz der Minderheitsaktionäre vor den Gefahren, die ihnen aus der Existenz eines herrschenden oder kontrollierenden Aktionärs erwachsen können, gewährleisten sollen.[286] Beide können mithin als Korrektiv der verbandsrechtlichen Mehrheitsmacht angesehen werden.[287] Der durch das Pflichtangebot gewährte Schutz setzt jedoch zu einem früheren Zeitpunkt als das deutsche Konzernrecht ein, nämlich bereits im Moment des Erwerbs einer kontrollierenden Mehrheit und nicht erst mit Bestehen einer Abhängigkeitslage durch einen Mehrheitsaktionär.[288] Begreift man mit *Behrens*[289] die Konzernierung als

283 *Meyer*, S. 302.
284 Begründung zum Regierungsentwurf, Bundestag-Drucksache 14/7034, S. 60.
285 Vgl. *Kallmeyer*, ZHR 1997, S. 435 (444 f.); *Neye*, DB 1996, 1121 (1125).
286 *Mülbert*, ZIP 2001, S. 1221 (1226 f.).
287 *Baums* in: Rengeling, Europäisierung des Rechts, S. 91 (99).
288 *Mülbert*, S. 458; *Munscheck*, RIW 1995, S. 998 (998).; *Liebscher* wertet im gleichen Sinne die Begründung einer Abhängigkeitslage i. S. d. § 17 AktG als entscheidenden Punkt der Konzernierung an, wobei hierfür der Erwerb einer Mehrheit nicht entscheidend sei (*Liebscher*, S. 33).
289 *Behrens*, ZGR 1975, S. 433 (441).

dreiphasigen Prozeß,[290] knüpft das Pflichtangebot folglich an die erste Phase der Konzernierung an. Das Pflichtangebot wird daher oftmals als Instrument eines konzernrechtlichen Präventivschutzes verstanden.[291] In Anlehnung an die beim faktischen und Vertragskonzern als Schutzmaßnahmen des Minderheitenschutzes zugebilligten Ausgleichs- und Abfindungsrechte[292] räumt das Pflichtangebot den außen stehenden Aktionären bei der Kontrollerlangung durch einen Dritten – dem vielfach zitierten „archimedischen Punkt"[293] der Konzernierung – die Möglichkeit zum Austritt aus der Gesellschaft gegen eine angemessene Abfindung ein. Es steht damit am Anfang der den Minderheitsaktionären zugebilligten Schutzrechte in den drei Phasen der Konzernierung. Der weitere Unterschied besteht darin, daß der Aktionär nunmehr vor Entstehen einer Abhängigkeitslage Herr der Entscheidung ist, ob er sich in eine solche Abhängigkeitslage begeben und auf die dann bestehenden Ausgleichs- oder Abfindungsrechte verwiesen sein will oder ein Ausscheiden aus der Gesellschaft zu einem angemessenen Wert seiner Beteiligung vor Entstehung der Abhängigkeit vorzieht. Der Aktionär wird daher schon nicht dem Risiko ausgesetzt, daß der kontrollierende Aktionär zu seinen Lasten agiert und dies nicht sanktioniert werden kann.[294] Mit Vervollständigung des konzernrechtlichten Schutzes in den drei Phasen der Konzernierung,[295] mildert das Pflichtangebot gleichzeitig auch bestimmte Schwächen des faktischen bzw. des Vertragskonzerns, die nur durch einen bereits in der ersten Phase der Konzernierung beginnenden Schutz der Aktionäre – sog. Konzerneingangsschutz – ausgeglichen werden können.[296] Die Gleichwertigkeit des Schutzes der Minderheitsaktionäre durch das deutsche Konzernrecht mit dem Schutz durch ein Pflichtangebot wird daher verneint.[297] Ausgehend von dieser Funktion des Pflichtangebotes als Komplettierung des konzernrechtlichen Minderheitenschutzes[298] sollte es Anwen-

290 Vgl. *Behrens*, ZGR 1975, S. 433 (441): Kontrollerlangung, Ausübung der Mehrheitsherrschaft (faktischer Konzern), vertragliche Absicherung einheitlicher Leitung (Vertragskonzern).

291 *Hommelhoff/Kleindiek*, AG 1990, S. 106 (107);

292 *Behrens*, ZGR 1975, S. 433 (442).

293 *Wiedemann*, ZGR 1978, S. 477 (486 ff.).

294 Vgl. *Luttmann*, S. 177 f.

295 Vgl. *Hommelhoff* in Festschrift Semler, S. 455 (460, 469); *Reul*, S. 302.

296 Vgl. *Mülbert*, ZIP 2001, S. 1221 (1226); *Krause*, NZG 2000, S. 905 (910); *Thoma*, ZIP 1996, S. 1725 (1729); so auch *Luttmann*, S. 199. Nach *Liebscher* begnügt sich das deutsche Konzernrecht mit der „Reparatur" der Folgen der Konzernierung (*Liebscher*, S. 34).

297 *Benner-Heinacher*, DB 1997, S. 2521 (2521); *Hopt*, ZHR 1997, S. 368 (387/419).

298 *Mülbert/Schneider* sehen auch nach Einführung des Pflichtangebotes im deutschen Recht Bedarf für eine weitere Stärkung der rechtlichen Stellung von Minderheitsaktionären, insbesondere durch Einführung eines außervertraglichen Abfindungsanspruchs im Recht der Pflichtangebote (*Mülbert/Schneider*, WM 2003, S. 2301 ff.).

dung finden, wenn die Trennung zwischen wirtschaftlichem Eigentum und effektivem Stimmrecht vollzogen ist. Ab diesem Zeitpunkt hat der Minderheitsaktionär keine Möglichkeit mehr, den Übergang in die eigene Abhängigkeit und die der Aktiengesellschaft zu verhindern. Inwieweit das Pflichtangebot unter diesem Gesichtspunkt seine sachliche Rechtfertigung hat, ist umstritten, für die vorliegende Problematik aber ohne Belang. Soviel sei nur angemerkt: Soweit das Verbandsrecht jeden Kontrollinhaber auf das Verbandsinteresse verpflichtet, vermag der Kontrollwechsel aus binnenorganisatorischer Sicht kein Austrittsrecht begründen.[299] Eine konkrete Beeinträchtigung des Mitgliedschaftsrechts des Aktionärs ist zum Zeitpunkt des Kontrollwechsels noch nicht gegeben.[300] Die rein konzernrechtliche Sichtweise kann zudem nicht die Notwendigkeit eines Pflichtangebotes bei der Kontrollerlangung durch eine Privatperson erklären. Indes sind nach der Übernahmerichtlinie und dem WpÜG auch Nichtunternehmer zur Abgabe eines Angebotes nach Erlangen der Kontrolle verpflichtet. Überwiegend wird die sachliche Rechtfertigung des Pflichtangebotes deshalb im Kapitalmarktrecht gesehen. Diesen kapitalmarktrechtlichen Schwerpunkt des Pflichtangebotes verdeutlichen sowohl der Anwendungsbereich der Übernahmerichtlinie als auch des WpÜG.[301] Beide gelten ausschließlich für börsennotierte Gesellschaften. Indes stellt sich die Problematik des gesellschaftsrechtlichen Minderheitenschutzes unabhängig von der Börsennotierung einer Aktiengesellschaft, so daß der eingeschränkte Anwendungsbereich des WpÜG auf börsennotierte Gesellschaften gesellschaftsrechtlich keinen Sinn machen würde.

c) Der kapitalmarktrechtliche Schutzzweck des Pflichtangebotes

Der kapitalmarktrechtliche Schutzzweck des Pflichtangebotes umfaßt entsprechend der oben aufgezeigten Doppelfunktionalität des Kapitalmarktes zwei Zielrichtungen: den Schutz und die Förderung der Funktionsfähigkeit des Kapitalmarktes sowie den Schutz der Anleger.[302] Ausgehend von der Bedeutung des Kontrollwechsels für die typischen Anlegerrisiken[303] soll die Funktion des Pflichtangebotes für (Minderheits)Aktionäre bei einem Kontrollwechsel ermittelt werden. Weiter ist der Beitrag des Pflichtangebotes zum Schutz und zur Förderung der Funktionsfähigkeit des Kapitalmarktes unter Effizienzgesichtspunkten anhand der oben dargestellten Teilaspekte[304] aufzuzeigen.

---

299 *Heiser*, S. 51 ff.; *Houben*, WM 2000, S. 1873 (1877).
300 *Mülbert*, S. 511.
301 Vgl. Art. 1 Abs. 1 der Übernahmerichtlinie, § 1 WpÜG.
302 *Kleindiek*, ZGR 2002, S. 546 (558).
303 Siehe oben Kapitel 4 A II. 1.
304 Siehe oben Kapitel 4 A II. 2. a).

(1) Bedeutung des Kontrollwechsels für Anlegerrisiken

Ein Kontrollwechsel bei einer Aktiengesellschaft bedeutet zunächst, daß ein Anteilseigner Kontrollinhaber wird oder ein anderer Anteilseigner die Position des Kontrollinhabers übernimmt und damit die faktische Stimmrechtsmehrheit in der Hauptversammlung einer Aktiengesellschaft ausüben kann. Über die Stimmrechtsmehrheit in der Hauptversammlung kann der Kontrollinhaber die Aufsichtsratsmitglieder gemäß § 101 Abs. 1 AktG bestellen und damit mittelbar auf die Bestellung des Vorstandes gemäß § 84 Abs. 1 AktG sowie wegen § 76 Abs. 1 AktG mittelbar auf die Geschäftspolitik der Gesellschaft Einfluß nehmen. Die Leitung der Gesellschaft durch den Vorstand gemäß § 76 Abs. 1 AktG bedeutet schließlich unter einem kapitalmarktrechtlichen Blickwinkel die Verwaltung des Anlagevermögens der Anleger. Die Erhaltung und Mehrung des angelegten Vermögens des Anlegers wird entscheidend von einer sachverständigen und sorgfältigen Verwaltung seiner Anlage bestimmt. Als Teilhaber am Gesellschaftsvermögen ist der Anleger jedoch dem Risiko der Verwaltung seiner Anlage durch Dritte ausgesetzt. Ein Anleger investiert daher nicht nur in eine Gesellschaft, sondern auch in ihr Management.[305] Jede Änderung der Kontrollverhältnisse in der Gesellschaft beinhaltet daher für den Anleger eine mögliche Änderung der Verwaltung seiner Anlage.[306] Ein Kontrollwechsel beeinflußt damit zunächst das Verwaltungsrisiko[307] des Anlegers. Das mit dem Substanzerhaltungsrisiko des Anlegers korreliert. Denn eine schlechte Verwaltung kann zum Substanzverlust der Anlage des Anlegers führen.[308] Geht man weiter davon aus, daß das Substanzrisiko durch Kontroll- bzw. Mitwirkungsrechte des Anlegers im Hinblick auf die Leitung der Gesellschaft gemindert werden kann,[309] bedeutet die Kontrollerlangung durch einen Dritten wegen der Änderung der Mehrheitsverhältnisse eine Beschränkung der Kontroll- bzw. vor allem der Mitwirkungsrechte des Anlegers und damit eine Steigerung des Substanzerhaltungsrisikos. Denn die übrigen Anleger werden in ihrer Rolle als Gesellschafter gleichzeitig in eine Minderheitsposition gedrängt, die eine Abhängigkeit von der Stimmrechtsausübung des Kontrollinhabers bedingt. Die Machtverhältnisse in den Entscheidungsprozessen einer Gesellschaft können so grundlegend geändert werden. Die mit der Kontrollerlangung verbundene Möglichkeit der Einflußnahme durch den Kontrollinhaber beeinflußt ferner unmittelbar den Wert der Gesellschaft und die Höhe zukünftiger Gewinne negativ, wenn der Kontrollinhaber auf Grund der

305 *Mühle*, S. 443.
306 *Luttmann*, S. 19.
307 Siehe oben Kapitel 4 A II. 1.
308 *Hopt*, Gutachten 51. DJT, S. 16.
309 *Heiser, S. 31.*

Mehrheitsverhältnisse „private Vorteile“ konsumieren kann.[310] Die Verschlechterung des Unternehmenswertes bzw. der zukünftigen Gewinnerwartungen bedingen grundsätzlich einen sinkenden Markt- und damit Kurswert der Gesellschaft und somit eine Verschlechterung der Anlage des Anlegers.[311] Abhängig von der Person des Kontrollinhabers kann mit der Kontrollerlangung folglich ein Wertverlust der Anlagesubstanz eintreten. Das Substanzerhaltungsrisiko ist auch unter einem weiteren Gesichtspunkt tangiert: Vor Entstehen einer Kontrolllage ist den Stimmrechten stimmberechtigter Aktien die Möglichkeit immanent, zur Kontrollerlangung beizutragen. Diese Möglichkeit, zur Kontrollerlangung beizutragen, besitzt grundsätzlich einen Wert, ohne daß der einzelne Anteilseigner selbst die Kontrolle ausüben können muß.[312] Mit der Kontrollerlangung durch einen anderen Anteilseigner geht diese Möglichkeit unter und eine aus stimmberechtigten Aktien bestehende Anlage erleidet einen Wertverlust, sofern dem Stimmrecht zuvor ein Wert zukam.[313] Schließlich wurde bereits dargelegt, welche Bedeutung die Beteiligungsverhältnisse einer Gesellschaft für Anlegerrisiken haben. Ein Kontrollwechsel bedeutet insofern die grundlegendste Veränderung der Beteiligungsverhältnisse, da mit ihm die Änderung der Herrschaftslage einhergeht. Der Anleger hat jedoch seine Investitionsentscheidung unter Berücksichtigung der Beteiligungsverhältnisse einer Gesellschaft und insbesondere einer bestimmten Herrschaftslage getroffen. Grundsätzlich ist zudem davon auszugehen, daß der Anleger seine Investitionsentscheidung unter Berücksichtigung der strategischen Ausrichtung der Gesellschaft getroffen hat. Die Abhängigkeit des Unternehmenserfolges von der individuellen Unternehmensführung und damit vom Mehrheitsaktionär wird ausdrücklich anerkannt.[314] Denn der Wert einer Aktie am Markt bestimmt sich im Wesentlichen über die Geschäftspolitik einer Gesellschaft.[315] Der Kontrollwechsel korreliert in dieser Hinsicht mit dem Liquidationsrisiko des Anlegers, welches das Risiko des Anlegers umschreibt, sich bei veränderter Sachlage von seiner Anlage zu einem angemessenen Preis wieder trennen zu können. Die mit einem Kontrollwechsel verbundene Aussicht auf einen möglichen Wechsel der Geschäftspolitik kann die Möglichkeit, sich von der Anlage zu einem angemessenen Preis zu trennen, negativ beeinflussen.

---

310 *Houben*, WM 2000, S. 1873 (1873): Bsp. Konzernverrechnungspreise.
311 Vgl. *Houben*, WM 2000, S. 1873 (1873).
312 *Weber/Berg/Kruse*, zfbf 1992, S. 548 ff.
313 *Houben*, WM 2000, S. 1873 (1874).
314 *Dimke/Heiser*, NZG 2001, S. 241 (243).
315 *Dimke/Heiser*, NZG 2001, S. 241 (243).

(2) Pflichtangebot und Anlegerrisiken bei einem Kontrollwechsel

Die Besonderheit des Pflichtangebotes liegt darin begründet, daß der Bieter bei einem Kontrollwechsel verpflichtet wird, innerhalb eines bestimmten Zeitraums sämtlichen außenstehenden Anlegern ein Angebot zum Kauf ihrer Anteile an der Gesellschaft gegen eine angemessene Gegenleistung zu machen. Das Pflichtangebot mindert damit zunächst unmittelbar das Liquiditätsrisiko des Anlegers. Denn der Anleger kann auf Grund der aus dem Kontrollwechsel resultierenden geänderten Sachlage seine Anlageentscheidung revidieren und gegen eine – als vom Gesetzgeber angemessen beurteilte – Gegenleistung[316] seine Anlage veräußern.[317] Dadurch, daß das Angebot sämtlichen Anteilseigner zu den gleichen Konditionen zu unterbreiten ist, wird zudem das Konditionenrisiko des Anlegers begrenzt. Dem Substanzerhaltungsrisiko des Anlegers wird zum einen dadurch Rechnung getragen, daß bei der Bestimmung der Höhe der Gegenleistung der höchste vom Bieter Dritten gezahlte Preis für Aktien der Gesellschaft innerhalb eines bestimmten Zeitraums vor Erlangen der Kontrolle die Untergrenze der anzubietenden Gegenleistung darstellt.[318] Unter der Prämisse, daß der Bieter zum Erlangen der Kontrolle eine Kontrollprämie je stimmberechtigter Aktie gezahlt hat, die den Wert des zur Kontrolle beitragenden Stimmrechtes reflektiert, erleidet der Anleger daher keinen Substanzverlust seiner Anlage durch den potentiellen Wertverlust des Stimmrechtsanteils.[319] Zum anderen wird dem Substanzerhaltungsrisiko des Anlegers dadurch entgegengewirkt, daß zur Bestimmung der Gegenleistung zusätzlich der volumengewichtete Börsenkurs in einem Zeitraum vor Erlangen der Kontrolle durch den Bieter einbezogen wird.[320] Geht man von einem effizienten Markt mit entsprechender Informationseffizienz aus, ist ein Kontrollwechsel zu diesem Zeitpunkt noch nicht in den Kurs der Aktie eingepreist. Schließlich wirkt das Pflichtangebot dem Substanzrisiko dadurch entgegen, daß der Anleger seine Anlage zu einem Zeitpunkt veräußern kann, in dem der Bieter grundsätzlich die Kontrolle in der Gesellschaft noch nicht

316 Die Frage nach der Bestimmung der angemessenen Gegenleistung kann im Rahmen dieser Arbeit nicht beantwortet werden. Vorliegend soll daher davon ausgegangen werden, daß die Höhe so bestimmt wird, daß die vorgenannten Anlegerrisiken entsprechend gemindert werden.

317 *Heiser*, *S. 353.*

318 Vgl. Artikel 5 Abs. 2 Übernahmerichtlinie, § 31 Abs. 3 WpÜG: Das WpÜG berücksichtigt zusätzlich auch Nacherwerbe des Bieters innerhalb eines Jahres, § 31 Abs. 5 WpÜG.

319 *Houben*, WM 2000, S. 1873 (1874); kritisch zur Rechtfertigung des Pflichtangebotes aus diesem Grund *Letzel*, BKR 2002, S. 293 (297).

320 Vgl. § 31 Abs. 3 u. (7) WpÜG i. V. m. §§ 4, 5 WpÜG-AngebotsVO.

ausüben[321] und deshalb auch keine „privaten Vorteile" zum Nachteil der Gesellschaft mit entsprechend negativen Auswirkungen auf den Wert bzw. Kursverlauf der Aktie der Gesellschaft konsumieren kann. Aus gleichem Grunde mindert das Pflichtangebot das Verwaltungsrisiko des Anlegers, der seine Anlage vor Änderung der Verwaltung veräußern kann. Die Pflichtangebotsregel begegnet damit den Risiken des Anlegers durch die monetäre Absicherung seiner Anlage. Dem Anleger wird ein Exit zu einem angemessenen Preis garantiert.

(3) Anlegerschützende Funktion des Pflichtangebotes als Beitrag zur Funktionsfähigkeit des Kapitalmarktes

Die Funktionsfähigkeit des Kapitalmarktes läßt sich in die oben aufgezeigten drei Teilaspekte – institutionelle, operationale sowie allokative Funktionsfähigkeit – unterteilen.[322] Vorliegend soll der Beitrag der anlegerschützenden Funktion des Pflichtangebotes zur Funktionsfähigkeit des Kapitalmarktes betrachtet werden, der durch die drei Besonderheiten des Pflichtangebotes im Vergleich zu den anderen Angebotsarten erreicht wird, die da sind: die Einschränkungen und Pflichten hinsichtlich der Entscheidung des „ob" und „wann" der Abgabe eines Angebotes, die zu gewährende Gegenleistung sowie der zulässige Umfang des Angebotes.[323] Insofern sind die institutionelle und die allokative Funktionsfähigkeit angesprochen. Es wurde bereits dargestellt, daß Grundlage der institutionellen Funktionsfähigkeit das Vertrauen der Anleger in die Stabilität und Integrität des Kapitalmarktes ist. Ohne dieses Vertrauen werden Anleger ihr Kapital dem Kapitalmarkt und damit insbesondere dem Aktienmarkt nicht zur Verfügung stellen. Institutionelle Funktionsfähigkeit setzt daher voraus, daß das Vertrauen der Anleger neben dem an sich riskanten Verhalten der spekulativen Geldanlage[324] nicht mit zusätzlichen Risiken belastet wird, die den Anreiz zur Geldanlage am Kapitalmarkt mindern. Dies wird zum einen durch die Berechenbarkeit der Risikofaktoren der verschiedenen Anlagemöglichkeiten erreicht.[325] Genau hier setzt die anlegerschützende Funktion des Pflichtangebotes an. Der Anleger weiß, daß im Falle eines Kontrollwechsels in der Gesellschaft, in die er investiert hat, der Kontrollinhaber verpflichtet ist, sämtlichen Anteilseignern innerhalb eines kurzen Zeitraums ein Angebot zum Kauf ihrer sämtlichen Anteile an der Gesell-

321 Die Fristen, innerhalb derer das Pflichtangebot abzugeben ist, dürften grundsätzlich die Umsetzung der Kontrolle des Bieters in der Gesellschaft über die Hauptversammlung, dann den Aufsichtsrat und schließlich den Vorstand nicht zulassen.

322 Siehe oben unter Kapitel 4 A II. 2. a).

323 Siehe oben unter Kapitel 3 B.

324 *Assmann*, ZBB 1989, S. 49 (52).

325 *Assmann* in: Nörr, S. 251 (264).

schaft zu einem einheitlichen und angemessenen Preis in einem geordneten Verfahren zu unterbreiten. Hierdurch werden – wie vorab aufgezeigt – wesentliche Anlegerrisiken gemindert oder aufgehoben. Für den Fall des Kontrollwechsels sind daher die Risikofaktoren für den Anleger vorhersehbar und berechenbar. Zum anderen wird das Vertrauen der Anleger in die Integrität des Kapitalmarktes durch die mit dem Pflichtangebot realisierte Gleichbehandlung sämtlicher Anteilseigner einer Gesellschaft erreicht. Diese stellt sicher, daß Anleger unabhängig von ihrer Eigenschaft als Kleinanleger, Anleger mit einer bedeutenden Beteiligung oder institutionelle Anleger unter Ausblendung ihrer jeweiligen individuellen Verhandlungskraft ihre Anlage veräußern können.[326] Misstrauen gegenüber dem Missbrauch von Einflußmöglichkeiten wird vorgebeugt. Das Pflichtangebot sichert damit durch seine anlegerschützende und vertrauensfördernde Wirkung die institutionelle Funktionsfähigkeit und folglich die Kapitalsammelfunktion des Kapitalmarktes.

Die allokative Funktionsfähigkeit verlangt hingegen, daß das Anlagekapital ungehindert dorthin fließt, wo es am dringendsten benötigt und zugleich die höchsten Renditen erwirtschaftet. Im Hinblick auf Unternehmensübernahmen bedeutet dies, daß nur effiziente Übernahmen stattfinden sollen, d. h. solche, die nicht ausschließlich zu einer Externalisierung von Kosten durch den Kontrollinhaber, sondern zu echten Gewinnsteigerungen führen.[327] Diese Frage stellt sich bei einem Kontrollwechsel insbesondere dann, wenn der Kontrollinhaber über die Kontrollmehrheit die volle wirtschaftliche Kontrolle zum „halben Preis“ erlangt, ohne den übrigen Anlegern den Kauf ihrer Anteile zu einem angemessenen Preis anzubieten. Die Pflicht zur Abgabe eines Übernahmeangebotes wirkt dem – immer unter der Prämisse eines effizienten Kapitalmarktes – entgegen, weil ein Kontrollwechsel nur dann stattfinden wird, wenn er auch nach der Übernahme sämtlicher Anteile der außenstehenden Anleger zu einem angemessenen Preis wirtschaftlich sinnvoll ist. Denn die Möglichkeit zur Externalisierung von Kosten besteht dann nicht mehr.[328] Die anlegerschützende Funktion des Pflichtangebotes trägt damit auch zur Förderung der allokativen Funktionsfähigkeit des Kapitalmarktes bei.

3. Zwischenergebnis

Sinn und Zweck des Pflichtangebotes ist nach den Erkenntnissen der vorstehenden Untersuchung, den Schutz der Minderheitsaktionäre primär in ihrer Rolle

---

326 *Maul/Muffat-Jeandet*, AG 2004, Teil I S. 221 (230).
327 *Tröger*, DZWiR 2002, Teil II, S. 897 (405) m.w.N.
328 *Reul*, S. 238.

als Anleger bei einem Kontrollwechsel zu gewährleisten. Dieser Schutz der Minderheitsaktionäre soll gleichzeitig die Funktionsfähigkeit des Kapitalmarktes fördern und stärken. Bei der Einordnung des Pflichtangebotes konnte aufgezeigt werden, daß der Schutz der Minderheitsaktionäre insoweit eine gesellschaftsrechtliche Komponente aufweist, als durch Eröffnung einer den Wert der Beteiligung wahrenden Veräußerungsmöglichkeit im „archimedischen" Punkt der Verbundintegration der Minderheitsaktionär vor den negativen Folgen der Konzernierung bewahrt wird. Der „archimedische" Punkt beschreibt das Eintreten der Trennung von wirtschaftlichem Eigentum und effektivem Stimmrecht. Das Pflichtangebot stellt in dieser Hinsicht ein Instrument des Konzerneingangsschutzes dar. Diese gesellschaftsrechtliche Komponente wird jedoch durch die kapitalmarktrechtliche Komponente des Pflichtangebotes überlagert, in deren Fokus der Schutz des anlegerorientierten Minderheitsaktionärs als Unternehmensfinanzierer steht, der sich für die Kapitalinvestition und gegen die Teilhabe an den risikoabhängigen Erträgen des Unternehmens entschieden hat. Die Eröffnung einer den Wert der Anlage wahrenden Veräußerungsmöglichkeit trägt den Grundlagen der Investitionsentscheidung des Anlegers Rechnung und sichert sein eingesetztes Kapital gegen die Auswirkungen binnenorganisatorischer Änderungen des Verbandes. Das Pflichtangebot verwirklicht folglich primär Anlegerschutz. Diese anlegerschützende Funktion des Pflichtangebotes stärkt die institutionelle Funktionsfähigkeit des Kapitalmarktes. Gleichzeitig werden durch das Einpreisen der minderheitsbelastenden Auswirkungen der Konzentration der Leitungsmacht, im Interesse der allokativen Funktionsfähigkeit des Kapitalmarktes nach ökonomischen Grundsätzen solche Kontrollwechsel verhindert werden, die lediglich auf die Externalisierung von Kosten gerichtet sind.

III. Schlußfolgerungen

Da sich die Auslegung der Zurechnungstatbestände des § 30 WpÜG an Sinn und Zweck des § 35 WpÜG zu orientieren hat, können die Erkenntnisse aus diesem Abschnitt Leitlinien für dessen Auslegung bilden. Sinn und Zweck des Pflichtangebotes gemäß § 35 WpÜG ist es, durch die wertmäßige Absicherung des Anlagevermögens des Anlegers/Aktionärs vor den Folgen eines Kontrollwechsels den Anlegerschutz/Minderheitenschutz zu verbessern und die Funktionsfähigkeit des Kapitalmarktes zu fördern. Maßstab für die Auslegung des § 30 WpÜG müssen hiernach der zu gewährleistende Anlegerschutz/Minderheitenschutz und die erreichte Funktionsfähigkeit des Kapitalmarktes sein. Im Hinblick auf den Anlegerschutz sind Sachverhalte nach ihren Auswirkungen auf die oben genannten Anlegerrisiken zu beurteilen. Von Relevanz ist insofern, ob die Einflußmöglichkeiten auf die Ausübung der Stimmrechte derart sind, daß Anlegerrisiken tatsächlich tangiert werden können und den Schutz der Anleger erfordern. Ein angemessen ausgestalteter Anlegerschutz zieht die positiven Effekte für die Funktionsfähigkeit des Kapitalmarktes nach sich.

5. Kapitel – Die Auslegung der Zurechnungstatbestände des § 22 WpHG und des § 30 WpÜG

A. Verhältnis von § 22 WpHG zu § 30 WpÜG

I. § 30 WpÜG ein Fall „erweiterter Rechtsangleichung“[329]?

Nach den oben aufgezeigten[330] Aufgabenfeldern des § 30 WpÜG ist seine primäre Aufgabe die Zurechnung von Stimmrechten zur Berechnung des dem Bieter zustehenden Anteils an den Stimmrechten der Zielgesellschaft. Dadurch soll festgestellt werden, ob der Bieter bereits die Kontrolle innehat oder durch ein öffentliches Angebot erreichen würde. Die Art der Berechnung dieses Stimmrechtsanteils stellt die Übernahmerichtlinie nach Artikel 5 Abs. 3 den Mitgliedstaaten frei, in denen die Zielgesellschaft ihren Sitz hat. Der deutsche Gesetzgeber ist insoweit folglich nur gebunden, als § 30 WpÜG den allgemeinen Grundsätzen des Artikels 3 der Übernahmerichtlinie zuwiderlaufen würde.[331] Im Übrigen kann die Art der Berechnung des Stimmrechtsanteils vom deutschen Gesetzgeber frei bestimmt werden. Dieser hat sich dafür entschieden, die Berechnung des Stimmrechtsanteils in Anlehnung an die Stimmrechtszurechnung nach § 22 WpHG zu regeln. In die Zurechnungstatbestände des § 30 WpÜG wurden die Erfahrungen der bisherigen Praxis mit § 22 WpHG eingearbeitet, um Zweifelsfragen zu beantworten und Lücken der Zurechnung zu schließen.[332] § 22 WpHG wurde parallel dazu ebenfalls neu gefaßt. Hintergrund der Neufassung war es, zur Vermeidung von Irritationen am Kapitalmarkt einen Gleichlauf mit den Zurechnungstatbeständen des § 30 WpÜG sicherzustellen.[333] Der deutsche Gesetzgeber hat sich in Kenntnis der Tatsache, daß § 22 WpHG richtlinienkonform auszulegen ist, dafür entschieden die Stimmrechtszurechnung im WpÜG entsprechend zu gestalten. In einem Bereich, der vor Erlaß der Übernahmerichtlinie keinerlei europäischen Vorgaben entsprechen mußte und der auch nach Erlaß der Übernahmerichtlinie vom deut-

329 Zum Begriff vgl. *Schulze*, S. 9 u. 17 ff.
330 Vgl. oben unter Kapitel 3 B.
331 Dies trifft jedoch nicht auf § 30 Abs. 2 WpÜG im Hinblick auf die Regelung des acting in concerts zu, daß in Artikel 2 Abs. 1 lit. d geregelt ist. Hierauf soll jedoch später unter Kapitel 5 B. II 6 eingegangen werden. Vgl. hierzu auch *Mülbert*, NZG 2004, S. 633 (636).
332 Bundestag-Drucksache 14/7034, S. 1 (70).
333 Bundestag-Drucksache 14/7034, S. 1 (70).

schen Gesetzgeber weitestgehend frei gestaltet werden kann, hat der deutsche Gesetzgeber folglich eine Regelung des angeglichenen Rechts (§ 22 WpHG) für eine von der zugrunde liegenden Richtlinie nicht geregelten Materie übernommen. Eine solche Konstellation kann einen Fall erweiterter Rechtsangleichung darstellen.[334] Er unterscheidet sich jedoch von den typischerweise als erweiterte Rechtsangleichung bezeichneten Konstellationen, bei denen eine Norm des angeglichenen Rechts in ihrem Anwendungsbereich über die Vorgaben der Richtlinie hinaus erweitert wird.[335] Im Falle von § 22 WpHG und § 30 WpÜG sind zwei wortgleiche Normen[336] des nationalen Rechts aus zwei unterschiedlichen Regelungswerken identisch ausgestaltet worden, von denen zudem jede der Umsetzung einer anderen Richtlinie dient. Hinsichtlich der einen Norm (§ 30 WpÜG) bestehen jedoch für den deutschen Gesetzgeber bis auf die Einhaltung allgemeiner Grundsätze keine europäischen Vorgaben. Insofern kann es daher für die Annahme einer erweiterten Rechtsangleichung keinen Unterschied machen, ob für den Regelungsbereich einer Norm keine Richtlinie besteht und sich der nationale Gesetzgeber für die Übernahme angeglichenen Rechts entscheidet oder eine Richtlinie zwar besteht, jedoch keine Vorgaben vorsieht und der nationale Gesetzgeber sich wiederum für die Übernahme angeglichenen Rechts entscheidet. § 30 WpÜG kann folglich vor dem Hintergrund von § 22 WpHG und der Transparenzrichtlinie als eine erweiterte Rechtsangleichung qualifiziert werden.[337] Ob hieraus eine Auslegungspriorität des § 22 WpHG wegen der Verpflichtung zur richtlinienkonformen Auslegung resultiert, ist jedoch fraglich.

II. Auslegungspriorität des § 22 WpHG?

1. Auslegungspriorität auf Grund gemeinschaftsrechtlicher Verpflichtung

Die §§ 21 ff. WpHG sind als angeglichenes Recht entsprechend der nunmehr geltenden Transparenzrichtlinie 2004 richtlinienkonform auszulegen.[338] Dies gilt

334 Vgl. *Schnorbus*, RabelsZ 65 (2001), S. 654 – 705 (665); *Schulze*, S. 17: Beide Autoren sprechen insoweit von „überschießender" bzw. „extensiver" Angleichung.

335 Vgl. § 15 Abs. 3 HGB und die Publizitätsrichtlinie 68/151/EWG, ABl.EG Nr. L 65, S. 8 ff.; § 312 Abs. 1 BGB und die Haustürgeschäfterichtlinie 85/577/EWG, ABl.EG Nr. L 372, S. 31 ff.

336 Der Wortlaut beider Normen unterscheidet sich jedoch insoweit, als §§ 22 WpHG die Zurechnung in Richtung des „Meldepflichtigen" und § 30 WpÜG in Richtung des „Bieters" vornimmt.

337 *Schneider* in: Assmann/Pötzsch/Schneider, WpÜG, 2005 § 30 Rn. 8; so auch *Weiß*, S. 31 f. u. S. 53.

338 *Sudmeyer*, BB 2002, S. 685 (686) m.w.N.

auch für den die Stimmrechtszurechnung regelnden § 22 WpHG, dessen Maßstab Artikel 7 der Transparenzrichtlinie 1988 bzw. Artikel 92 der Transparenzrichtlinie 2001 und jetzt Artikel 10 der Transparenzrichtlinie 2004 ist. Damit ist jedoch nicht beantwortet, ob auch § 30 WpÜG als erweiterte Rechtsangleichung entsprechend der Transparenzrichtlinie 2004 richtlinienkonform auszulegen ist und damit der Auslegung des § 22 WpHG folgt. Diese Frage läßt sich am Besten anhand der Rechtfertigung der Verpflichtung der nationalen Gerichte, angeglichenes Recht richtlinienkonform auszulegen, beantworten. Nach Auffassung des EuGH resultiert die Pflicht zur richtlinienkonformen Auslegung aus der Pflicht der Mitgliedstaaten, das in einer Richtlinie vorgesehene Ziel zu erreichen und gemäß Artikel 5 Abs. 1 EGV alle geeigneten Maßnahmen zu treffen, um dieser Verpflichtung nachzukommen.[339] Daraus sei zu folgern, daß nationale Gerichte bei der Anwendung nationalen Rechts dieses nationale Recht im Lichte des Wortlauts und des Zwecks der Richtlinie auszulegen haben, um das in Artikel 189 Abs. 3 EGV genannte Ziel zu erreichen. Anlaß der richtlinienkonformen Auslegung ist folglich die Verwirklichung der Richtlinienziele durch die Anwendung des angeglichenen Rechtes. Außerhalb des Anwendungsbereiches einer Richtlinie kann daher mangels entsprechender Zielsetzung durch die Richtlinie unmittelbar kein Zwang zur richtlinienkonformen Auslegung bestehen.[340] Aus europarechtlichen Erwägungen besteht daher keine Auslegungspriorität des § 22 WpHG.

2. Auslegungspriorität auf Grund nationalen Rechts

Eine Auslegungspriorität des § 22 WpHG könnte jedoch auf Grund nationalen Rechtes bestehen. Begründungsansatz hierfür könnte der ausdrücklich geäußerte Wille des Gesetzgebers sein, zur Vermeidung von Irritationen am Kapitalmarkt eine einheitliche Zurechnung von Stimmrechten durch die Gleichfassung der Zurechnungstatbestände des § 22 WpHG und des § 30 WpÜG gewährleisten zu wollen.[341] Dieser Wille des Gesetzgebers findet im Rahmen der historischen Auslegung seine Berücksichtigung. Die historische Auslegung steht insoweit jedoch auf einer Stufe mit den anderen anerkannten Auslegungsmethoden, insbesondere mit der objektiv-teleologischen und der systematischen Auslegungsmethode. Gleiches gilt im Fall der erweiterten Rechtsangleichung für die richtlinienkonforme Auslegung einer Norm, da es hier keine Abstufung zwischen den Ergebnissen der verschiedenen Auslegungsmethoden gibt.[342] Dem Grunde nach sind sämtli-

339 Vgl. für alle EuGH, Slg. 1987, S. 3969 (3986).
340 *Hennrichs*, ZGR 1997, S. 66 (76 f.); vgl. zur anderen Auffassung *Roth* in Festschrift 50 Jahre BGH, S. 847 (883 f.).
341 Bundestag-Drucksache 14/7034, S. 1 (53); Bundestag-Drucksache 16/2498, S. 1 (57).
342 *Hommelhoff* in Festschrift 50 Jahre BGH, 2000, Bd. 2, S. 889 (913 ff.); *Franck*, BKR 2002, S. 709 (714).

che Auslegungsmethoden gleichwertig nebeneinander anzuwenden und ihre Ergebnisse gegeneinander abzuwägen.[343] Dennoch spricht unter dem Gesichtspunkt der Einheit der Rechtsordnung und einer begrifflich-sachlichen Widerspruchsfreiheit[344] der erste Anschein zunächst für eine identische Auslegung zweier wortgleicher Normen und damit der §§ 22 WpHG, 30 WpÜG;[345] insbesondere dann, wenn – wie hier – beide Normen die Zurechnung von Stimmrechten im Anwendungsbereich des Kapitalmarktrechts regeln und die sich an die Zurechnung der Stimmrechte anknüpfenden Pflichten jeweils an die Kapitalmarktteilnehmer richten. *Liebscher* spricht in diesem Sinne von einem kapitalmarktrechtlichen Normsystem „aus einem Guß", bei dem die Normgebote „Offenlegung der Beteiligungsverhältnisse" und „Auskaufangebote in Falle des Kontrollwechsels" untrennbar mit einem einheitlichen Sanktionssystem verbunden wurden.[346]

Eine identische Auslegung erscheint somit unter dem vorgenannten Gesichtspunkt der Einheit der Rechtsordnung um so zwingender. Da § 22 WpHG als unmittelbar umgesetztes Gemeinschaftsrecht richtlinienkonform auszulegen ist, würde dies mittelbar auch auf die Auslegung des § 30 WpÜG ausstrahlen und eine Auslegungspriorität des § 22 WpHG implizieren.[347] Fraglich ist jedoch, ob diesem Ergebnis nicht objektiv-teleologische und systematische Erwägungen entgegenstehen. So wird überwiegend die Auffassung vertreten, § 30 WpÜG und § 22 WpHG seien im Hinblick auf die unterschiedlichen unmittelbaren Rechtsfolgen der Zurechnung für den Zurechnungsadressaten differenzierend auszulegen.[348] So gehe es vor dem Hintergrund der Angebotspflicht nicht um Markttransparenz i. S. d. §§ 21 ff. WpHG sondern um die Zurechnung materieller Stimmrechtsherrschaft.[349] Im Sinne einer umfassenden Transparenz der Beteiligungsverhältnisse wird eine weite Auslegung daher zwar noch für plausibel gehalten, nicht jedoch in Bezug auf die an die Zurechnung nach § 30 WpÜG anknüpfende Angebotspflicht mit der Folge, an sämtliche außenstehende Aktionäre der Gesellschaft eine

343 *Larenz*, S. 316 ff.

344 Für den Fall der erweiterten Rechtsangleichung: *Hommelhoff*, a.a.O., S. 889 (916); *Schulze*, S. 9 (18).

345 *Lange*, ZBB 2004, S. 22 (24); *Sudmeyer*, BB 2002, S. 685 (686); *Diekmann* in: Baums/Thoma WpÜG, 2004, § 30 Rn. 2.

346 *Liebscher*, ZIP 2002, S. 1005 (1009).

347 Der einheitlichen Auslegung würde die Übernahmerichtlinie auf Grund des den Mitgliedstaaten eingeräumten Freiraums bei der Regelung der Stimmrechtszurechnung nicht entgegenstehen.

348 *von Bülow* in: Kölner Kommentar zum WpÜG 2003, § 30 Rn. 8; *Riehmer* in: Haarmann/Riehmer/Schüppen, WpÜG 2002, § 30 Rn. 2; *Holzborn/Friedhoff*, WM 2002, S. 948 (951); *Steinmeyer* in: Steinmeyer/Häger, WpÜG 2007, § 30 Rn. 3; *Casper*, ZIP 2003, S. 1469 (1473); *v. Bülow/Bücker*, ZGR 2004, S. 669 (704 f.).

349 So *v. Bülow* in: Kölner Kommentar zum WpÜG 2003, § 30 Rn. 8; *Franck*, BKR 2002, S. 709 (714); vgl. a. *Steinmeyer* in: Steinmeyer/Häger, WpÜG 2007, § 30 Rn. 3.

angemessene Gegenleistung für ihre Beteiligung an der Gesellschaft bei Annahme des Angebots leisten zu müssen.[350]

Dieser Auffassung wird entgegengehalten, daß sie bei ihrer Argumentation die aus den §§ 21 ff. WpHG sowie §§ 29 ff. WpÜG resultierenden Pflichten und deren Eingriffsintensität in die Rechte der Normadressaten in den Vordergrund stellt und die zu schützenden Interessen vernachlässigt.[351] Für nicht sachgerecht wird insbesondere die Schlußfolgerung erachtet, aus der besonderen Belastungswirkung einer gesetzlichen Norm, auf eine besonders restriktive Auslegung der Norm zu schließen. Der den Gesetzgeber verpflichtende verfassungsrechtliche Verhältnismäßigkeitsgrundsatz lasse vielmehr darauf schließen, daß einer sehr belastenden Rechtspflicht besonders schutzbedürftige Interessen gegenüberstünden, deren Umgehung gerade nicht leichter möglich sein sollte.[352] Das an die Zurechnung der Stimmrechte anknüpfende Pflichtangebot diene der Verteidigung eines hervorgehobenen Rechtsgutes (Eigentum) und einer besonders schutzbedürftigen Rechtsposition (Minderheit). Die Mitteilungspflichten nach §§ 21 ff. WpHG hingegen dienten „lediglich“ dem Informationsinteresse aller Kapitalmarktnehmer und damit einem weniger grundrechtssensiblen Bereich. Wenn aber mehr oder weniger belastende Normen mit dem gleichen Umgehungsschutz versehen seien (§ 30 WpÜG für das Pflichtangebot und § 22 WpHG für die Mitteilungspflichten nach § 21 ff. WpHG), sei die Schlußfolgerung unzutreffend, daß die dem Umgehungsschutz der belastenderen Vorschrift dienende Zurechnungsregel enger auszulegen sei. [353] Beide Zurechnungsvorschriften seien vielmehr gleich weit auszulegen.[354] Einer weiten Auslegung des § 30 WpÜG soll auch nicht entgegenstehen, daß die Verletzung der Pflichten aus § 35 WpÜG bußgeldbewehrt ist (§ 60 Abs. 1 Nr. 1 a WpÜG) und daher das Analogieverbot des Art. 103 Abs. 2 GG zu beachten sei. Insoweit wird zu Recht darauf hingewiesen, daß von den an die Verletzung der Pflichten aus § 35 WpÜG anknüpfenden Rechtswirkungen – Rechtsverlust, Untersagungsmöglichkeiten sowie Bußgeldfolgen – letztere die geringfügigste Belastung darstellt. Hieraus aber gerade eine Einschränkung des Anwendungsbereiches abzuleiten, ist nicht sachgerecht.[355] Diesbezüglich ist zudem zu beachten, daß die durch das Analogieverbot des Art. 103 Abs. 2 GG

350 *Franck*, BKR 2002, S. 709 (714).
351 *Lange*, ZBB 2004, S. 22 (24).
352 *Lange*, ZBB 2004, S. 22 (24).
353 *Lange*, ZBB 2004, S. 22 (24).
354 *Lange*, ZBB 2004, S. 22 (24); so auch *Schüppen/Walz* in: Frankfurter Kommentar zum WpÜG 2008, § 30 Rn. 88; *Wackerbarth* in: Münchener Kommentar zum Aktiengesetz § 30 WpÜG Rn. 6.
355 *Markwardt*, ZIP 2003, S. 1492 (1492).

gesetzte Grenze[356] des Anwendungsbereiches einer Norm im gleichen Maße für die Anwendung des § 22 WpHG wie für die des § 30 WpÜG gilt. Denn auch ein Verstoß gegen die Mitteilungspflichten nach § 21 WpHG ff. ist nach § 39 Abs. 2 Nr. 1 lit. e) WpHG bußgeldbewehrt.

Eine Erweiterung des Anwendungsbereiches des § 30 WpÜG und auch des § 22 WpHG über ihren Wortlaut hinaus im Wege der Analogie mag man daher ablehnen können, nicht jedoch soweit der Wortlaut des § 30 WpÜG bzw. des § 22 WpHG reicht. Es ist daher nicht sachgerecht, allein aus den belastenderen Rechtsfolgen einer Zurechnung nach § 30 WpÜG auf eine engere Auslegung dieser dem Umgehungsschutz des § 35 WpÜG dienenden Norm zu schließen. Gleichfalls läßt die Betrachtung der Wertigkeit der Rechtsgüter, deren Schutz die §§ 21 ff. WpHG und § 35 WpÜG bezwecken, keine unmittelbare Schlußfolgerung dahingehend zu, ob die Tatbestände des § 22 WpHG oder § 30 WpÜG eng oder weit auszulegen sind. Zur Beantwortung der Frage, ob die Auslegung des § 30 WpÜG der Auslegung des § 22 WpHG folgt, ist zwar auf den Normzweck der §§ 21 ff. WpHG und des § 35 WpÜG, d.h. insbesondere auf die Rechtsgüter abzustellen, deren Schutz sie bezwecken. Unstreitig dürfte aber sein, daß der Anwendungsbereich einer Norm nur soweit zu fassen ist, wie die Rechtsgüter, deren Schutz eine Norm dient, tatsächlich auch tangiert werden. Dies gebietet der verfassungsrechtliche Grundsatz der Verhältnismäßigkeit, der eine Abwägung zwischen den zu schützenden Rechtsgütern und den Interessen des Normadressaten voraussetzt. Sind die zu schützenden Rechtsgüter nicht tangiert, ist der Anwendungsbereich einer Norm unter Umständen restriktiv auszulegen und sogar im Wege der teleologischen Reduktion einzuschränken. Dies gilt aber im gleichem Maßen für § 22 WpHG als auch § 30 WpÜG. So kann es sinnvoll sein, einen Tatbestand des § 22 WpHG eng, hingegen den entsprechenden Tatbestand des § 30 WpÜG weit auszulegen oder umgekehrt. Dabei ist zu beachten, daß nach den im vierten Kapitel erlangten Erkenntnissen, sowohl die §§ 21 ff. WpHG als auch § 35 WpÜG durch Verbesserung des Anlegerschutzes die Funktionsfähigkeit des Kapitalmarktes fördern sollen. Dem Grunde nach verfolgen beide Normzwecke folglich die gleichen Ziele, was zunächst für eine einheitliche Auslegung der Zurechnungstatbestände spricht. Jedoch setzt die Verwirklichung dieser Ziele auf ganz unterschiedlichen Ebenen an. Bei der Offenlegung stimmrechtsbegründender Einflußmöglichkeiten in einer börsennotierten Gesellschaft steht deren Bedeutung für die Anlageentscheidung des Anlegers im Vordergrund, d. h. seine Entscheidung über Investition oder Deinvestition. Die Beteiligungstransparenz

356 Das Bundesverfassungsgericht lehnt eine Erweiterung des Anwendungsbereiches von Normen bei anknüpfenden Bußgeldfolgen ab (*BVerfG*, BVerfGE 21, S. 292 (305).

dient hier vornehmlich der Fundierung der Anlageentscheidung als Ausgangspunkt eines Anlegerschutzes. Hingegen steht bei § 35 WpÜG die wertmäßige Absicherung des Anlagevermögens des Anlegers bei einem Wechsel der Kontrolle durch den Wechsel stimmrechtsbegründender Einflußmöglichkeiten im Vordergrund. Es spricht folglich vieles dafür, bei der Auslegung des § 30 WpÜG lediglich Sachverhalte zu erfassen, die Einflußmöglichkeiten auf die Ausübung von Stimmrechten begründen vermögen, die zu einer Beeinträchtigung des Anlagevermögens beitragen können.

Das bedeutet vorliegend, daß unter Beachtung des historischen Willens des Gesetzgebers grundsätzlich zwar eine einheitliche Auslegung des § 22 WpHG und des § 30 WpÜG nicht ausgeschlossen ist. Im Einzelfall jedoch zu differenzieren ist, ob eine unterschiedliche Auslegung vergleichbarer Sachverhalte notwendig ist, um die vorgenannten Ziele zu erreichen und gleichzeitig aber auch nicht darüber hinaus zu gehen. Eine einheitliche Auslegung ist daher weder ausgeschlossen noch zwingend. Deshalb sollte § 22 WpHG im Hinblick auf den historischen Willen des Gesetzgebers insoweit zunächst ein Auslegungsvorrang zukommen, als seine Auslegung zudem richtlinienkonform zu erfolgen hat. Das ermittelte Auslegungsergebnis ist sodann darauf zu überprüfen, ob eine entsprechende Auslegung des § 30 WpÜG dem Normzweck des § 35 WpÜG gerecht wird. Gegebenenfalls ist aus objektiv-teleologischen Gesichtspunkten eine erweiternde oder restriktivere Auslegung für den entsprechenden Tatbestand des § 30 WpÜG vorzunehmen.[357]

III. Ergebnis

Auch nach Erlaß der Übernahmerichtlinie kann § 30 WpÜG als ein Fall erweiterter Rechtsangleichung im Hinblick auf die Zurechnungsregelungen der Transparenzrichtlinie qualifiziert werden. Mit der Übernahmerichtlinie wurde die Regelung der Stimmrechtszurechnung den Mitgliedstaaten übertragen. Da insoweit keine Vorgaben gemacht wurden, steht sie einer solchen Annahme nicht entgegen. Eine Auslegung darf jedoch nicht zur Vereitelung der Ziele der Übernahmerichtlinie führen und ist entsprechend korrigierend zu beachten. Auf Grund des historischen Willens des deutschen Gesetzgebers ist jedoch zunächst von einer einheitlichen Auslegung des § 22 WpHG und des § 30 WpÜG auszugehen. Da § 22 WpHG richtlinienkonform auszulegen ist, sollte ihm Vorrang bei der Ausle-

---

357 *Schneider* in: Assmann/Pötzsch/Schneider, WpÜG 2005, § 30 Rn. 8; OLG Stuttgart, Urt. V. 10.11.2004, Az. 20 U 16/03, AG 2005, S. 129, 129; *Seibt*, ZIP 2005, S. 729, 733.

gung eingeräumt werden. Das ermittelte Auslegungsergebnis ist sodann vor dem Hintergrund des Normzweckes des § 35 WpÜG zu prüfen und gegebenenfalls erweiternd oder einschränkend auf § 30 WpÜG anzuwenden.

B. Die Auslegung der Zurechnungstatbestände

I. Struktur der Zurechnungstatbestände des § 22 WpHG und des § 30 WpÜG

Während § 21 Abs. 1 WpHG und § 29 Abs. 2 WpÜG allein auf das zivilrechtliche Eigentum des Meldepflichtigen bzw. Bieters an den Aktien börsennotierter Gesellschaften zur Feststellung einer Mitteilungspflicht bzw. der Pflicht zur Abgabe eines Angebotes abzielen, rechnen § 22 WpHG und § 30 WpÜG dem Meldepflichtigen bzw. Bieter Stimmrechte zu, die im Eigentum Dritter stehen. Dabei werden nach § 22 Abs. 1 WpHG und § 30 Abs. 1 WpÜG Stimmrechte jeweils kraft der Rechtsstellung des Bieters bzw. Meldepflichtigen zugerechnet. Es wird vermutet, daß bei Erlangen der den Zurechnungstatbeständen der §§ 22 Abs. 1 WpHG, 30 Abs. 1 WpÜG zugrunde liegenden Rechtsstellungen, der Meldepflichtige bzw. Bieter Einfluß auf die Ausübung der Stimmrechte aus den betroffenen Aktien bei der jeweiligen Gesellschaft hat. Das WpHG und das WpÜG gehen dabei von einer abstrakten Betrachtung aus. Voraussetzung für die Zurechnung ist nicht, daß die Rechtsstellung den Meldepflichtigen bzw. Bieter einen rechtlich abgesicherten Anspruch auf die Art der Stimmrechtsausübung gewährleistet oder tatsächlich die aus der Rechtsstellung vermittelte Möglichkeit der Einflußnahme auf die Stimmrechtsausübung wahrgenommen wird.[358] Gleiches gilt auch für den jeweiligen Zurechnungstatbestand des § 22 Abs. 2 WpHG und § 30 Abs. 2 WpÜG. Hiernach werden Stimmrechte unabhängig von einer bestimmten Rechtsstellung des Meldepflichtigen bzw. Bieters allein aufgrund abgestimmten Verhaltens zwischen diesen und/oder seinen Tochterunternehmen und einem Dritten zugerechnet. § 22 WpHG und § 30 WpÜG sind insoweit folglich zweigegliedert. Während nach ihrem jeweiligen Abs. 1 an die Rechtsstellung des Meldepflichtigen bzw. Bieters angeknüpft wird, stellt ihr jeweiliger Abs. 2 auf die Abstimmung des Verhaltens zwischen dem Meldepflichtigen bzw. Bieter und einem Dritten ab. Struktur und Inhalt beider Vorschriften ist identisch.

358 *Schneider* in: Assmann/Schneider, WpHG 2006, § 22 Rn. 3; *v. Bülow* in: Kölner Kommentar zum WpÜG 2003, § 30 Rn. 30.

II. Die einzelnen Zurechnungstatbestände des § 22 WpHG und des § 30 WpÜG

1. Zurechnung von Stimmrechten aus Aktien, die einem Tochterunternehmen gehören gemäß § 22 Abs. 1 Nr. 1 WpHG und § 30 Abs. 1 Nr. 1 WpÜG

a) Allgemeines

Beide Zurechnungsnormen sollen die Zurechnung von Stimmrechten gewährleisten, die einem Tochterunternehmen des Meldepflichtigen bzw. des Bieters gehören. Der Zurechnungstatbestand des § 22 Abs. 1 Satz 1 Nr. 1 WpHG geht zurück auf Artikel 7 S. 1 Anstr. 2 und Art. 8 der Transparenzrichtlinie 1988, die in Art. 10 lit. e) und Art. 2 lit. f) der Transparenzrichtlinie 2004 aufgegangen sind. Der Begriff „gehören" knüpft an die zivilrechtliche dingliche Zuordnung der Mitgliedschaftsrechte an der börsennotierten Gesellschaft an. Die Aktien bzw. Stimmrechte gehören somit dem Tochterunternehmen, wenn es Inhaber des Mitgliedschaftsrechtes und damit Aktionär ist.[359] Über § 22 Abs. 1 Satz 2 WpHG und § 30 Abs. 1 S. 2 WpÜG wird die Zurechnungswirkung über ein Tochterunternehmen noch dadurch verstärkt, daß auch sämtliche dem Tochterunternehmen nach § 22 Abs. 1 Satz 1 Nr. 2 bis 6, Abs. 3 WpHG und § 30 Abs. 1 Satz 1 Nr. 2 bis 6, Abs. 2 WpÜG zugerechneten Stimmrechten, denen des Meldepflichtigen bzw. Bieters gleichgestellt werden. Der Definition des Tochterunternehmens kommt daher eine besondere Bedeutung zu.

(1) Der Begriff des Tochterunternehmens

Der Begriff des Tochterunternehmens ist im WpHG (§ 22 Abs. 3 WpHG)[360] und im WpÜG (§ 2 Abs. 6 WpÜG) identisch definiert. Tochterunternehmen sind hiernach Unternehmen, die als Tochterunternehmen im Sinne des § 290 HGB gelten oder auf die ein beherrschender Einfluß ausgeübt werden kann, ohne daß es auf die Rechtsform oder den Sitz ankommt. Bis zur Änderung des § 290 HGB durch das am 26 März 2009 im Bundestag beschlossene und am 3. April 2009 vom Bundesrat gebilligte Bilanzrechtsmodernisierungs-Gesetz (BilMoG)[361], welches mit der Verkündung am 28. Mai 2009 zum 29. Mai 2009 in Kraft getreten ist[362],

359 *Hüffer*, AktG 2008, § 16 Rn. 6.
360 Vgl. zum Begriff des Tochterunternehmens nach § 22 Abs. (3) WpHG vor Änderung durch das WpÜG: *Hildner*, S. 66 ff.
361 Bundestag-Drucksache 16/12407, S. 1 ff.
362 BGBl. I vom 28. Mai 2009, S. 1102 ff.; mit Inkrafttreten des BilMoG gilt § 290 HGB n. F. unmittelbar für Zwecke des WpHG und des WpÜG. Die Übergangsvorschrift des Art. 66 Abs. 3 EGHGB bestimmt zwar, daß § 290 HGB erst auf Jahres- und

beinhaltete der Verweis auf § 290 HGB zum einen das aus dem angelsächsischen Raum stammende und in der Siebten EG-Richtlinie[363] über den konsolidierten Abschluß umgesetzte Control-Konzept (§ 290 Abs. 2 HGB) und zum anderen das deutsche Konzern-Konzept der einheitlichen Leitung (§ 290 Abs. 1 HGB) zur Bestimmung der Tochterunternehmenseigenschaft.[364] Dieser Begriff des Tochterunternehmens wurde und wird zusätzlich um ein weiteres dem deutschen Konzern-Konzept entliehenes Element erweitert: der Ausübung beherrschenden Einflusses i. S. d. deutschen Konzernrechts. Dieses Tatbestandsmerkmal verweist nach einhelliger Auffassung auf die Konzernvermutung des § 17 AktG für abhängige Unternehmen[365], deren Grundsätze Anwendung finden.[366]

Das Control-Konzept lag bereits der Fassung des § 22 WpHG vor seiner Änderung durch das Wertpapiererwerbs- und Übernahmegesetz zugrunde. Entsprechend Art. 7 S. 1 Anstr. 2 und Art. 8 der Transparenzrichtlinie 1988 bzw. Art. 92 lit. b) und Art. 87 der Transparenzrichtlinie 2001 galt hiernach als Tochterunternehmen ein vom Meldepflichtigen kontrolliertes Unternehmen. Ein kontrolliertes Unternehmen ist nach vorstehenden Richtlinien gegeben, wenn (i) ein Aktionär (natürliche oder juristische Person) unmittelbar über die Mehrheit der Stimmrechte verfügt, (ii) oder das Recht hat, die Mehrheit der Mitglieder des Verwaltungs-, Leitungs- oder Aufsichtsorgans zu bestellen oder abzuberufen (iii) oder aufgrund einer mit anderen Aktionären oder Gesellschaftern getroffenen Vereinbarung über die Mehrheit der Stimmrechte der Aktionäre oder Gesellschafter allein verfügt. Die Transparenzrichtlinie 2004 erweiterte dieses Control-Concept um das oben bezeichnete faktische Element, das dem deutschen Konzern-Konzept angelehnt ist. Tochterunternehmen ist gemäß Art. 2 Abs. 1 lit. f) al. iv) auch ein Unternehmen, auf das bzw. über das eine natürliche oder juristische Person beherrschenden Einfluß oder die Kontrolle ausüben kann. Die am 21.04.2004 erlassene Übernahmerichtlinie erhält keine Definition des Tochterunternehmens, da sie auf die Regelung der Zurechnung von Stimmrechten zur Beurteilung des Kontrollerwerbs mit Ausnahme der von gemeinsam handelnden Personen i. S. d. Art. 2 Abs. 1 lit. d) der Übernahmerichtlinie gehaltenen Stimmrechten verzichtet. Als gemeinsam handelnde Personen gelten gemäß Art. 2 Abs. 2 der Über-

Konzernabschlüsse für nach dem 31.12.2009 beginnenden Geschäftsjahre *anzuwenden* ist, sieht aber keine Ausnahme vom Inkrafttreten der Änderung des § 290 HGB vor.

363 Richtlinie 83/349/EWG vom 13. Juni 1983, ABl.EG Nr. L 193/1983, S. 1 ff.

364 *Hildner*, S. 41.

365 Diese gilt auch im Rahmen des § 290 Abs. 1 HGB, *Adler/Düring/Schmaltz*, *§ 290 HGB Rn. 15.*

366 Emittentenleitfaden der BaFin 2009, VIII 2.5.1.1; *Versteegen* in: Kölner Kommentar zum WpÜG 2003, § 2 Rn. 203; Bundestag-Drucksache 14/7034, S. 35; *Starke*, S. 195; *Pittroff*, S. 125.

nahmerichtlinie kontrollierte Personen i. S. d. Art. 87 der Transparenzrichtlinie 2001, so daß über diesen Verweis auch die Übernahmerichtlinie indirekt die von Tochterunternehmen gehaltenen Stimmrechte bei der Beurteilung der Kontrolle berücksichtigt. Aus dieser Verbindung der verschiedenen Konzepte resultierte ein hybrider Begriff des Tochterunternehmens, der zu Abgrenzungsschwierigkeiten führte.

Mit dem BilMoG vereinheitlicht der Gesetzgeber den Begriff des Tochterunternehmens nach § 290 HGB durch Angleichung an das international übliche Konsolidierungskonzept der „möglichen Beherrschung“, wie es in IAS 27 und SIC 12 vorgesehen ist[367]. Allerdings sieht das BilMoG keine Anpassung von § 22 Abs. 3 WpHG und § 2 Abs. 6 WpÜG vor, so daß der Verweis auf die Konzernvermutung nach § 17 AktG aufrecht erhalten bleibt und somit ein zweigliedriger Tochterunternehmensbegriff nach WpHG und WpÜG zur Bestimmung der Tochterunternehmenseigenschaft weiter besteht.[368]

(2) Unternehmenseigenschaft des „Mutterunternehmens“ erforderlich?

Vor einer Untersuchung des Tochterunternehmensbegriffs soll die Frage geklärt werden, ob die Eigenschaft als Tochterunternehmen gemäß § 22 Abs. 3 WpHG und § 2 Abs. 6 WpÜG auch gegenüber Nichtunternehmen bzw. Nichtunternehmern bestehen kann[369]. Diese Frage war bisher aufgrund des Verweises auf bilanzrechtliche (Control-Konzept) und konzernrechtliche Begrifflichkeiten (Konzern-Konzept), die für Verbindungen zwischen Unternehmen entwickelt wurden, umstritten,[370] das BilMoG hat an diesem Spannungsverhältnis nichts geändert, so daß der Meinungsstreit weiter von Relevanz ist. Im Konzernrecht wird ein Gesellschafter als Unternehmen qualifiziert, der neben seiner Beteiligung an der Gesellschaft anderweitige wirtschaftliche Interessenbindungen aufweist, die nach Art und Intensität die ernsthafte Sorge begründen, der Gesellschafter könne einen aus der Mitgliedschaft folgenden Einfluß nachteilig zu Lasten der Gesell-

---

367 Bundestag-Drucksache 16/12407, S. 1 (116 f.).

368 Vgl. Fn. 364, 365.

369 Es ist unstreitig, daß die Eigenschaft, Tochterunternehmen zu sein, auch gegenüber einer natürlichen Person begründet werden kann. Streitig ist allein, ob diese die rechtlichen Voraussetzungen eines Unternehmers erfüllen muß. Vgl. *Seibt*, ZIP 2005, S. 729, 730, m.w.N. (Fn. 2).

370 Ablehnend zuletzt für das WpÜG, *Seibt*, ZIP 2005, S. 729, 731, m.w.N.; bejahend *Dehlinger/Zimmermann* in: Fuchs, Kommentar zum WpHG 2009, § 22 Rn. 27; OLG Stuttgart, Urt. vom 10.11.2004, Az. 20 U 16/03, AG 2005, S. 125 (128); *Versteegen* in: Kölner Kommentar zum WpÜG 2003, § 2 Rn. 208; *Schneider* in: Assmann/Pötzsch/Schneider, WpÜG 2005, § 30 Rn. 18; *Wackerbarth*, ZIP 2005, S. 1217 ff.

schaft und den anderen Aktionären ausüben.[371] Handelsrechtlich ist ein Unternehmen gegeben, wenn die Voraussetzungen für die Kaufmannseigenschaft auf Ebene des Gesellschafters nach §§ 1 ff. HGB erfüllt sind. Handelsrechtlich kann daher der Kaufmann, dessen Handelsgewerbe (§ 1 ff. HGB) oder dessen Handelsgeschäft (§§ 22 ff. HGB) Unternehmen sein. Hierzu ist jedoch das bloße Halten einer Beteiligung an einer Gesellschaft nicht ausreichend[372], vielmehr muß der Kaufmann einen Gewerbebetrieb führen, der nach Art und Umfang der Tätigkeit kaufmännische Einrichtungen erfordert.[373] Nach beiden Definition könnte daher einer Person gegenüber, die über das Halten einer Beteiligung an einer Gesellschaft hinaus keine weiteren wirtschaftlichen Interessen verfolgt, die Eigenschaft als Tochterunternehmen nicht begründet werden. Fraglich ist, ob dies auch im Rahmen des WpHG und des WpÜG gelten kann bzw. muß. Unstreitig ist, daß zumindest Bieter i. S. d. §§ 30, 35 WpÜG jeder, d. h. alle natürlichen und juristischen Personen oder Personengesellschaften und auch Nichtunternehmer sein können.[374] Dennoch soll nach einer Auffassung Zurechnungssubjekt des § 22 Abs. 1 Satz 1 Nr. 1 WpHG und des § 30 Abs. 1 Satz Nr. 1 WpÜG nur ein Unternehmer sein können, denn der Begriff des Meldepflichtigen bzw. des Bieters würde im Anwendungsbereich des § 22 Abs. 3 WpHG und § 2 Abs. 6 WpÜG durch den Verweis auf § 290 HGB auf konzernrechtliche und handelsrechtliche Unternehmen eingeschränkt.[375] Zugleich wird aber konzediert, daß der Wortlaut des § 22 Abs. 3 WpHG und des § 2 Abs. 6 WpÜG keine konkrete Aussage über die rechtliche Qualität der beherrschenden Mutter enthält, vielmehr vom Wortlaut her auch ein unter dem herrschenden Einfluß eines Nichtunternehmers stehendes Unternehmen als Tochterunternehmen i. S. v. § 22 Abs. 3 WpHG bzw. § 2 Abs. 6 WpÜG qualifiziert werden kann.[376] Deshalb und mit dem Verweis auf Sinn und Zweck der Zurechnungstatbestände des § 22 WpHG und des § 30 WpÜG sowie der Mitteilungspflichten nach § 21 ff. WpHG und dem Pflichtangebot nach § 35 WpÜG ist eine Einschränkung des Zurechnungssubjektes auf Unternehmen bzw. Unternehmer richtigerweise abzulehnen.[377] Die Zurechnungstatbestände sollen

---

371 *Hüffer, AktG 2008*, § 15, Rn. 8 ff.; *Bayer* in: Münchener Kommentar zum AktG 2005, § 15 Rn. 13; BGHZ 95, S. 330, 337.

372 *Schmidt* in: Münchener Kommentar zum HGB 1996, § 1 Rn. 20.

373 *Schmidt* in: Münchener Kommentar zum HGB 1996, § 1 Rn. 19.

374 So *v. Bülow* in: Kölner Kommentar zum WpÜG 2003, § 30, Rn. 20; *Pentz*, ZIP 2003, S. 1478, 1480 u. 1487; ebenso *Seibt*, ZIP 2005, S. 729, 730.

375 *Seibt*, ZIP 2005, S. 729, 731; vgl. auch *Wackerbarth*, ZIP 2005, S. 1217 ff; *Hildner*, S. 71, der jedoch vor dem Hintergrund von Sinn und Zweck der Mitteilungspflichten eine weite Auslegung des Unternehmerbegriffs befürwortet.

376 *Seibt*, ZIP 2005, S. 729, 731; vgl. auch *Wackerbarth*, ZIP 2005, S. 1217 ff.

377 *Versteegen* in: Kölner Kommentar zum WpÜG 2003, § 2 Rn. 188; *Schneider* in: Assmann/Schneider, WpHG 2009, § 22, Rn. 32; *Pittroff*, S.110; *Wackerbarth*, ZIP 2005, S. 1217 ff.

gewährleisten, daß möglichst umfassend Stimmrechte demjenigen zugerechnet werden, der Einfluß auf ihre Ausübung nehmen kann. Ebenso wie der Begriff des Mitteilungspflichtigen bzw. des Bieters daher umfassend zu verstehen ist, ist der Kreis der Zurechnungssubjekte des § 22 Abs. 1 Satz 1 Nr. 1 WpHG sowie des § 30 Abs. 1 Satz 1 Nr. 1 WpÜG umfassend zu verstehen. Andernfalls könnte durch einfache Zwischenschaltung einer Holdinggesellschaft eine Zurechnungskette unterbrochen werden. Unabhängig davon, ob das Zurechnungssubjekt Unternehmer oder Nichtunternehmer ist, ist der durch die Mitteilungspflichten und das Pflichtangebot verfolgte Schutzzweck tangiert, wenn er über sein Tochterunternehmen Einfluß auf die Ausübung der Stimmrechte nehmen kann. Denn zum einen verlangt Beteiligungstransparenz eine angemessene Offenlegung stimmrechtsbegründender Einflußmöglichkeiten, damit der Anleger eine fundierte Anlageentscheidung treffen kann, was wesentliches Element eines funktionsfähigen Kapitalmarktes ist. Zum anderen ist es für die Frage eines Kontrollwechsels ohne Bedeutung, ob die Kontrolle von einem Nichtunternehmer oder einem Unternehmer unmittelbar oder mittelbar über ein Tochterunternehmen erlangt wird. In beiden Fällen tritt mit der Kontrollerlangung die Trennung von wirtschaftlichem Eigentum und effektivem Stimmrecht – auch als archimedischer Punkt bezeichnet – ein. Die damit verbundenen Folgen für die Anlageentscheidung des Anlegers wurden dargestellt. Die Tochterunternehmenseigenschaft muß daher auch gegenüber Nichtunternehmen begründet werden können. Hinsichtlich § 22 Abs. 1 Satz 1 Nr. 1 WpHG ist dieses Ergebnis zudem zwingend durch Art. 2 Abs. 1 lit. f (i) der Transparenzrichtlinie 2004 vorgegeben, nach denen die Eigenschaft als kontrolliertes Unternehmen auch gegenüber natürlichen Personen bestehen kann. Eine Unternehmenseigenschaft wird nicht gefordert. Da für § 22 Abs. 1 Satz 1 Nr. 1 WpHG das Gebot der richtlinienkonformen Auslegung gilt, sind folglich auch Nichtunternehmer zwingend Zurechnungssubjekt des § 22 Abs. 1 Satz 1 Nr. 1 WpHG. Dem steht auch nicht der Wortlaut entgegen. Eine besondere Rechtfertigung für eine abweichende Auslegung des § 30 Abs. 1 Satz 1 Nr. 1 WpÜG ist aus den dargestellten Gründen nicht ersichtlich. Zurechnungssubjekt beider Tatbestände können daher auch Nichtunternehmer sein.

b) Tochterunternehmen nach dem Konsolidierungskonzept der „möglichen Beherrschung des § 290 HGB in der Fassung des BilMoG

Tochterunternehmen sind nach § 290 HGB n. F. Unternehmen, auf die das Mutterunternehmen unmittelbar- oder mittelbar einen beherrschenden Einfluß ausüben kann. Mit dieser Definition hat der Gesetzgeber in § 290 HGB n. F. das Konsolidierungskonzept der „möglichen Beherrschung“ mit dem Ziel umgesetzt, eine Angleichung von § 290 HGB an den Regelungsinhalt von IAS 27 und SIC 12 vorzunehmen,[378] die als Auslegungshilfen somit herangezogen werden können. Die Grunddefinition des Tochterunternehmens in § 290 Abs. 1 HGB n. F. wird ergänzt durch die in § 290 Abs. 2 HGB n. F. aufgeführten Fallgruppen. Hiernach ist ein beherrschender Einfluß nach § 290 Abs. 2 HGB stets anzunehmen, wenn dem Mutterunternehmen (1) bei einem anderen Unternehmen die Mehrheit der Stimmrechte der Gesellschafter zusteht, (2) bei einem anderen Unternehmen das Recht zusteht, die Mehrheit der Mitglieder des die Finanz- und Geschäftspolitik bestimmenden Verwaltungs-, Leitungs- oder Aufsichtsorgans zu bestellen oder abzuberufen und es gleichzeitig Gesellschafter ist, (3) bei einem anderen Unternehmen das Recht zusteht, die Finanz- und Geschäftspolitik auf Grund eines mit dem Tochterunternehmen geschlossenen Beherrschungsvertrages oder auf Grund einer Bestimmung in der Satzung dieses Unternehmens zu bestimmen oder (4) es bei wirtschaftlicher Betrachtung die Mehrheit der Risiken und Chancen eines Unternehmens trägt, das zur Erreichung eines eng begrenzten und genau definierten Ziels des Mutterunternehmens dient (Zweckgesellschaft).

(1) Beherrschender Einfluß nach § 290 Abs. 1 HGB n. F.

Beherrschender Einfluß ist nach der Gesetzesbegründung zu bejahen, wenn ein Unternehmen die Möglichkeit hat, die Finanz- und Geschäftspolitik eines anderen Unternehmens dauerhaft zu bestimmen, um aus dieser Tätigkeit Nutzen zu ziehen.[379] Dies entspricht der Definition von beherrschendem Einfluß in IAS 27.4.[380] Beherrschender Einfluß besteht nach § 290 Abs. 1 HGB n. F. somit aus zwei Elementen, der Möglichkeit der Einflußnahme auf die Finanz- und Geschäftspolitik und der Absicht, hieraus Nutzen zu ziehen. Über das Merkmal der Nutzziehung soll die Zurechnung treuhänderisch gehaltener Anteile beim Treuhänder verhindert werden, denn die Nutzungen stehen grundsätzlich dem hinter ihm stehenden Treugeber zu.[381] In welcher Form die Nutzziehung bestehen muß, ist weder in § 290 HGB noch im IAS 27 definiert. Neben dem Zufluß finanzieller Mittel werden daher auch Zuwendungen in Form von Vermögenswerten, das Erlangen von rechtlichen Vorteilen, eine Vermeidung von Kosten, das Entstehen von Wertsteigerungschancen oder eine Verringerung von Wettbewerb als ausreichend gewertet.[382]

378 Bundestag-Drucksache 16/12407, S. 1 (116f.).
379 Bundestag-Drucksache 16/12407, S. 1 (117).
380 Vgl. auch *Watrin/Hoehne/Lammert* in: Münchener Kommentar Bilanzrecht IFRS, IAS 27, Juli 2008, Rn. 10.
381 *Lüdenbach* in: Haufe-IFRS Kommentar, § 32 Rn. 9.
382 *Watrin/Hoehne/Lammert* in: Münchener Kommentar Bilanzrecht IFRS, IAS 27, Juli 2008, Rn. 29.

§ 290 HGB n. F. verzichtet zudem auf das Erfordernis einer Beteiligung im Sinne des § 271 Abs. 1 HGB[383] und läßt die faktische Einflußmöglichkeit ausreichen, ohne daß diese rechtlich abgesichert sein muß.[384] Auf eine tatsächliche Ausübung der Einflußmöglichkeit kommt es schon wie bei § 290 HGB a. F. nicht an. Nach § 290 HGB n. F. genügt daher auch eine dauerhafte Präsenzmehrheit, welche die Möglichkeit begründet, über die Hauptversammlung die Geschäftspolitik zu bestimmen.[385]

Die Definition des Tochterunternehmens nach § 290 HGB n. F. ist daher tendenziell weiter als die nach § 290 HGB a. F. mit der Folge, daß die Zurechnungsanlässe nach § 22 Abs. 1 S. 1 Nr. 1 WpHG oder § 30 Abs. 1 S. 1 Nr. WpÜG erweitert werden. Allerdings ist hierbei zu beachten, daß die faktische Einflußnahme nach § 290 Abs. 1 HGB a. F. regelmäßig von der gesicherten Möglichkeit der Einflußnahme umfaßt wird, so daß die Unterschiede zwischen dem bisherigen Konzept der faktischen Leitungsmacht und dem neuen Kontrollkonzept nach IFRS in § 290 Abs. 1 HGB n. F. eher gering sind.[386] Vor dem Hintergrund von Sinn und Zweck des § 22 WpHG und des § 30 WpÜG erscheint eine etwaige Erweiterung jedoch sinnvoll. Denn insoweit ist allein entscheidend, daß durch die Möglichkeit der Einflußnahme auf die Finanz- und Geschäftspolitik die Ausübung der von dem Tochterunternehmen gehaltenen Stimmrechten an der Zielgesellschaft bestimmt werden kann. Inwieweit der abstrakte Verweis auf § 290 HGB nach der Änderung durch das BilMoG im Einzelfall über das Ziel des § 22 WpHG und des § 30 WpÜG hinausschießt, wird in der Praxis zu sehen sein. Der Gesetzesgeber hat es jedoch unterlassen, wie bei dem Verweis auf das Konzern-Konzept lediglich für Zwecke des WpHG und WpÜG eine entsprechende Anwendung des Kontroll-Konzeptes vorzusehen, um eine teleologische Reduktion vornehmen zu können, wo eine Einflußnahme auf die Ausübung von Stimmrechten ausscheidet.[387]

Die abstrakte Definition des beherrschenden Einflusses wird in § 290 Abs. 2 HGB n. F. entsprechend der bisherigen Systematik durch typisierende Fallgruppen entsprechend den Positivindikatoren nach IAS 27.13 Satz 2 konkretisiert, bei deren Vorliegen unwiderlegbar beherrschender Einfluß anzunehmen ist.

383 Bundestag-Drucksache 16/12407, S. 1 (117).
384 *Von Keitz* in: Baetge/Kirsch/Thiele, Bilanzrecht, § 290 Rn. 534 f.
385 So ausdrücklich Bundestag-Drucksache 16/12407, S. 1 (117), vgl. auch IASB Update Oktober 2005 über www.iasb.org und nachfolgend (2).
386 *Lüdenbach* in: Haufe-IFRS Kommentar, § 32 Rn. 14 f.
387 Vgl. hierzu unten FN. 433.

(aa) Mehrheit der Stimmrechte, § 290 Abs. 2 Nr. 1 HGB

Nach § 290 Abs. 2 Nr. 1 HGB n. F. ist für die Eigenschaft als Tochterunternehmen ausreichend, wenn einem Dritten die einfache Mehrheit der Stimmrechte zusteht.[388] § 290 HGB n. F. entspricht insoweit § 290 HGB a. F. Stimmrecht i. S. d. § 290 HGB bedeutet das Recht, die gesetzlichen und satzungsmäßigen Rechte, die mit dem Unternehmensanteil verbunden sind, ausüben zu dürfen.[389] Inwieweit durch den Verweis in der Gesetzesbegründung auf IAS 27 aufgrund der Regelung in IAS 27.14 auch potentielle Stimmrechte[390] berücksichtigt werden können, ist fraglich. Nach IAS 27.14 sind potentielle Stimmrechte aufgrund von Optionsanleihen, Wandelschuldverschreibungen, Anteilskaufoptionen und sonstiger Finanzinstrumente zu berücksichtigen, wenn zum Beurteilungszeitpunkt die rechtliche Möglichkeit zur Ausübung besteht und die Ausübung wirtschaftlich vorstellbar ist.[391] Im Rahmen des § 290 Abs. 2 Nr. 1 HGB ist dies abzulehnen, den das HGB knüpft den Begriff „Stimmrecht" an das bestehende gesetzliche und satzungsmäßige Recht und nicht an ein im Entstehen befindliche Stimmrecht an. Im Rahmen des § 290 Abs. 1 HGB ist jedoch zu prüfen, ob aufgrund solcher im Beurteilungszeitpunkt ausübbaren Rechten unter Berücksichtigung der weiteren Umstände, ein beherrschender Einfluß besteht.

Teilweise wird aber – gerade auch im Hinblick auf den Begriff des Tochterunternehmens im Rahmen der Zurechnungstatbestände des WpHG und WpÜG – vertreten, eine einfache Mehrheit der Stimmrechte begründe nicht die Eigenschaft als Tochterunternehmen, wenn die Satzung bzw. der Gesellschaftsvertrag des Tochterunternehmens eine qualifizierte Mehrheit bzw. Einstimmigkeit vorsieht, weil dann die vermutete Einflußnahme nicht möglich sei.[392] Dies ist jedoch weder mit dem Wortlaut des § 22 Abs. 3 WpHG bzw. § 2 Abs. 6 WpÜG noch der Systematik der §§ 290 ff. HGB vereinbar. Nach § 22 Abs. 3 WpHG u. § 2 Abs. 6 WpÜG ist für die Bestimmung der Eigenschaft als Tochterunternehmen auf § 290 HGB abzustellen. § 290 Abs. 2 Nr. 1 HGB qualifiziert als Tochterunternehmen ein Unternehmen, bei dem einem Dritten die einfache Mehrheit der

388 *Berger/Lütticke* in: Beck'scher Bilanz-Kommentar, § 290 Rn. 45 m.w.N; eine faktische Hauptversammlungsmehrheit ist hierfür nicht ausreichend, vgl. zum Meinungsstand: *Hildner*, S. 78 ff.

389 *Busse v. Colbe* in: Münchener Kommentar zum HGB 1996, § 290 Rn. 31.

390 Vgl. hierzu *Watrin/Hoehne/Lammert* in: Münchener Kommentar zum Bilanzrecht, IFRS, IAS 27, Rn. 44 ff.

391 *Watrin/Hoehne/Lammert* in: Münchener Kommentar zum Bilanzrecht, IFRS, IAS 27, Rn. 46 f.

392 *Bayer* in: Münchener Kommentar zum AktG 2005, § 22 Anh., Rn. 17; *Opitz* in: Schäfer, WpHG, § 22, Rn. 7; *Starke*, Beteiligungstransparenz im Gesellschafts- und Kapitalmarktrecht, 2002, S. 192 m.w.N.

Stimmrechte zusteht. Nach dem Wortlaut des § 290 Abs. 2 Nr. 1 HGB ist nicht erforderlich, daß diese Mehrheit auch für die Durchsetzung der Rechte des Dritten in dem Tochterunternehmen ausreichend ist. Dies ist durch die Regelungssystematik der § 290 ff. HGB vorgegeben. Nach § 296 Abs. 1 Nr. 1 HGB braucht ein Tochterunternehmen nicht in den Konzernabschluß einbezogen werden, wenn erhebliche und andauernde Beschränkungen die Ausübung der Rechte des Mutterunternehmens in Bezug auf das Vermögen oder die Geschäftsführung dieses Unternehmens nachhaltig beeinträchtigen. Diese Regelung soll nach allgemeiner Ansicht insbesondere die Sachverhalte erfassen, bei denen das Mutterunternehmen trotz der Mehrheit der Stimmrechte keine ausreichende Mehrheit für die Durchsetzung ihres Willens in dem Tochterunternehmen besitzt. Hierzu gehören auch die Fälle einer satzungsmäßig bestimmten qualifizierten Mehrheit bzw. eines Einstimmigkeitserfordernisses.[393] Für diese Fälle eröffnet § 296 Abs. 1 Nr. 1 HGB dem Mutterunternehmen die Möglichkeit, auf eine Einbeziehung des Tochterunternehmens in den Konzernabschluß zu verzichten. Die Eigenschaft als Tochterunternehmen bleibt hiervon jedoch unberührt. Andernfalls würde das Wahlrecht des Mutterunternehmens nach § 296 HGB in eine Auslegungsregel umqualifiziert werden. Dieses Wahlrecht soll jedoch lediglich als Pendant zur typisierenden Betrachtung des § 290 Abs. 2 HGB dem Mutterunternehmen die Möglichkeit bieten, die Konsolidierungspflicht auf die auch wirtschaftlich als Teil des Mutterunternehmens zu wertenden Tochterunternehmen zu beschränken. Ein weitergehender Regelungsbereich kommt § 296 HGB nicht zu. Dies hat zur Folge, daß nach dem Begriffsverständnis des WpHG und des WpÜG zwingend auch solche Unternehmen als Tochterunternehmen zu qualifizieren sind, bei denen nach der Satzung qualifizierte Mehrheiten erforderlich sind. Denn § 22 Abs. 3 WpHG und § 2 Abs. 6 WpÜG verweisen für die Definition des Tochterunternehmens allein auf § 290 HGB. Die an die Tochterunternehmenseigenschaft anknüpfenden Zurechnungstatbestände lassen insoweit keinen Spielraum für eine teleologische Reduktion. Für das WpÜG ist dieses Ergebnis zwingend durch seine Regelungssystematik vorgegeben. Für Sachverhalte, bei denen der Bieter zwar durch Überschreiten der 30%-Schwelle formal die Kontrolle über eine Gesellschaft erlangt, aber tatsächlich nicht die Möglichkeit zur Ausübung der Kontrolle hat, besteht nach § 37 Abs. 1 Alt. 5 WpÜG ein Befreiungsgrund von der Verpflichtung zur Abgabe eines Pflichtangebotes. Dieser Befreiungsgrund erfaßt gerade auch den vorgenannten Sachverhalt, daß einem Bieter einem Tochterunternehmen gehörende Stimmen zugerechnet werden, obwohl er faktisch keine Möglichkeit hat, Einfluß auf deren Ausübung zu nehmen. Entscheidend

393 *Berger/Lütticke* in: Beck'scher Bilanz-Kommentar, § 290 Rn. 45; *Adler/Düring/Schmaltz*, HGB, § 290 Anm. 39.

für die Eigenschaft des Tochterunternehmens ist daher allein, daß ein Dritter die Mehrheit der Stimmrechte hält. An dieser Auffassung ist auch mit Inkrafttreten des BilMoG festzuhalten. Zwar sieht IAS 27.21 Negativindikatoren vor, bei deren Vorliegen ein beherrschender Einfluß unter Umständen zu verneinen ist. Der deutsche Gesetzgeber hat jedoch insoweit an der bisherigen Regelungssystematik festgehalten, daß die Qualifizierung als Tochterunternehmen bestehen bleibt und lediglich auf die Einbeziehung in den Konzernabschluß nach § 296 HGB verzichtet werden kann.

Die Berechnung der Stimmenmehrheit richtet sich nach dem weiter unveränderten § 290 Abs. 3 und Abs. 4 HGB.[394] Hiernach werden bestimmte Stimmen bei der Berechnung nicht berücksichtigt, obwohl sie dem Mutterunternehmen zivilrechtlich gehören, weil sie für Rechnung Dritter oder als Sicherheit gehalten werden. Da die Transparenzrichtlinie 2004 entsprechende Einschränkungen bei der Berechnung der Stimmenmehrheit nicht vorsieht, bestehen im Hinblick auf § 22 Abs. 1 Nr. 1 WpHG europarechtliche Bedenken gegen eine solche Einschränkung der Berücksichtigung von Stimmrechten. Diese können auch nicht mit dem Hinweis ausgeräumt werden, daß die Transparenzrichtlinien die Berechnung der Stimmrechtsmehrheit nicht regeln würden.[395] Denn damit ist den Mitgliedstaaten nicht automatisch die Berechnung der Stimmenmehrheit freigestellt, sondern nur wenn dies mit Sinn und Zweck der Richtlinien vereinbar ist. Dagegen spricht, daß die Transparenzrichtlinie 2001 (Art. 87 Abs. 2) sowie die Transparenzrichtlinie 2004 (Art. 2 Ziffer 2) ausdrücklich bestimmen, daß sämtliche Stimmrechte des Mutterunternehmens bei der Bestimmung des kontrollierten Unternehmens bzw. Tochterunternehmens zu berücksichtigen sind. Dies entspricht der Vorgehensweise bei der Berechnung des von einem Meldepflichtigen zu meldenden Stimmrechtsanteils. Nach allen vorgenannten Richtlinien sind im Rahmen der Meldepflichten Stimmrechte immer dem zivilrechtlichen Inhaber zuzuordnen, unabhängig davon, ob sie ihm auch wirtschaftlich zuzurechnen sind. Die Richtlinien kennen keine Trennung von Stimmrecht und zivilrechtlicher Inhaberschaft im Rahmen der Meldepflichten im Hinblick auf den zivilrechtlichen Inhaber, sondern lediglich zusätzlich die Zurechnung an den Nichtinhaber. Es ist daher nicht nur systemwidrig bei der Bestimmung der Tochterunternehmenseigenschaft diese Trennung vorzunehmen, sondern auch ein klarer Verstoß gegen den Wortlaut der Richtlinien. Es widerspricht zudem dem Sinn und Zweck der Richtlinien, durch größtmögliche Transparenz den Schutz des Kapitalmarktes zu stärken. Zwar mögen die Einflußmöglichkeiten eines typischen Mutter-Tochterverhältnis-

394 Ausführlich hierzu: *Busse v. Colbe* in: Münchener Kommentar zum HGB, § 290 Rn. 47 ff. u. 55 ff.

395 So aber *Starke*, S. 193, zu Art. 8 der Transparenzrichtlinie 1988.

ses in den vorgenannten Situationen nicht gegeben sein, jedoch hat das Mutterunternehmen auf Grund des zivilrechtlichen Eigentums jederzeit die Möglichkeit, Einfluß gegen den Willen des Treugebers bzw. Sicherungsgebers zu nehmen. Im Sinne eines präventiven Kapitalmarktschutzes sollen sämtliche mittel- und unmittelbaren Einflußmöglichkeiten auf Stimmrechte börsennotierter Gesellschaften aufgedeckt werden. Die Einschränkungen des § 290 Abs. 3 HGB sind daher als nicht richtlinienkonform zu werten, soweit sie die Anwendung des § 22 Abs. 1 Nr. 1 WpHG betreffen. Für § 30 Abs. 1 Nr. 1 WpÜG hat dies jedoch auch zukünftig keinerlei Auswirkungen, da die Übernahmerichtlinie keine Vorgaben zur Bestimmung der Tochterunternehmenseigenschaft enthält. Allerdings kann es insoweit entgegen der Absicht des Gesetzgebers zu einer unterschiedlichen Zurechnung nach § 22 Abs. 1 Nr. 1 WpHG und § 30 Abs. 1 Nr. 1 WpÜG kommen. Dies ist vor dem Gebot der Richtlinienkonformität aber hinzunehmen.

Bsp.:

a) unmittelbar *b) mittelbar*

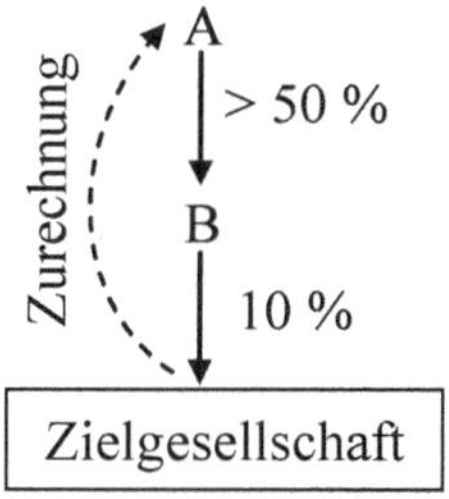

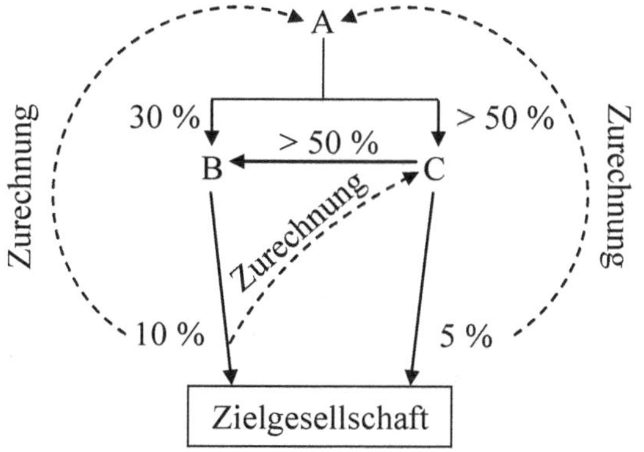

(bb) Recht zur Bestellung der Mehrheit der Mitglieder der die Finanz- und Geschäftspolitik bestimmenden Gesellschaftsorgane gemäß § 290 Abs. 2 Nr. 2 HGB

Nach § 290 Abs. 2 Nr. 2 HGB ist für die Eigenschaft als Tochterunternehmen ausreichend, wenn ein Dritter das Recht hat, die Mehrheit der Mitglieder des die Finanz- und Geschäftspolitik bestimmenden Verwaltungs-, Leitungs- oder Aufsichtsorgans zu bestellen oder abzuberufen und er gleichzeitig Gesellschafter ist.[396] Dieses Recht wird meist mit der Inhaberschaft der Mehrheit der Stimmrechte einhergehen, soweit nicht besondere Umstände vorliegen. § 290 Abs. 2 Nr. 2 HGB kommt daher neben § 290 Abs. 2 Nr. 1 HGB nur ein begrenzter eigenständiger Regelungsgehalt zu. Die weit gefaßte Definition relevanter Organe trägt den unterschiedlichen gesellschaftsrechtlichen Konzepten Rechnung (monistisches bzw. dualistisches System) und soll auch freiwillig errichtete Organe erfassen.[397] Voraussetzung ist jedoch, daß diese Organe aufgrund ihrer Funktion die Finanz- und Geschäftspolitik der Gesellschaft bestimmen können. Fehlt einem Organ die Möglichkeit die Finanz- und Geschäftspolitik zu bestimmen, sei es aufgrund von Bestellungsrechten, Zustimmungsbefugnissen oder sonstigen Mechanismen, die dem entgegenstehen, ist es für die Bestimmung der Eigenschaft als Tochterunternehmen unerheblich.[398] Denn hinter der Stimmrechtszurechnung nach dem WpHG als auch dem WpÜG steht immer die Vermutung einer möglichen Einflußnahme auf die Ausübung von Stimmrechten, ist diese ausgeschlossen, weil ein Gesellschaftsorgan keine Möglichkeit der Durchsetzung seines Willens hat, muß eine Zurechnung ausscheiden. Anhaltspunkte für eine notwendige Differenzierung zwischen dem WpHG und WpÜG bestehen nicht.

Bsp.

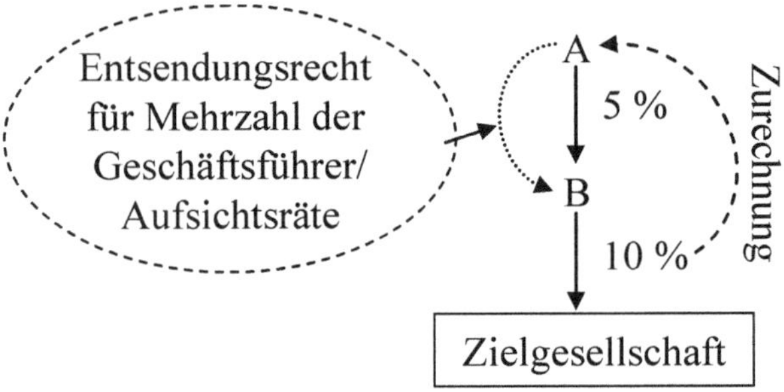

396 Inhaltlich entspricht die Regelung derjenigen der Transparenzrichtlinie 2004. Vgl. zur Definition der relevanten Organe: *Berger/Lütticke* in: Beck'scher Bilanz-Kommentar, § 290 Rn. 52 ff, m.w.N.

397 *Berger/Lütticke* in: Beck'scher Bilanz-Kommentar, § 290, Rn. 52 ff, m. w. N; *Busse v. Colbe* in: Münchener Kommentar zum HGB, § 290 Rn. 38.

398 Vgl. hierzu: *Berger/Lütticke* in: Beck'scher Bilanz-Kommentar, § 290 Rn. 55; *Pittroff*, S. 450, m.w.N.; vgl. auch *Lüdenbach* in: Haufe IFRS-Kommentar 2008, § 32 Rn 40 ff. zu IAS 27.

(cc) Recht zur Ausübung beherrschenden Einflusses gemäß § 290 Abs. 2 Nr. 3 HGB

Über § 290 Abs. 2 Nr. 3 HGB wird nunmehr auch der beherrschende Einfluß aufgrund eines Beherrschungsvertrages oder einer Satzungsbestimmung erfaßt. Hauptanwendungsfall ist ein wirksamer Beherrschungsvertrag i. S. d. § 291 Abs. 1 S. 1 AktG. Gleichwertige Verträge mit oder zwischen Gesellschaften anderer Rechtsform sind aber nicht ausgeschlossen. In diesen Fällen muß jedoch geprüft werden, ob die gewährten Beherrschungsrechte vergleichbar sind.[399] Gleiches gilt für Satzungsbestimmungen. Diese müssen in ihrer Gesamtheit die Beherrschung eines Unternehmens gewährleisten.[400] Auf weitergehende Ausführungen hierzu kann aber verzichtet werden, weil das Recht zur Ausübung beherrschenden Einflusses einhergeht mit der faktischen Möglichkeit der Beherrschung, die wiederum unmittelbar von § 22 Abs. 3 2. Alt. WpHG bzw. § 2 Abs. 6 2. Alt. WpÜG bzw. durch § 290 Abs. 1 HGB n. F. für die Bestimmung der Tochterunternehmenseigenschaft herangezogen wird. Bei untypischen Beherrschungsverträgen bzw. unklaren Satzungsbestimmungen käme der Prüfung der faktischen Beherrschungsmöglichkeit der Vorrang zu, da zur Feststellung der rechtlichen Beherrschung letztendlich auf die faktischen Verhältnisse zurückgegriffen werden müßte.[401]

(dd) Mehrheit der Risiken und Chancen einer Zweckgesellschaft gemäß § 290 Abs. 1 Nr. 4 HGB n. F.

Nach § 290 Abs. 1 Nr. 4 HGB besteht zudem beherrschender Einfluß, wenn das Mutterunternehmen bei wirtschaftlicher Betrachtung die Mehrheit der Risiken und Chancen, des Tochterunternehmens trägt, das zur Erreichung eines eng begrenzten und genau definierten Ziels des Mutterunternehmens dient. Mit der Einführung dieser Vorschrift soll die Umgehung der Konsolidierungspflicht eingeschränkt werden, wenn die wesentlichen Risiken des Tochterunternehmens bei dem Mutterunternehmen liegen.[402] Hintergrund war die Auslagerung bilanzieller Risiken durch eine Vielzahl von Gesellschaften in der Vergangenheit aus bilanzpolitischen Gründen, so etwa in Form einer beabsichtigten bilanzneutralen Finanzierung[403]. Bei der Anwendung der Vorschrift soll daher bei einer ungleichen

---

399 *Berger/Lütticke* in: Beck'scher Bilanz-Kommentar, § 290, Rn. 59ff.
400 *Pittroff*, S. 120, m.w.N.
401 Vgl. a. *Versteegen* in: Kölner Kommentar zum WpÜG 2003, § 2 Rn. 199.
402 Bundestag-Drucksache 16/12407, S. 1 (117).
403 *Watrin/Hoehne/Lammert* in: Münchener Kommentar zum Bilanzrecht, IFRS, IAS 27, Rn. 54.

Chancen- und Risikoverteilung vorrangig auf die Risiken abgestellt werden.[404] Die Gesetzesbegründung führt in Anlehnung an SIC 12 vier Kriterien an, die auf eine Konsolidierungspflicht hinweisen:[405]

(i) Die Geschäftstätigkeit der Zweckgesellschaft wird zugunsten der besonderen Bedürfnisse eines anderen Unternehmens geführt.
(ii) Ein anderes Unternehmen kann mittels Entscheidungsmacht die Mehrheit des Nutzens aus der Geschäftstätigkeit der Zweckgesellschaft ziehen oder hat diese Entscheidungsmacht mittelbar durch die Einrichtung eines „Autopilot“-Mechanismus.
(iii) Ein anders Unternehmen verfügt über das Recht, die Mehrheit des Nutzens aus der Zweckgesellschaft zu ziehen und ist deshalb unter Umständen Risiken ausgesetzt, die mit der Geschäftstätigkeit der Zweckgesellschaft verbunden sind.
(iv) Ein anderes Unternehmen behält die Mehrheit der mit der Geschäftstätigkeit der Zweckgesellschaft verbundenen Residual- oder Eigentumsrisiken oder Vermögensgegenstände, um daraus Nutzen für seine Geschäftstätigkeit zu ziehen.

Da durch die Regelung des § 290 Abs. 1 Nr. 4 HGB in erster Linie bilanzpolitisch motivierte Gestaltungen neutralisiert werden sollen und damit insbesondere die wirtschaftliche Risikozuweisung berücksichtigt wird, fällt die Beurteilung dieser Fallgruppe bei einer Betrachtung unter dem Blickwinkel der §§ 22 WpHG und 30 WpÜG aus dem Rahmen. Denn bei den §§ 22 WpHG und 30 WpÜG ist entscheidend der Einfluß auf die Ausübung der Stimmrechte für die Begründung der Zurechnung und nicht die wirtschaftliche Zuordnung. Diese wird zwar insbesondere im Rahmen des § 22 Abs. 1 Satz 1 Nr. 2 WpHG und § 30 Abs. 1 Satz 1 Nr. 2 WpÜG ebenfalls herangezogen, jedoch weil mit der wirtschaftlichen Zuordnung der Aktien an der Zielgesellschaft in diesem Fall gleichzeitig die Möglichkeit der Einflußnahme auf die Ausübung der Stimmrechte aus diesen Aktien vermutet wird.[406] Eine Abgrenzungsproblematik besteht grundsätzlich nicht. Denn die Zurechnungstatbestände des § 22 Abs. 1 Satz 1 Nr. 1 WpHG und des § 30 Abs. 1 Satz 1 Nr. 1 WpÜG haben als Betrachtungsgegenstand das Tochterunternehmen, die weiteren Zurechnungstatbestände jedoch die Aktien an der Zielgesellschaft. Insbesondere eine Überschneidung von § 22 Abs. 1 Satz 1 Nr. 2 WpHG und § 30 Abs. 1 Satz 1 Nr. 2 WpÜG scheidet somit aus. Für die Zwecke des WpHG

---

404 Bundestag-Drucksache 16/12407, S. 1 (117).
405 Bundestag-Drucksache 16/12407, S. 1 (117).
406 Vgl. hierzu Kap. 5 B. II. 2.

und des WpÜG ist festzustellen, daß der neu aufgenommene § 290 Abs. 2 Nr. 4 HGB grundsätzlich zu weitgehend ist, so daß eine weitere Auseinandersetzung im Rahmen dieser Arbeit nicht zielführend ist. Im Rahmen des WpÜG und des WpHG erlangt § 290 Abs. 2 Nr. 4 HGB hingegen Relevanz, wenn eine Zweckgesellschaft zum Erwerb von Aktien oder Finanzinstrumenten der Zielgesellschaft eingesetzt wird. In diesem Fall ist jedoch keine Unterscheidung zwischen dem WpÜG oder dem WpHG anzunehmen.

(2) Tochterunternehmen nach dem Konzern-Konzept gemäß § 22 Abs. 3 2 Alt. WpHG u. § 2 Abs. 6 2. Alt. WpÜG

(aa) Allgemeines

Mit der Aufnahme des Konzern-Konzeptes in § 290 Abs. 1 HGB knüpft der Gesetzgeber für die Bestimmung der Tochterunternehmenseigenschaft an die Regelung der §§ 17, 18 AktG an. Hiernach gelten Konzernunternehmen als Tochterunternehmen, wenn dem Mutterunternehmen eine Beteiligung i. S. d. § 271 Abs. 1 HGB an dem unter einheitlicher Leitung stehenden Unternehmen gehört. Der Begriff der einheitlichen Leitung wird in § 18 AktG und § 290 Abs. 1 HGB nach allgemeiner Auffassung identisch verwendet.[407] Da aber beide Gesetze auf eine Definition verzichten, können Auslegungsprobleme nicht vermieden werden. Unstreitig ist, daß sich einheitliche Leitung insbesondere in der Festlegung der strategischen Unternehmensziele, in einer konzerneinheitlichen Investitions- und Finanzpolitik, in der Letztentscheidung über Maßnahmen von besonderer Bedeutung sowie in der Besetzung von Führungspositionen ausdrückt.[408] Ob einheitliche Leitung tatsächlich vorliegt, bleibt mangels einer genauen Definition jedoch immer eine Frage des Einzelfalles, für die keine abstrakte Lösung im Rahmen dieser Arbeit gefunden werden kann.[409] Da aber auch die Vermutungstatbestände der §§ 17, 18 AktG für die Bestimmung der Eigenschaft als Tochterunternehmen heranzuziehen sind, soll vorliegend geprüft werden, ob diese geeignet sind, den Anforderungen des WpHG und WpÜG gerecht zu werden. Dies kann ohne weiteres für die Vermutung der einheitlichen Leitung nach § 18 Abs. 1 Satz 2 AktG bejaht werden, da im Falle eines Beherrschungsvertrages (§ 291 AktG) bzw. einer Eingliederung (§ 319 AktG) eine ausreichende Möglichkeit der Einfluß-

407 *Berger/Lütticke* in: Beck'scher Bilanz-Kommentar, § 290 Rn. 20; *Busse v. Colbe* in: Münchener Kommentar zum HGB, § 290 Rn. 13.

408 *Busse v. Colbe* in: Münchener Kommentar zum HGB, § 290 Rn. 14 m.w.N.

409 Vgl. zum Begriff der einheitlichen Leitung im Rahmen der Zurechnung nach § 30 Abs. 1 Nr. 1 WpÜG, *Pittroff*, S. 114 ff.

nahme gewährleistet ist.[410] Fraglich ist dies jedoch für die über § 18 Abs. 1 S. 3 AktG geltende Konzernvermutung des § 17 AktG für abhängige Unternehmen[411], auf die nach einhelliger Auffassung auch die Regelungen des § 22 Abs. 3 2. Alt WpHG und § 2 Abs. 6 2. Alt. WpÜG implizit verweisen und deren Grundsätze Anwendung finden.[412] Die Relevanz dieser Frage hat sich mit der Änderung des § 290 HGB durch das BilMoG entschärft, da das mit dem BilMoG umgesetzte Kontrollkonzept grundsätzlich weitergehend ist als das Konzern-Konzept der einheitlichen Leitung.

(bb) Abhängigkeit

Nach § 17 Abs. 1 AktG ist ein Unternehmen abhängig, wenn ein anderes Unternehmen[413] mittel- oder unmittelbar beherrschenden Einfluß ausüben kann. Unmittelbare Abhängigkeit liegt vor, wenn selbstständig beherrschender Einfluß ausgeübt werden kann. Mittelbare Abhängigkeit besteht, wenn der beherrschende Einfluß zusammen mit einem Dritten ausgeübt werden kann.[414] Mit dem Begriff der mittelbaren Abhängigkeit wird damit eine weitere Zurechnungsebene bei der Bestimmung der Abhängigkeit eingeführt, die der Zurechnung nach § 290 Abs. 3 HGB, nach § 22 WpHG und § 30 WpÜG ähnelt. Nach allgemeiner Meinung setzt dies nicht voraus, daß herrschender Einfluß tatsächlich ausgeübt wird, sondern die Möglichkeit hierzu jederzeit besteht, ohne daß der herrschende Einfluß erst begründet werden muß.[415] Diese Möglichkeit muß jedoch nach allgemeiner Auffassung beständig, umfassend und gesellschaftsrechtlich fundiert sein.[416] Eine bestimmte Dauer des beherrschenden Einflusses ist nicht erforderlich. Der beherrschende Einfluß kann vielmehr auch zeitlich begrenzt sein.[417] Die Einflußmöglichkeit bedarf jedoch einer bestimmten Verläßlichkeit und darf nicht lediglich dem Zufall überlassen sein.[418] Nicht einheitlich beantwortet wird in-

410 Vgl. Ausführungen zu § 290 Abs. 2 Nr. 3 HGB unter vorstehend lit. b) (3).

411 Diese gilt auch im Rahmen des § 290 Abs. 1 HGB, *Adler/Düring/Schmaltz, § 290 HGB Rn. 15.*

412 *Versteegen* in: Kölner Kommentar zum WpÜG 2003, § 2 Rn. 203; Bundestag-Drucksache 14/7034, S. 35; *Starke*, S. 195; *Pittroff*, S. 125.

413 Zur Frage, ob die Unternehmenseigenschaft des Zurechnungssubjektes erforderlich ist vgl. oben unter Kap. 5 B. II. 1. a) (2).

414 *Emmerich* in: Emmerich/Habersack, Aktien- und GmbH-Konzernrecht 2008, § 17 Rn. 26.

415 *Bayer* in: Münchener Kommentar zum AktG 2005, § 17 Rn. 11 m.w.N.

416 *Hüffer*, AktG 2008, § 17 Rn. 4; BGHZ 135, S. 107, 114.

417 *Hüffer*, AktG 2008, § 17 Rn. 7; *Emmerich* in: Emmerich/Habersack, Aktien- und GmbH-Konzernrecht 2008, § 17 Rn. 11.

418 *Emmerich* in: Emmerich/Habersack, Aktien- und GmbH-Konzernrecht 2008, § 17, Rn. 11; *Bayer* in: Münchener Kommentar zum AktG 2005, § 17 Rn. 62.

des die Frage, wie die Einflußmöglichkeiten ausgestaltet sein müssen. Nach wohl überwiegender Ansicht muß die Möglichkeit der Einflußnahme grundsätzlich den gesamten Tätigkeitsbereich einer Gesellschaft erfassen.[419] Ein beherrschender Einfluß liegt hiernach insbesondere vor, wenn er seiner Art nach dem durch eine Mehrheitsbeteiligung vermittelten Einfluß gleicht und beispielsweise maßgeblichen Einfluß auf die Besetzung der Verwaltungsorgane einer Gesellschaft gewährleistet.[420] Denn daraus folge eine hohe Wahrscheinlichkeit einflußkonformen Verhaltens der Organmitglieder, was für die Annahme beherrschenden Einflusses zwar erforderlich aber auch genügend sei.[421] Teilweise wird indes vertreten, es genüge, wenn ein Gesellschafter in der Lage ist, wenigstens in einem zentralen Unternehmensbereich (Einkauf, Verkauf, Organisation, etc.) Einfluß auf die Entscheidungen zu nehmen.[422] Letzterer Ansicht ist jedoch im Rahmen des WpHG bzw. WpÜG nur einschränkend zu folgen. Denn die Zurechnung von Stimmrechten nach § 22 WpHG und des § 30 WpÜG rechtfertigt sich in der Annahme, daß der Meldepflichtige bzw. Bieter Einfluß auf die Ausübung der von einem Dritten gehaltenen Stimmrechte – hier dem Tochterunternehmen – nehmen kann. Diese Annahme ist jedoch nicht gerechtfertigt, wenn der Meldepflichtige bzw. Bieter lediglich einen zentralen Unternehmensbereich beherrschen kann, es sei denn, dieser ist für die Ausübung der Stimmrechte in dem börsennotierten Beteiligungsunternehmen zuständig. Für die Beurteilung der Abhängigkeit einer Gesellschaft kommt es daher maßgeblich auf die Möglichkeit der Einflußnahme auf die personelle Besetzung der Organmitglieder des potentiellen Tochterunternehmens oder deren Handlungen an. Hierauf ist bei der Beurteilung der Tochterunternehmenseigenschaft im Rahmen der Zurechnungstatbestände des WpHG und WpÜG abzustellen. Dies allein entspricht ihrem Sinn und Zweck. Denn maßgeblich für die Zurechnungstatbestände ist die vermutete Möglichkeit der Einflußnahme auf die Ausübung der von einem Dritten gehaltenen Stimmrechte an der börsennotierten Gesellschaft. Diese Vermutung ist jedoch nur gerechtfertigt, wenn der Meldepflichtige bzw. Bieter mittel- oder unmittelbar Einfluß auf die handelnden Organe des Tochterunternehmens nehmen kann.

Die Möglichkeit der Einflußnahme muß dabei nach allgemeiner Auffassung gesellschaftsrechtlich bedingt bzw. vermittelt sein eine rein tatsächliche

---

419 *Hüffer*, AktG 2008, § 17 Rn. 7; *Windbichler* in: Großkommentar zum Aktiengesetz, 4. Aufl., § 17 Rn. 17.

420 *Geßler* in: Geßler/Hefermehl, Kommentar zum Aktiengesetz, § 17 Rn. 26.

421 *Hüffer, AktG 2008*, § 17, Rn. 5; *Bayer* in: Münchener Kommentar zum Aktiengesetz, § 17 Rn. 26.

422 Vgl. m.w.N. *Emmerich* in: Emmerich/Habersack, Aktien- und GmbH-Konzernrecht 2008, § 17 Rn. 9f.

– wirtschaftlich – begründete Einflußmöglichkeit ist nicht ausreichend.[423] Die gesellschaftsrechtliche Grundlage der Einflußmöglichkeit wird meist in der Beteiligung an einer Gesellschaft und den damit verbundenen Mitgliedschaftsrechten, insbesondere den Stimmrechten, gesehen. Im Hinblick darauf, daß für die Qualifizierung als Tochterunternehmen i. S.d. § 22 Abs. 1 Nr. 1 WpHG und § 30 Abs. 1 Nr. 1 WpÜG anders als im Konzernrecht keine Unternehmenseigenschaft des Tochterunternehmens erforderlich ist,[424] ist dieses Erfordernis der gesellschaftsrechtlich bedingten Einflußmöglichkeit jedoch zu modifizieren. Als gesellschaftsrechtlich bedingt ist hiernach auch eine Einflußmöglichkeit anzusehen, die aus der besonderen Verfassung des Tochterunternehmens resultiert. In diesem Sinne ist die Einflußmöglichkeit des Gewährträgers einer Anstalt des öffentlichen Rechts oder desjenigen zu bejahen, der den Vorstand einer Stiftung maßgeblich bestimmen kann, da hierdurch die Einflußnahme auf die handelnden Organe des Tochterunternehmens durch deren Verfassung abgesichert ist und damit über eine bloße wirtschaftliche Möglichkeit der Einflußnahme hinausgeht.[425] Einer Beteiligung des Meldepflichtigen bzw. Bieters an dem Tochterunternehmen im gesellschaftsrechtlichen Sinne bedarf es hierzu dann nicht. Im allgemeinen wird jedoch die mit einer Beteiligung verbundene Stimmenmacht den für die Annahme der Abhängigkeit beherrschenden Einfluß begründen, da Stimmenmacht grundsätzlich erlaubt, die maßgeblichen Organe des Tochterunternehmens mittel- bzw. unmittelbar zu besetzen.[426]

Hiernach kann beherrschender Einfluß nach allgemeiner Meinung daher auch schon gegeben sein, ohne daß die Stimmenmacht der rechtlichen Mehrheit der Stimmen entspricht.[427] Es ist insoweit anerkannt, daß auch eine geringere Stimmenmacht beherrschenden Einfluß und damit die Abhängigkeit eines Unternehmens begründen kann. Erforderlich ist lediglich, daß eine faktische Mehrheit für die Bestellung der Organe des Tochterunternehmens bzw. für die

423 Bundestag-Drucksache 14/7034, S. 35; *Windbichler* in: Großkommentar zum Aktiengesetz, 4. Aufl., § 17, Rn. 12 ff.; *Koppensteiner* in: Kölner Kommentar zum Aktiengesetz, 2. Aufl., § 17, Rn. 50; *Hüffer*, AktG 2008, § 17, Rn. 8; *BGH*, Urt. V. 26.03.1984, NJW 1984, S. 1893 f. Die rein wirtschaftliche Möglichkeit der Einflußnahme wird über andere Zurechnungstatbestände erfaßt (§ 30 Abs. 2 WpÜG, § 22 Abs. 2 WpHG).

424 *Versteegen* in: Kölner Kommentar zum WpÜG 2003, § 2 Rn. 188.

425 *Versteegen* in: Kölner Kommentar zum WpÜG 2003, § 2 Rn. 208.

426 *Koppensteiner* in: Kölner Kommentar zum Aktiengesetz, 2. Aufl., § 17 Rn. 19.

427 Bei Stimmenmehrheit ist die Abhängigkeit bereits aufgrund der Vermutung des § 17 Abs. 2 AktG i. V. m. § 16 Abs. 1 2. Alt. 2 AktG anzunehmen. Diese gilt auch im Rahmen der Zurechnungstatbestände des WpHG und WpÜG. So *Versteegen* in: Kölner Kommentar zum WpÜG 2003, § 2 Rn. 210; a. A. *Liebscher*, ZIP 2002, S. 1005 (1011).

Erteilung von Weisungen an diese besteht. D.h. auch eine geringere Stimmrechtsquote kann die Abhängigkeit begründen, wenn sie eine faktische Mehrheit auf den Versammlungen des Tochterunternehmens im Regelfall gewährleistet (sog. Präsenzmehrheit).[428] Das gleiche gilt, wenn der Meldepflichtige bzw. Bieter auf Grund beständiger und gesicherter tatsächlicher oder rechtlicher Umstände mit der Unterstützung anderer Gesellschafter rechnen kann, die ihm eine Präsenzmehrheit sichert und die Verwaltung der Gesellschaft sich darauf einstellen kann.[429] Eine dies gewährleistende faktische oder rechtliche Stimmenmacht oder andere gesellschaftsrechtlich fundierte Einflußmöglichkeiten begründen somit stets die für die Annahme der Tochterunternehmenseigenschaft erforderliche Abhängigkeit und damit die Zurechnung der von dem Tochterunternehmen gehaltenen Stimmen an börsennotierten Gesellschaften zum Inhaber des herrschenden Einflusses. Dieses Ergebnis scheint auch ohne weiteres mit Sinn und Zweck der §§ 21 ff. WpHG und dem WpÜG übereinzustimmen, da die Möglichkeit der Einflußnahme bzw. die vermutete Möglichkeit der Einflußnahme Grundlage der Zurechnung von Stimmrechten und der damit ggf. verbundenen Meldepflichten nach den §§ 21 ff. WpHG oder der Pflicht zur Abgabe eines Übernahmeangebotes nach § 35 WpÜG ist. Dies trifft unzweifelhaft im Hinblick auf die §§ 21 ff. WpHG zu. Für die Gewährleistung einer angemessenen Transparenz der Einflußmöglichkeiten in einer Gesellschaft ist es erforderlich aber auch ausreichend, daß sämtliche Stimmrechte zugerechnet werden, auf die mittel- oder unmittelbar Einfluß ausgeübt werden kann. Bei einer Präsenzmehrheit ist eine Einflußmöglichkeit auf die Ausübung der vom Tochterunternehmen gehaltenen Stimmrechten aber zweifellos gewährleistet. Gleiches gilt grundsätzlich auch bei der Beurteilung, ob jemand die Kontrolle über eine Gesellschaft erreicht hat. Der Gedanke einer vermuteten Präsenzmehrheit liegt schließlich der Festlegung der festen 30%-Kontrollschwelle zugrunde. Bei Beurteilung der Abhängigkeit kommt es allerdings nicht auf das Erreichen oder Überschreiten einer festen Schwelle an. Die Frage nach dem beherrschenden Einfluß ist vielmehr abhängig von den tatsächlichen Verhältnissen beim Tochterunternehmen zu beurteilen. So kann eine Abhängigkeit beispielsweise bereits gegeben sein, wenn ein Gesellschafter lediglich über 20% der Stimmrechtsanteile mittel- oder unmittelbar verfügt. Dies kann zu dem paradox anmutenden Ergebnis führen, daß derjenige der eine Präsenzmehrheit sichernde Mehrheit unterhalb der Schwelle von 30% der Stimmrechte an einem Unternehmen erwirbt, das über die Kontrolle bei einem börsen-

428 *Versteegen* in: Kölner Kommentar zum WpÜG 2003, § 2 Rn. 209; *Starke*, S. 196 zum WpHG; allg. zu § 17 AktG: *Emmerich* in: Emmerich/Habersack, Aktien- und GmbH-Konzernrecht 2008, § 17, Rn. 18 m.w.N.

429 *Emmerich* in: Emmerich/Habersack, Aktien- und GmbH-Konzernrecht 2008, § 17, Rn. 19; *Krieger* in: Münchener Handbuch zur Aktiengesellschaft, § 68, Rn. 42.

notierten Unternehmen verfügt, zur Abgabe eines Pflichtangebotes verpflichtet sein wird. Obgleich der unmittelbare Erwerb einer Beteiligung unterhalb von 30 % der Stimmrechte an dem börsennotierten Unternehmen kein Pflichtangebot ausgelöst hätte.[430] Über den Zurechnungstatbestand des § 30 Abs. 1 Nr. 1 WpÜG wird damit die Rechtssicherheit, die mit Einführung der festen Kontrollschwelle gewährleistet werden sollte, ausgehebelt. Dies ist zwar unbefriedigend, jedoch widerspricht es nicht Sinn und Zweck des Pflichtangebotes, denn durch den beherrschenden Einfluß auf das Tochterunternehmen wird die Kontrolle i. S. d. § 29 Abs. 2 WpÜG über das börsennotierte Unternehmen auch tatsächlich erlangt. Einer Korrektur bedarf es daher nicht. Es besteht auch keine Rechtfertigung, die Vereinfachungsregelung des § 29 Abs. 2 WpÜG auf allen Zurechnungsebenen anzuwenden, da sie stets eine Benachteiligung der schutzwürdigen Minderheitsaktionäre beinhaltet. Diese haben keine Möglichkeit bei einer Präsenzmehrheit unterhalb von 30 % ein Pflichtangebot des Kontrollinhabers zu verlangen. Letzterer hat über § 37 WpÜG jedoch die Möglichkeit, bei faktisch fehlender Kontrolle von der Pflicht zur Abgabe eines Pflichtangebotes befreit zu werden.

Im Hinblick auf die Zurechnungstatbestände des WpHG und WpÜG ist weiter fraglich, ob eine gesellschaftsrechtlich begründete stimmrechtslose Kapitalbeteiligung ausreichend sein kann, einen beherrschenden Einfluß und damit die Abhängigkeit zu begründen, da diese gesellschaftsrechtlich grundsätzlich kein Recht begründen kann, die Besetzung der vorgenannten Organe mitzubestimmen. Nach § 17 Abs. 2 AktG i. V. m. § 16 Abs. 1 1. Alt AktG besteht die konzernrechtliche Vermutung, daß ein Unternehmen von dem Unternehmen abhängig ist, welches die Mehrheit der Anteile hält. Diese Vermutung gilt auch bei einer reinen Kapitalmehrheit, ohne Vorliegen einer Mehrheit der Stimmrechte.[431] Ist man der Auffassung, daß der Rechtsbegriff des beherrschenden Einflusses in § 22 Abs. 3 WpHG und § 2 Abs. 6 WpÜG übereinstimmt mit dem Rechtsbegriff des beherrschenden Einflusses in § 17 AktG, dann wird man die Vermutung des § 17 Abs. 2 i. V. m. § 16 Abs. 1 1. Alt AktG auch im Rahmen der Zurechnungstatbestände gelten lassen müssen.[432] Eine Korrektur kann gegebenenfalls durch die aktienrechtlich zulässige Widerlegung der Abhängigkeit oder im Rahmen eines Befreiungsantrages nach § 37 WpÜG erfolgen. Allerdings besteht auch unter dem Grundsatz der Einheit der Rechtsordnung kein Zwang zur einheitlichen Anwendung und Auslegung wortgleicher Rechtsbegriffe. Nach der Gesetzesbegründung sollen die aktienrechtlichen Grundsätze zur Bestimmung der

430 *Ekkenga/Hofschroer*, DStR 2002 S. 768 (775) wollen deshalb beherrschenden Einfluß i. S. d. § 2 Abs. 6 WpÜG gleichsetzen mit dem Begriff der Kontrolle nach § 29 Abs. 2 WpÜG.

431 *Hüffer*, *AktG 2008*, § 17 Rn. 17.

432 So *Versteegen* in: Kölner Kommentar zum WpÜG 2003, § 2, Rn. 210.

Abhängigkeit *entsprechend* Anwendung finden, d. h. unter Berücksichtigung der Besonderheiten der §§ 21 ff. WpHG und des WpÜG.[433] Die Berücksichtigung einer Kapitalmehrheit könnte daher mit Verweis auf die Regelungssystematik der § 21 ff. WpHG und des WpÜG abgelehnt werden, denn hiernach sind allein die mit Anteilen an einem Unternehmen verbundenen Stimmrechte entscheidend. Die Beteiligung am Kapital einer Gesellschaft ist weder für die Bestimmung der Mitteilungspflichten noch bei der Bestimmung der Kontrolle von Bedeutung. Die Zurechnung von Stimmrechten basiert nicht auf der tatsächlichen Möglichkeit der Stimmrechtsausübung durch den Meldepflichtigen bzw. Bieter sondern auf der Vermutung, daß diese Einfluß auf die Ausübung nehmen können. Diese Möglichkeit der Einflußnahme ist jedoch bei einer Kapitalmehrheit schon aufgrund der unter den Gesellschaftern bestehenden Treuepflichten nicht auszuschließen. Da eine Korrektur auf der Rechtsfolgenseite möglich ist, besteht auch kein Anlaß zu einer restriktiven Anwendung der Vermutungsregel auf Tatbestandsebene.

(cc) Zwischenergebnis

Das Konzern-Konzept der einheitlichen Leitung erweist sich grundsätzlich auch im Rahmen der §§ 21 ff. WpHG und des WpÜG als geeignet, Einflußmöglichkeiten auf die Ausübung von Stimmrechten aufzudecken und damit deren Zurechnung zu Transparenzzwecken oder zum wertmäßigen Schutz des Anlagevermögens der Anleger durch Eröffnen einer Angebotspflicht zu gewährleisten. Mit Änderung des § 290 HGB durch das BilMoG verliert jedoch das Konzern-Konzept seine Bedeutung innerhalb dieser Zurechnungstatbestände. Anders als § 290 Abs. 1 HGB – ist zu beachten, daß die zum Konzern-Konzept entwickelten aktienrechtlichen Grundsätze lediglich entsprechend Anwendung finden und insoweit einer Korrektur bedürfen – aber auch zulassen –, als sie die kapitalmarktrechtliche Ausrichtung der Mitteilungspflichten sowie des Pflichtangebotes nicht angemessen berücksichtigen oder über deren Anwendungsbereich hinausgehen.

c) Zusammenfassung

Die vorstehende Darstellung hat gezeigt, daß sich der deutsche Gesetzgeber bei der Regelung der Zurechnung von Stimmrechten, die Tochterunternehmen gehören, sich zweier Systeme bedient: (i) dem Konsolidierungskonzept der möglichen Beherrschung nach § 290 HGB in der Fassung des BilMoG und (ii) dem Konzern-Konzept, das § 22 Abs. 3 WpHG und § 2 Abs. 6 WpÜG beinhalten. Während das in § 290 HGB in der Fassung des BilMoG umgesetzte Konsolidie-

---

433 Bundestag-Drucksache 14/7034, S. 35.

rungskonzept die Transparenz der Vermögens- und Finanzlage eines Konzern gewährleisten soll, geht es beim Konzern-Konzept um die Aufdeckung konzernrechtlicher Sachverhalte vor dem Hintergrund des Schutzes der Minderheitsaktionäre. Die sich aus der Verbindung beider Systeme ergebende Definition des Tochterunternehmens hat dadurch an Schärfe verloren. Die bereits bei der Anwendung des § 290 HGB bestehenden Auslegungsprobleme werden durch die Ungenauigkeit des faktischen Elementes des Konsolidierungskonzeptes nach § 290 HGB n. F. verstärkt. Dies führt zu Auslegungskonflikten, die teilweise in einer unterschiedlichen Anwendung der wortgleichen Zurechnungstatbestände münden. So kann die Berechnung des Stimmrechtsanteils nach § 290 HGB im Rahmen der §§ 21 ff. WpHG aufgrund der europarechtlichen Vorgaben insoweit keine Anwendung finden, als Stimmen des zivilrechtlichen Inhabers unberücksichtigt bleiben sollen. Für § 30 WpÜG muß dies mangels Vorgaben in der Übernahmerichtlinie jedoch auch zukünftig nicht gelten. Gleiches gilt auch für die Frage, ob die Tochterunternehmenseigenschaft lediglich gegenüber Unternehmen oder auch natürlichen Personen bestehen kann. Zwar wird man nach Sinn und Zweck des WpÜG mit der herrschenden Meinung davon ausgehen können, daß die Tochterunternehmenseigenschaft auch gegenüber einer natürlichen Person begründet werden kann. Allerdings ist aufgrund des Verweises auf § 290 HGB und das Konzern-Konzept auch eine andere Auslegung möglich. Hingegen ist diese Frage für § 22 Abs. 1 Nr. 1 WpHG durch die Vorgaben des Art. 2 Abs. 1 lit. f (ii) der Transparenzrichtlinie 2004 europarechtlich verbindlich dahingehend geklärt, daß die Tochterunternehmenseigenschaft auch gegenüber einer natürlichen Person begründet werden kann. Unbefriedigend ist im Hinblick auf das Pflichtangebot des WpÜG, daß die durch Einführung der festen 30%-Schwelle gewonnene relative Rechtssicherheit bei der Beurteilung der Kontrolle i. S. d. § 29 Abs. 2 WpÜG durch den um faktische Elemente erweiterten Begriff des Tochterunternehmens auf eine andere Ebene verlagert wird. Dies mag im Rahmen der Meldepflichten aufgrund der weniger einschneidenden Rechtsfolgen hinnehmbar sein. Im Hinblick auf die weitreichenden Folgen des Pflichtangebotes sind jedoch negative Auswirkungen auf die Kapitalmarktteilnehmer und damit die Effizienz des Kapitalmarktes nicht auszuschließen. Es ist daher wünschenswert, die Bestimmung der Eigenschaft als Tochterunternehmen zukünftig auf eine eigenständige kapitalmarktrechtliche Definition zu stützen, die nicht bilanzrechtliche, aktienrechtliche und kapitalmarktrechtliche Aspekte miteinander vermengt. Denn allein dadurch können Auslegungskonflikte vermieden werden, die bei den unterschiedlichen Betrachtungsweisen – bilanzrechtliche, aktienrechtliche und kapitalmarktrechtliche Perspektive – notwendigerweise auftreten.

2. *Zurechnung von Stimmrechten aus Aktien gemäß § 22 Abs. 1 Satz 1 Nr. 2 WpHG und § 30 Abs. 1 Satz 1 Nr. 2 WpÜG, die einem Dritten gehören und von ihm für Rechnung des Meldepflichtigen bzw. Bieters gehalten werden*

a) Allgemeines

Beide Zurechnungsnormen sollen die Zurechnung von Stimmrechten gewährleisten, die einem Dritten gehören und für Rechnung des Meldepflichtigen bzw. des Bieters gehalten werden. Ein entsprechender Zurechnungstatbestand findet sich in Art. 92 Satz 1 lit. a) der Transparenzrichtlinie 2001 und Art. 10 Satz 1 lit. d) der Transparenzrichtlinie 2004.[434] Erläuterungen zu diesem Zurechnungstatbestand finden sich in den Materialien zu den Transparenzrichtlinien nicht. In der Übernahmerichtlinie 2004 wird auf einen entsprechenden Zurechungstatbestand gänzlich verzichtet.

Der Begriff „gehören" knüpft wie bei § 22 Abs. 1 Satz 1 Nr. 1 WpHG und § 30 Abs. 1 Satz 1 Nr. 1 WpÜG an die zivilrechtliche dingliche Zuordnung der Mitgliedschaftsrechte an der börsennotierten Gesellschaft an. Vorliegend geht es daher allein um die Zurechnung von Stimmrechten aus Aktien, deren zivilrechtlicher Eigentümer ein Dritter ist und der in einem besonderen Verhältnis zum Meldepflichtigen bzw. Bieter steht, welches durch den Begriff „für Rechnung" umschrieben wird. Der Begriff „für Rechnung" findet sich zwar mehrfach in deutschen Gesetzen wieder,[435] an einer gesetzlichen Definition fehlt es dennoch, so daß der Begriff und seine Reichweite im Einzelnen streitig sind.

b) Der Begriff „für Rechnung"

Der Begriff „für Rechnung" soll bei der Zurechnung von Stimmrechten an den wirtschaftlichen Verhältnissen zwischen dem Wertpapierinhaber und dem Meldepflichtigen bzw. Bieter anknüpfen. Es ist insoweit einheitliche Auffassung, daß Anknüpfungspunkt der Zurechnung die Verteilung der wirtschaftlichen Chancen und Risiken zwischen dem Wertpapierinhaber und dem Zurechnungssubjekt – Meldepflichtiger bzw. Bieter – hinsichtlich der Stimmrechte vermittelnden

---

434 Art. 92 Satz 1 lit. a) Transparenzrichtlinie 2001: „Stimmrechte, die von anderen Personen in ihrem eigenen Namen für Rechnung der betreffenden Person gehalten werden."; Art 10 lit. g) Transparenzrichtlinie 2004: „Stimmrechte, die von einem Dritten in eigenem Namen für Rechnung dieser natürlichen oder juristischen Person gehalten werden."

435 Vgl. u. a. §§ 290 Abs. 3, 313 Abs. 2, 383 HGB, §§ 56 Abs. 3, 71a Abs. 2, 71d, 134 Abs. 1 Satz 3, 291 AktG.

Aktien ist.[436] Voraussetzung einer Zurechnung soll sein, daß der Meldepflichtige bzw. Bieter im Verhältnis (Innenverhältnis) zum Wertpapierinhaber die wesentlichen wirtschaftlichen Chancen und die wirtschaftlichen Risiken der Aktie trägt. Die Chancen einer Aktie bestehen insbesondere in der Kursphantasie, dem Recht auf Dividende sowie dem Bezugsrecht. Wirtschaftliche Risiken sind das Bestands-, Markt-, Liquidations-, Dividenden- und Bezugsrechtsrisiko.[437] Aus der Verteilung der wirtschaftlichen Chancen und Risiken wird auf den Einfluß des Meldepflichtigen bzw. des Bieters auf die Stimmrechtszurechnung geschlossen. Hintergrund der Zurechnung ist also die Vermutung, daß derjenige, der wirtschaftlich – im Innenverhältnis – das Risiko des Aktienbesitzes trägt, rechtlichen oder tatsächlichen Einfluß auf die Ausübung der Stimmrechte aus der Aktie haben muß (abstrakte Betrachtungsweise).[438] Unklar ist in diesem Zusammenhang jedoch zum einen, in welchem Umfang das Zurechnungssubjekt – Meldepflichtiger bzw. Bieter – die wirtschaftlichen Chancen und Risiken tragen[439] und zum anderen ob eine rechtliche bzw. tatsächliche Möglichkeit der Einflußnahme auf die Ausübung der Stimmrechte auch tatsächlich gegeben sein muß. Dies ist vor dem Hintergrund zu betrachten, daß Aufgabe der Zurechnungsvorschriften neben der Verhinderung von Umgehungen die Aufdeckung von rechtlichem und faktischem Einfluß auf eine börsennotierte Gesellschaft ist.[440] Die Verteilung der wirtschaftlichen Chancen und Risiken als Anknüpfungspunkt für die Zurechnung von Stimmrechten macht daher nur dann Sinn, wenn damit die Verteilung der rechtlichen oder faktischen Möglichkeiten der Einflußnahme einhergeht. Besteht keine rechtliche oder tatsächliche Möglichkeit der Einflußnahme hat eine

436 Umfassend zum Begriff „für Rechnung": *Vedder*, Zum Begriff „für Rechnung" im AktG und im WpHG, 1999; zu § 30 WpÜG: *Riehmer*, in: Haarmann/Riehmer/Schüppen, Kommentar zum WpÜG 2002, § 30 Rn. 26; *Schneider* in: Assmann/Pötzsch/Schneider, Kommentar zum WpÜG 2005, § 30 Rn. 25; *Pittroff*, a.a.O., 2004, S. 155 f.; *Steinmeyer* in: Steinmeyer/Häger, WpÜG 2007, § 30 Rn. 12 f.; zu § 22 WpHG: *Schneider*, in: Assmann/Schneider, Kommentar zum WpHG 2009, § 22, Rn. 55 ff.; *Starke*, a.a.O., 2003, S. S. 199 ff; *Walz* in: Frankfurter Kommentar zum WpÜG 2008, § 30 Rn. 31; *Habersack*, AG 2008, S. 817 (817).

437 Vgl. *Schneider* in: Assmann/Schneider, Kommentar zum WpHG 2009, § 22 Rn. 55; *ders.* in: Assmann/Pötzsch/Schneider, Kommentar zum WpÜG,2005, § 30, Rn. 25.

438 Vgl. *BaFin*, Emittentenleitfaden 2009, Rz. VIII. 2.5.2; *Schneider* in: Assmann/Schneider, Kommentar zum WpHG 2009, § 22 Rn. 57; *v. Bülow* in: Kölner Kommentar zum WpÜG 2003, § 30, Rn. 54; *Schneider*, in: Assmann/Pötzsch/Schneider, Kommentar zum WpÜG 2005, § 30 Rn. 27; *Vedder*, a. a. O., S. 174; Begr. RegE zum 3. Finanzmarktförderungsgesetz, Bundestag-Drucksache 13/8933, S. 95.

439 *Süßmann* in: Geibel/Süßmann, Kommentar zum WpÜG 2008, § 30, Rn. 6; *Pittroff*, a. a. O., 2004, S. 156; a.A. *Koppensteiner* in Festschrift f. Rowedder, 1994, Einige Fragen zu § 20 AktG, S. 213 (218); ebenso offenbar *Vedder*, S. 173 f.

440 Vgl. zum WpHG: *Burgard*, BB 1995, S. 2069 (2071 f.).

Zurechnung sowohl nach § 22 Abs. 1 Satz 1 Nr. 2 WpHG als auch nach § 30 Abs. 1 Satz 1 Nr. 2 WpÜG zu unterbleiben.[441] Allerdings ist nicht erforderlich, daß dem Meldepflichtigen bzw. Bieter ein Weisungsrecht gegenüber dem Dritten zusteht, soweit erwartet werden kann, daß sie faktisch Einfluß nehmen können und der Dritte die Stimmrechte mit Rücksicht auf deren Interessen wahrnehmen wird.[442] Diese Auslegung entspricht den Vorgaben der Transparenzrichtlinien sowie Sinn und Zweck der Meldepflichten nach §§ 21 ff. WpHG und des Pflichtangebotes nach § 35 WpÜG.

Der § 22 Abs. 1 Satz 1 Nr. 2 WpHG entsprechende Zurechnungstatbestand findet sich in Art. 10 lit. g) der Transparenzrichtlinie 2004. Dieser knüpft die Zurechnung daran, daß „Stimmrechte" von anderen Personen für Rechnung des Meldepflichtigen gehalten werden. Anders als der Wortlaut des WpHG wird damit die Bedeutung der wirtschaftlichen Zuordnung der „Stimmrechte" unterstrichen. Auch nach der Transparenzrichtlinie 2004 kann es daher nicht lediglich auf die Zuordnung des vermögensmäßigen Substrats einer Aktie ankommen, sondern die Zuordnung der vermögensmäßigen Risiken lediglich als Anhaltspunkt für die Zuordnung der Stimmrechte gesehen werden.[443] Dies entspricht Sinn und Zweck der Transparenzrichtlinien und der § 21 ff. WpHG. Beide sollen eine angemessene Beteiligungstransparenz durch die Offenlegung bestehender stimmrechtsbegründender Einflußmöglichkeiten gewährleisten, nicht jedoch der wirtschaftlichen Verteilung von Chancen und Risiken.[444] Gleiches hat erst Recht für die Auslegung des § 30 Abs. 1 Satz 1 Nr. 1 WpÜG zu gelten. Denn Sinn und Zweck des Pflichtangebotes ist die wertmäßige Absicherung des Anlagevermögens der Anleger vor den Folgen eines Kontrollwechsels. Maßgeblich ist insofern, ob die Einflußmöglichkeiten auf die Ausübung der Stimmrechte die Kontrolle über ein Unternehmen begründen können. Hieran fehlt es jedoch bei einer allein wirtschaftlichen Zuordnung der Chancen und Risiken einer Aktie ohne entsprechende Einflußmöglichkeiten auf die Ausübung der Stimmrechte. Die wirtschaftliche Verteilung von Chancen und Risiken kann daher lediglich Anhaltspunkt für bestehende rechtliche oder faktische Einflußmöglichkeiten sein. Es bedarf

---

441 Vgl. zum WpHG: *Starke*, a.a.O., 2003, S. 200; *Opitz* in: Schäfer, Kommentar zum WpHG, § 22 Rn. 12; *Burgard*, BB 1995, S. 2069 (2072); a. A. *Vedder*, a. a. O., 1999, S. 182; zum WpÜG: *Pittroff*, S. 156; *Süßmann* in: Geibel/Süßmann, Kommentar zum WpÜG 2008, § 30 Rn. 7; wohl auch *Schneider* in: Assmann/Pötzsch/Schneider, Kommentar zum WpÜG 2005, § 30 Rn. 27.

442 So *v. Bülow* in: Kölner Kommentar zum WpÜG 2003, § 30 Rn. 54, ähnlich *Schneider* in: Assmann/Schneider, Kommentar zum WpHG 2009, § 22 Rn. 58; a. A. *Walz* in: Frankfurter Kommentar zum WpÜG 2008, § 30 Rn. 32, der ein Weisungsrecht oder eine Pflicht zur Interessenwahrnehmung verlangt.

443 So auch *Starke*, S. 201 f.

444 Vgl. oben unter Kapitel 4 B.

allerdings stets deren tatsächlichen Feststellung. Jedoch sollte der Nachweis der Zuordnung wirtschaftlicher Chancen und Risiken dazu führen, daß an den Nachweis der Einflußmöglichkeiten auf die Stimmrechte geringere Anforderungen zu stellen sind oder gar insoweit eine Beweislastumkehr eintritt, d. h. derjenige, dem die wirtschaftlichen Chancen und Risiken einer Aktie zugeordnet werden, den Beweis führen muß, daß er auf die Ausübung der Stimmrechte keinen Einfluß hat. Umgekehrt sind an die Beteiligung an den wirtschaftlichen Chancen und Risiken des Meldepflichtigen bzw. des Bieters um so geringere Anforderungen zu stellen, um so stärker der Einfluß auf die Ausübung der Stimmrechte ist.

Unter Anwendung des vorstehend definierten Begriffes „für Rechnung“ sind die folgenden Fallgruppen hervorzuheben.

c) Fallgruppen

(1) Treuhandverhältnisse

Den Zurechnungstatbeständen des § 22 Abs. 1 Satz 1 Nr. 2 WpHG und § 30 Abs. 1 Satz 1 Nr. 2 WpÜG lag vor allem die Absicht des Gesetzgebers zugrunde, typische Treuhandverhältnisse, bei denen das zivilrechtliche Eigentum an und die wirtschaftliche Zuordnung der Aktien auseinander fallen, bei der Bestimmung des Stimmrechtsanteils des Meldepflichtigen bzw. Bieters zu erfassen.[445]

Bei Treuhandverhältnissen kann grundsätzlich zwischen rechtsgeschäftlich vereinbarten und gesetzlichen Treuhandverhältnissen unterschieden werden, von denen vorliegend jeweils nur die Treuhandverhältnisse von Bedeutung sind, bei denen der Treuhänder Eigentümer der Aktien wird (im Folgenden „Verwaltungstreuhand“ genannt). Es scheiden somit die rechtsgeschäftlich vereinbarte Vollmachtstreuhand (auch „Ermächtigungstreuhand“ genannt) sowie gesetzliche Treuhandverhältnisse wie die Insolvenz-, die Nachlaßverwaltung oder die Testamentsvollstreckung aus dem Anwendungsbereich des § 22 Abs. 1 Satz 1 Nr. 2 WpHG und § 30 Abs. 1 Satz 1 Nr. 2 WpÜG aus, da der Treuhänder in diesen Fällen kein Eigentum erwirbt.[446] Insoweit können jedoch § 22 Abs. 1 Satz 1 Nr. 6 WpHG oder § 30 Abs. 1 Satz 1 Nr. 6 WpÜG einschlägig sein, falls das Merkmal

---

445 Begr. RegE zum 2. Finanzmarktförderungsgesetz, Bundestag-Drucksache 12/6679, S. 53.

446 So *v. Bülow* in: Kölner Kommentar zum WpÜG 2003, § 30 Rn. 61; *Riehmer* in: Haarmann/Riehmer/Schüppen, Kommentar zum WpÜG 2002, § 30 Rn. 32; *Schneider* in: Assmann/Schneider, Kommentar zum WpHG 2009, § 22, Rn. 63; A.N.: Ein nach ausländischen Rechtsvorschriften begründetes gesetzliches Treuhandverhältnis führt zum Übergang des zivilrechtlichen Eigentums auf den Treuhänder.

des „anvertraut sein“ erfüllt ist.[447] Für den Fall allerdings, daß nach den Vorstellungen des Meldepflichtigen bzw. Bieters und dem Treuhänder eine Verwaltungstreuhand besteht, ist nach den vorstehend herausgearbeiteten Grundsätzen allein entscheidend, ob der Meldepflichtige und der Bieter rechtlichen oder faktischen Einfluß auf die Ausübung der Stimmrechte haben und an den Chancen und Risiken der Aktie beteiligt sind. Die weitere Ausgestaltung des Treuhandverhältnisses und die Wirksamkeit der dem jeweiligen Treuhandverhältnis zugrunde liegenden Abrede ist ohne Bedeutung, soweit die dingliche Übertragung der Aktien auf den Treuhänder wirksam ist.[448] Die Zurechnung nach § 22 Abs. 1 Satz 1 Nr. 2 WpHG und § 30 Abs. 1 Satz 1 Nr. 2 WpÜG kann daher nur von dem zivilrechtlichen Inhaber der Aktien zu einem Dritten erfolgen. Nach diesen Grundsätzen sind auch mehrstufige und mehrgliedrige Treuhandverhältnisse zu beurteilen.

Bsp.:

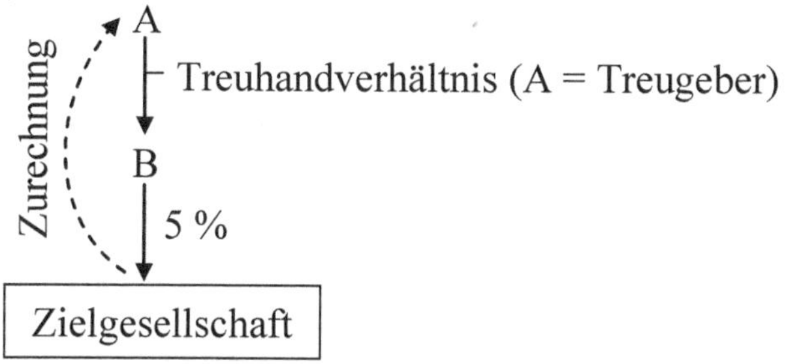

(aa) Mehrstufige Treuhandverhältnisse

Mehrstufige Treuhandverhältnisse (auch „Kettentreuhand“ genannt) zeichnen sich dadurch aus, daß der Treuhänder seinerseits ein Treuhandverhältnis auf zweiter Stufe als Treugeber mit einem Dritten als Treuhänder über die ihm im Rahmen der auf erster Stufe begründeten Treuhand übertragenen Aktien eingeht.[449] Diese Kette von Treuhandverhältnissen, an deren Anfang stets der ursprüngliche Treugeber steht, kann endlos fortgeführt werden. Fraglich ist, wie bei

447 Vgl. hierzu unten unter 6..

448 *Schneider* in: Assmann/Pötzsch/Schneider, Kommentar zum WpÜG 2005, § 30 Rn. 36; *Koppensteiner* in Festschrift f. Rowedder, 1994, Einige Fragen zu § 20 AktG, S. 213 (224); *Pittroff*, S. 157, 160; *Schneider* in: Assmann/Schneider, Kommentar zum WpHG 2009, § 22 Rn. 67.

449 *Schneider* in: Assmann/Pötzsch/Schneider, Kommentar zum WpÜG 2005, § 30 Rn. 37.

einer sog. Kettentreuhand die Stimmrechte den einzelnen Gliedern der „Kette“ zugerechnet werden. Als unproblematisch wird die Zurechnung zwischen dem letzten Treuhänder und dem letzten Treugeber der Kette angesehen, denn diese Zurechnung entspricht der gesetzlichen Regelung. Der Zurechnung der Stimmrechte zwischen den anderen Mitgliedern der Kette steht grundsätzlich entgegen, daß die zwischengeschalteten Treuhänder/Treugeber kein Eigentum an den Aktien haben, deren Stimmen zugerechnet werden sollen. Insoweit fehlt es somit bereits dem Wortlaut nach an den tatbestandlichen Voraussetzungen des § 22 Abs. 1 Satz 1 Nr. 2 WpHG sowie des § 30 Abs. 1 Satz 1 Nr. 2 WpÜG.

Übereinstimmend wird davon ausgegangen, daß eine Zurechnung der von dem letzten Treuhänder gehaltenen Aktien an den ersten Treugeber der Kette erfolgt, wenn ihm durch eine Kette von Treuhandverträgen letztlich die rechtliche oder faktische Stimmrechtsherrschaft zufällt.[450] Zur Beurteilung der Zurechnung von Stimmrechten im Rahmen einer sog. Kettentreuhand bedarf es einer Differenzierung zwischen den subjektiven und objektiven Elementen. Als objektives Element kann sowohl das Abstellen auf eine Reihe gleichartig gestalteter Treuhandverhältnisse herangezogen werden. In diesem Fall wird der erste Treugeber in der Kette regelmäßig sämtliche wirtschaftlichen Risiken der von dem letzten Treuhänder gehaltenen Aktien tragen. Gleichzeitig wird er auf Grund der üblicherweise enthaltenen Weisungsmöglichkeiten innerhalb der einzelnen Treuhandverhältnisse durch eine Kette von Weisungen Einfluß auf die Stimmrechtsausübung nehmen können. Das Vorliegen dieses objektiven Elementes allein kann jedoch nicht für eine Zurechnung ausreichend sein. Denn das Tatbestandsmerkmal „für Rechnung halten“ setzt auch eine subjektive Komponente voraus. Der letzte Treuhänder der Kette muß auch wissentlich und willentlich die Aktien für den ersten Treugeber in der Kette halten. Dies ist jedoch nur der Fall, wenn die zwischengeschalteten Treuhandverhältnisse gegenüber dem letzten Treuhänder ebenfalls offen gelegt wurden. Im gleichen Sinne ist die Zurechnung an die zwischengeschalteten Mitglieder der Kette zu beurteilen. Soweit der letzte Treuhänder in der Kette willentlich und wissentlich die Aktien auch für einzelne Mitglieder der Kette hält, sind auch diese Zurechnungssubjekt. Eine hieraus resultierende Mehrfachzurechnung ist weder dem WpHG noch dem WpÜG fremd.[451]

---

450 *Schneider* in: Assmann/Schneider, Kommentar zum WpHG 2009, § 22 Rn. 68; *ders.* in: Assmann/Pötzsch/Schneider, Kommentar zum WpÜG 2005, § 30 Rn. 37; *Pittroff*, S. 163 ff.; *von Bülow* in: Kölner Kommentar zum WpÜG 2003, § 30, Rn. 58; *Riehmer* in: Harrmann/Riehmer/Schüppen, Kommentar zum WpÜG 2002, § 30 Rn. 34.

451 Vgl. § 22 Abs. 1 Nr. 1 und § 30 WpHG und § 30 Abs. 1 Nr. 1 WpÜG; in diesem Sinne wohl auch: *Pittroff*, S. 164.

Bsp.:

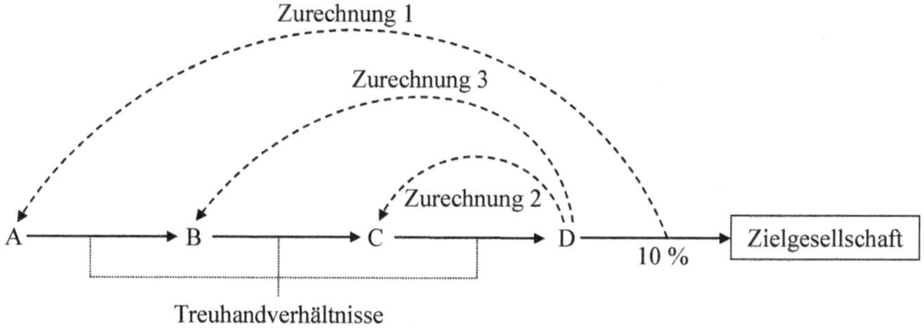

Zurechnung 1: D hält Aktien an Zielgesellschaft auch für A

Zurechnung 2 + 3: D hält die Aktien zusätzlich auch für B und C

(bb) Mehrgliedrige Treuhandverhältnisse

Als mehrgliedrige Treuhandverhältnisse sind solche zu bezeichnen, bei denen der Treuhänder entweder verschiedene Aktienpakete an einer Gesellschaft für verschiedene Treuhänder hält oder ein einheitliches Aktienpaket für eine Mehrheit von Treugebern hält.[452] Da im ersten Fall eine Differenzierung für die jedem Treugeber zuzurechnenden Aktien möglich ist, erfolgt die Zurechnung für jeden Treugeber gesondert in Höhe der für ihn treuhänderisch gehaltenen Aktien.[453] Im weiteren Fall, daß der Treuhänder ein Aktienpaket auf Grund eines einheitlichen oder mehrerer verbundener Treuhandverhältnisse für eine Gruppe von Treugebern hält, ist bei der Zurechnung nach § 22 Abs. 1 Satz 1 Nr. 2 WpHG und § 30 Abs. 1 Satz 1 Nr. 2 WpÜG zu differenzieren. Dabei ist zum einen die Ebene der Treugeber und zum anderen die Ebene des Treuhänders zu unterscheiden. Sind die Treugeber als eine Gesellschaft bürgerlichen Rechts organisiert, ist diese als solche Zurechnungssubjekt.[454] Bestehen auf Ebene der Treugeber keine rechtlichen Vereinbarungen, die ein zurechnungsfähiges Rechtssubjekt begründen, kommt es für die Zurechnung auf den Treuhänder an. Denn wirtschaftlich werden sämtliche Aktien zumindest teilweise für alle Treugeber gehalten. Maßgeblich ist somit, inwieweit Einfluß auf die Stimmrechtsausübung durch einzelne

452 So *v. Bülow* in: Kölner Kommentar zum WpÜG 2003, § 30 Rn. 59 und 60.

453 Ebenso übereinstimmend: *Schneider* in: Assmann/Schneider, Kommentar zum WpHG 2009, § 22 Rn. 66; *v. Bülow* in: Kölner Kommentar zum WpÜG 2003, § 30 Rn. 59, *Pittroff*, S. 162.

454 So *v. Bülow* in: Kölner Kommentar zum WpÜG, § 30 Rn. 60 i.V.m. § 2 Rn. 122.

Treugeber genommen werden kann. Dies richtet sich nach dem Verständnis des Treuhandverhältnisses durch den Treuhänder. Übt dieser die Stimmrechte nur nach dem einheitlichen Willen aller Treugeber aus, sind diese sämtlichen Treugebern in vollem Umfang zuzurechnen. Gleiches muß auch gelten, soweit die Mehrheit der Treugeber über die Ausübung der Stimmrechte entscheiden kann und diese nicht einem einzelnen Treugeber zusteht. Denn in diesem Fall haben sämtliche Treugeber Einfluß auf die Ausübung der Stimmrechte. Kann nach Ansicht des Treuhänders ein Treugeber die Stimmrechtsausübung beeinflussen, sind allein diesem die Stimmrechte zuzurechnen, da sich dann in seiner Person wirtschaftliche Chancen und Risiken sowie Einfluß auf die Stimmrechtsausübung bündeln.[455] Eine quotale Aufteilung kann nur dann erfolgen, wenn der Treuhänder die Stimmrechte ebenfalls nur quotal für die einzelnen Treugeber ausübt.[456] Eine möglicherweise hieraus resultierende Mehrfachzurechnung ist im System der §§ 22 Abs. 1 Satz 1 WpHG und § 30 Abs. 1 Satz 1 WpÜG anerkannt.[457]

Bsp.:

a) verschiedene Aktienpakete *b) einheitliches Aktienpaket*

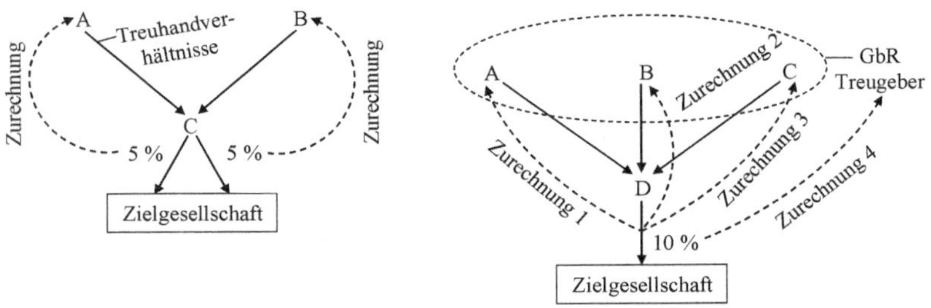

Zurechnung 1-3: A, B, C üben Stimmrechte einheitlich oder mehrheitlich aus und D hält für alle.

Zurechnung 4: A, B und C treten als GbR auf.

455 So auch S. 162.

456 So *v. Bülow* in: Kölner Kommentar zum WpÜG 2003, § 30 Rn. 60; *Pittroff*, S. 162; a. A.: *Riehmer* in: Haarmann/Riehmer/Schüppen 2002, § 30 Rn. 33, *Opitz*, in: Schäfer, WpHG Kommentar, § 22 Rn. 14.

457 Vgl. *Pittroff*, S. 164 zur Kettentreuhand, der dies jedoch ohne nähere Begründung bei der Beurteilung mehrgliedriger Treuhandverhältnisse problematisiert.

(2) Holding-, Vermögensverwaltungs- oder Vorschaltgesellschaften

Unter diesem Gesichtspunkt wird in der Literatur die Frage aufgeworfen, wann Aktien, die von einer Gesellschaft (rechtsformunabhängig) gehalten werden, auf Grund des Zurechnungstatbestandes des § 22 Abs. 1 Satz 1 Nr. 2 WpHG oder § 30 Abs. 1 Satz Nr. 2 WpÜG zugerechnet werden. Fraglich ist insoweit, ob eine Zurechnung nach den vorgenannten Zurechnungstatbeständen an die Gesellschafter allein auf Grund der gesellschaftsvertraglichen Regelungen oder ihres bestimmten Zweckes erfolgen kann.[458] Einerseits wird bei Gesellschaften, deren ausschließlicher Zweck daran liegt, eine oder mehrere Beteiligungen zu halten, ohne daß die Gesellschaft eine andersartige unternehmerische Tätigkeit entfaltet (Vermögensverwaltungs-, Vorschaltgesellschaft), eine Zurechnung der von der Gesellschaft gehaltenen Aktien an ihre Gesellschafter nach den vorgenannten Zurechnungstatbeständen für möglich gehalten.[459] Denn bei einer solchen Gesellschaft würden die Chancen und Risiken der von der Gesellschaft gehaltenen Aktien den Gesellschaftern allein über deren Mitgliedschaft an der Gesellschaft vermittelt werden[460] und auf Grund der Mitgliedschaftsrechte auch Einflußmöglichkeiten auf die Ausübung der Stimmrechte bestehen. Denn es dürfe keinen Unterschied machen, ob das Halten für „fremde Rechnung" auf schuldrechtlicher oder gesellschaftsrechtlicher Grundlage geschehe. Weitere Voraussetzung sei lediglich, daß der einzelne Gesellschafter wesentlichen Einfluß auf die Stimmrechtsausübung nehmen kann. Ähnlich wie bei den Sachverhalten der mehrgliedrigen Treuhand wird dies bei einer Mehrheitsbeteiligung, bei einer Minderheitsbeteiligung mit Vetorecht, dem Konsensprinzip oder einer sonstigen Möglichkeit eines Gesellschafters die Ausübung der Stimmrechte ganz oder teilweise bestimmen zu können, angenommen.[461] Maßgebend für die Zurechnung der Stimmrech-

458 Vgl. zu dieser Problematik: *Dehlinger/Zimmermann* in: Kommentar zum WpHG 2009, § 22 Rn. 55; *v. Bülow* in: Kölner Kommentar zum WpÜG 2003, § 30 Rn. 63; *Pittroff*, S. 165 ff.; *Schneider* in: Assmann/Pötzsch/Schneider Kommentar zum WpÜG 2005, § 30 Rn. 39 ff. m.w.N.

459 OLG Schleswig, Urteil vom 8.12.2005, Az. 5 U 57/04, ZIP 2006, S. 421 (423). *Schneider* in: Assmann/Schneider, Kommentar zum WpHG 2009, § 22 Rn. 74, ders. AG 1997, S. 81, 84; *Burgard*, BB 1995, S. 2069, 2073; *Walz* in: Frankfurter Kommentar zum WpÜG 2008, § 30 Rn. 44; *Riehmer* in: Haarmann/Riehmer/Schüppen, Kommentar zum WpÜG 2002, § 30 Rn. 37; *Steinmeyer* in: Steinmeyer/Häger, WpÜG 2007, § 30 Rn. 21; *Pittroff*, S. 167.

460 *Burgard*, BB 1995, S. 2069, 2073, *Schneider* in: Assmann/Schneider, Kommentar zum WpHG 2009, § 22 Rn. 74 f.; *Schneider* in: Assmann/Pötzsch/Schneider, Kommentar zum WpÜG 2005, § 30 Rn. 43.

461 *Schneider* in: Assmann/Pötzsch/Schneider, Kommentar zum WpÜG 2005, § 30 Rn. 45; *Burgard*, BB 1995, S. 2069, 2073; *Riehmer* in: Haarmann/Riehmer/Schüppen, Kommentar zum WpÜG 2005, § 30 Rn. 37.

te an die Gesellschafter ist nach dieser Ansicht die Ausgestaltung der Einflußmöglichkeiten des einzelnen Gesellschafters auf die Ausübung der Stimmrechte durch die Gesellschaft. Soweit eine Einflußmöglichkeit besteht, wird teilweise die quotale Zurechnung angenommen[462] oder je nach Ausgestaltung des Abstimmungsverhaltens differenziert.[463]

Andererseits wird die Zurechnung von Stimmrechten aus von einer Vermögensverwaltungs- oder Vorschaltgesellschaft gehaltenen Aktien auf Grund der vorgenannten Zurechnungstatbestände generell abgelehnt.[464] Denn die Chancen und Risiken aus den von der Gesellschaft gehaltenen Aktien treffen diese selbst und unmittelbar als eigenständiges Wirtschaftssubjekt.[465] Zudem würde eine solche Gesellschaft die Stimmrechte eben nicht quotal für jeden Gesellschafter halten, so daß ohne besondere Abreden keine Zurechnung an die Gesellschafter erfolgen könnte.[466] Letzterer Ansicht ist zu folgen. Die Zurechnung von Stimmrechten aus Aktien, die von einer Gesellschaft gehalten werden, an ihre Gesellschafter, ist zunächst durch den Tatbestand des § 22 Abs. 1 Satz 1 Nr. 1 WpHG und § 30 Abs. 1 Satz 1 Nr. 1 WpÜG geregelt. Soweit die festgelegten Voraussetzungen nicht vorliegen, ist eine Zurechnung allein auf Grund der gesellschaftsvertraglichen Regelungen nicht gerechtfertigt. Hinzutreten müssen abweichende Vereinbarungen mit der Gesellschaft oder unterhalb der Gesellschafter, die dazu führen, daß die Gesellschafter nicht nur mittelbar die Chancen und Risiken tragen, sondern auch Einfluß auf die Stimmrechtsausübung nehmen können. Denn anders als bei einem klassischen Treuhandverhältnis, ist auch eine reine Vermögensverwaltungsgesellschaft zunächst verpflichtet, ihre eigenen Vermögensinteressen zu befolgen. Daß diese Interessen weitestgehend mit denen ihrer Gesellschafter übereinstimmen werden, ist lediglich ein wirtschaftlicher Reflex, der jedoch allein keine Zurechnung zu begründen vermag. Eine Ausdehnung des Zurechnungstatbestandes des § 22 Abs. 1 Satz 1 Nr. 2 WpHG und § 30 Abs. 1 Satz 1 Nr. 2 WpÜG ist auch vor dem Hintergrund des Schutzzweckes des WpHG und WpÜG nicht erforderlich. Zum einen ist die Gesellschaft selbst Zurechnungssubjekt, so daß bei Überschreitung der Kontrollschwelle diese selbst ein Angebot

---

462 *Lenz/Linke*, AG 2002, S. 369; *Schneider* in: Assmann/Pötzsch/Schneider, Kommentar zum WpÜG 2005, § 30 Rn. 45; *Schneider/Burgard*, DB 1996, S. 1761 (1764).

463 *Pittroff*, a.a.O., S. 168.

464 *Dehlinger/Zimmermann* in: Kommentar zum WpHG 2009, § 22 Rn. 55; *v. Bülow* in: Kölner Kommentar zum WpÜG 2003, § 30 Rn. 63; *Falkenhagen*, WM 1995, S. 1005, 1007.

465 *Dehlinger/Zimmermann* in: Kommentar zum WpHG 2009, § 22 Rn. 55; v. *Bülow* in: Kölner Kommentar zum WpÜG 2003, § 30 Rn. 63; *Falkenhagen*, WM 1995, S. 1005, 1007.

466 *Dehlinger/Zimmermann* in: Kommentar zum WpHG 2009, § 22 Rn. 55; v. *Bülow* in: Kölner Kommentar zum WpÜG 2003, § 30 Rn. 63.

abgeben bzw. eine Mitteilung machen müßte. Zum anderen ist über den jeweiligen Zurechnungstatbestand des Tochterunternehmens ein hinreichender Schutz des Kapitalmarktes gewährleistet. Dieser Tatbestand reflektiert bereits sämtliche Sachverhalte, bei denen Beherrschungsmöglichkeiten der Gesellschafter einer Gesellschaft auf die Ausübung der von dieser Gesellschaft gehaltenen Stimmrechte durchgreifen.

Bsp.:

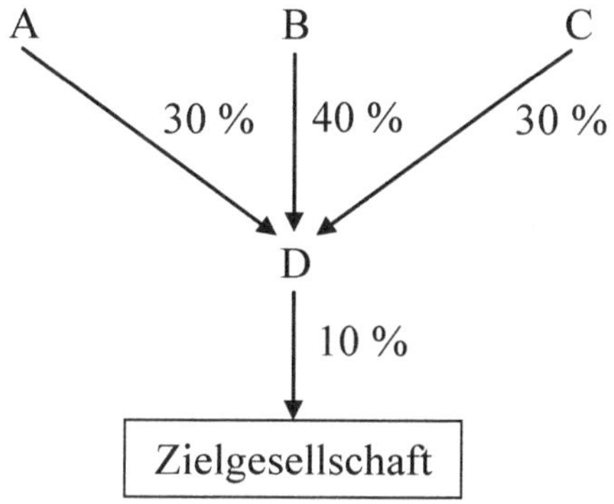

keine Zurechnung an A, B, C

(3) Wertpapierleihe

Unter Wertpapierleihe versteht man die Gewährung eines Wertpapierdarlehen nach § 607 ff. BGB.[467] Die Wertpapierleihe besteht regelmäßig darin, daß der Verleiher Wertpapiere an den Entleiher überträgt. Der Entleiher wird damit Inhaber der übertragenen Aktien. In der Regel beträgt die Laufzeit eines Wertpapierdarlehens maximal ein Jahr.[468] Nach Ablauf des Wertpapierdarlehens ist der Entleiher grundsätzlich verpflichtet, dem Verleiher entweder die entliehenen Aktien oder eine entsprechende Anzahl von Aktien gleicher Gattung an den Verleiher

467 *Süßmann* in: Geibel/Süßmann, Kommentar zum WpÜG 2008, § 30 Rn. 13; *Schneider* in: Assmann/Schneider, Kommentar zum WpHG 2006, § 22 Rn. 44; *Schneider* in: Assmann/Pötzsch/Schneider, Kommentar zum WpÜG 2005, § 30 Rn. 47; *Schmidt/Mühlhäuser*, BB 2001, S. 2609; *Dörge*, S. 37.

468 *Schneider* in: Assmann/Pötzsch/Schneider, Kommentar zum WpÜG 2005, § 30 Rn. 47; Jahresbericht der BaFin 2004, Kap. 5, S. 205.

zurück zu übertragen.[469] Fraglich ist im Zusammenhang mit den Zurechnungstatbeständen des § 22 Abs. 1 Satz 1 Nr. 2 WpHG und § 30 Abs. 1 Satz 1 Nr. 2 WpÜG, ob während der Dauer der Wertpapierleihe die Stimmrechte aus den entliehenen Aktien nicht nur dem zivilrechtlichen Inhaber (Entleiher), sondern auch dem Verleiher zuzurechnen sind. Dabei wird grundsätzlich zwischen zwei Formen der Wertpapierleihe unterschieden: Der einfachen Wertpapierleihe und der sog. Kettenwertpapierleihe. Bei der einfachen Wertpapierleihe ist der Entleiher verpflichtet, die ihm vom Verleiher gewährten Aktien an diesen zurück zu übertragen.[470]

Bei der Kettenwertpapierleihe ist der Entleiher regelmäßig berechtigt, die Aktien weiter zu veräußern oder zu verleihen.[471] In diesem Fall besteht lediglich die Pflicht Aktien gleicher Art und Güte an den Verleiher nach Ablauf des Darlehensvertrages zurück zu übertragen.[472] Die Kettenwertpapierleihe stellt den Regelfall dar. Ausgangspunkt für die Bestimmung der Zurechnung von Stimmrechten bei beiden Formen der Wertpapierleihe müssen die herausgearbeiteten Grundsätze sein. Maßgeblich ist somit, ob dem Verleiher Chancen und Risiken aus den verliehenen Aktien zuzurechnen sind und er Einfluß auf die Stimmrechtsausübung aus diesen Aktien nehmen kann. Hiernach muß eine Zurechnung von Stimmrechten in den Fällen der sog. Kettenwertpapierleihe ausscheiden, soweit nicht die Rückübertragung genau der Aktien vorgesehen ist, die vom Verleiher dem Entleiher übertragen wurden.[473] Weder das WpHG noch das WpÜG kennen eine abstrakte Zurechnung von Stimmrechten ohne konkreten Bezug zu individualisierten Aktien. Nur bezogen auf individualisierte Aktien können die Chancen und Risiken sowie die Möglichkeit der Einflußnahme auf die Ausübung der Stimmrechte aus diesen Aktien bestimmt werden.[474] Soweit die Rückübertragungspflicht sich auf individualisierte Aktien bezieht, ist allein entscheidend, wem die Chancen und Risiken aus den Aktien zuzurechnen sind, sowie welche Einflußnahmemöglichkeiten der Verleiher auf die Ausübung der Stimmrechte aus den Aktien hat. Die Zurechnung der wirtschaftlichen Chancen und Risiken beurteilt sich nach den oben dargestellten Grundsätzen. Da bei einem einfachen Wertpapierleihgeschäft davon auszugehen ist, daß dem Verleiher die Rechte auf Zinsen, Dividenden, sonstige Ausschüttungen und Bezugsrechte während der gesamten Laufzeit der Wertpapierleihe zustehen und ihm nach Ablauf der Wertpapierleihe lediglich die

---

469 *Kienle*, in: Bankrechts-Handbuch, § 105, Rn. 39; *Dörge*, S. 39, Fn. 83.

470 Vgl. Jahresbericht der BaFin 2004, Kap. 4, S. 205.

471 *Kümpel*, WM 1990, S. 909, 910, *Kümpel*, Wertpapierhandelsgesetz, S. 137.

472 *Beyer* in: Münchner Kommentar zum Aktiengesetz § 22 Anh., § 22 WpHG; Rn: 14, *Schneider* in: Assmann/Schneider, Kommentar zum WpHG 2006, § 22 Rn. 45.

473 *BaFin*, Emittentenleitfaden 2009, VIII. 2.5.2.2.

474 So auch *BaFin*, Jahresbericht 2004, Kap. 4 Seite 206; *v. Bülow* in: Kölner Kommentar zum WpÜG 2003, § 30 Rn. 70; *Opitz* in: Schäfer/Opitz, WpHG, § 22 Rn. 30.

verliehenen Aktien ohne Kompensation etwaiger Kursverluste oder unter Abzug etwaiger Kursgewinne zurückzugewähren sind, der Verleiher somit sämtliche wirtschaftlichen Risiken der Aktien weiter trägt, ist von einer Zurechnung der wirtschaftlichen Chancen und Risiken beim Verleiher auszugehen.[475]

Pittroff knüpft fälschlicherweise an die Zuordnung des wirtschaftlichen Eigentums im bilanzrechtlichen Sinne an, um über die Zuordnung der wirtschaftlichen Chancen und Risiken i.S.d. WpHG und WpÜG zu entscheiden. Dabei werden jedoch die im Bilanzrecht maßgeblichen Grundsätze der vermögensmäßigen Zuordnung von Wirtschaftsgütern mit den kapitalmarktrechtlichen Grundsätzen des WpHG und WpÜG der Zurechnung von Stimmrechten miteinander vermischt. Bei den Hinzurechnungstatbeständen des § 22 Abs. 1 Satz 1 Nr. 2 WpHG und § 30 Abs. 1 Satz 1 Nr. 2 WpÜG kommt es, wie oben bereits dargelegt, gerade nicht darauf an, daß das vermögensmäßige Substrat der Aktie gänzlich dem Meldepflichtigen oder Bieter zuzurechnen ist. Entscheidend ist vielmehr, ob auf Grund seiner Teilhabe an den wirtschaftlichen Chancen und Risiken auf seine Möglichkeit, die Stimmrechtsausübung zu beeinflussen, geschlossen werden kann.

Auch nach der Ausgestaltung der Wertpapierleihe durch die Sonderbedingungen für Wertpapier-Leihgeschäfte scheidet der überlassene Gegenstand nicht aus dem Vermögen des Verleihers aus. Diesen trifft vielmehr das volle Risiko des Kursverlustes der Aktie, da er vom Entleiher nach Rückerhalt der Aktie keinen Wertausgleich für die Kursverluste verlangen kann.[476] Der Verbleib dieser wirtschaftlichen Chancen und Risiken bei dem Verleiher wird durch die Entleihgebühr im Falle sog. Hedging-Geschäfte kompensiert.[477] Da der Verleiher somit weiter die wirtschaftlichen Chancen und Risiken der übertragenen Aktien trägt, ist für die Zurechnung nach den vorgenannten Zurechnungstatbeständen entscheidend, ob er auch Einfluß auf die Ausübung der Stimmrechte aus diesen Aktien nehmen kann. Unstreitig ist zunächst, daß zivilrechtlich der Entleiher die Befugnis zur Stimmrechtsausübung innehat.[478] Fragt sich, inwieweit der Verleiher bei der einfachen Wertpapierleihe Einfluß auf die Stimmrechtsausübung nehmen darf. Teilweise wird angenommen, daß bei der einfachen Wertpapierleihe der Verleiher stets Einfluß auf die Ausübung der Stimmrechte nehmen kann.[479]

---

475 *BaFin*, Emittentenleitfaden 2009, VIII 2.5.2.2; *Burgard*, BB 1995, S. 2069, 2073, *Pittroff*, S. 174.

476 *Pittroff*, S. 73 ff.; *Schmid/Mühlhäuser*, BB 2001, S. 2609, 2611.

477 *Schmid/Mühlhäuser*, BB 2001, S. 2609 Fn. 12.

478 *Kümpel/Peters*, AG 1994, S. 525, 530.

479 *BaFin*, Emittentenleitfaden 2009, VIII. 2.5.2.2; *Schneider* in: Assmann/Pötzsch/Schneider, Kommentar zum WpÜG 2005, § 30 Rn. 50; *Nottmeier/Schäfer* AG 1997, S. 87, 93, *Burgard*, BB 1995, S. 2069, 2073.

Nach zutreffender Ansicht bestehen jedoch keine Einflußmöglichkeiten des Verleihers, soweit keine besonderen Vereinbarungen über die Ausübung des Stimmrechts aus den verliehenen Aktien getroffen wurden.[480] Hierfür sprechen auch die Sonderbedingungen für Wertpapierleihgeschäfte, die festlegen, daß der Verleiher während der Dauer der Wertpapierleihe über diese Wertpapiere weder verfügen noch Stimmrechte aus den verliehenen Aktien ausüben kann.[481] Es ist auch nicht ersichtlich, inwieweit aus allgemeinen Grundsätzen der Wertpapierleihe eine Pflicht des Entleihers abgeleitet werden könnte, ob bei der Stimmrechtsausübung Rücksicht auf den Verleiher zu nehmen ist.[482] Ohne besondere Vereinbarung zwischen Entleiher und Verleiher besteht somit keine Möglichkeit der Einflußnahme auf die Stimmrechtsausübung durch den Verleiher. Eine Zurechnung nach § 22 Abs. 1 Satz 1 Nr. 2 WpHG bzw. § 30 Abs. 1 Satz 1 Nr. 2 WpÜG muß somit ausscheiden. Soweit die BaFin bei der einfachen Wertpapierleihe unproblematisch eine Zurechnung der Stimmrechte aus dem vom Entleiher gehaltenen Aktien an den Verleiher annimmt, mag dies vor allem mit der Befürchtung von Umgehungsgeschäften begründet sein. Zur Erfassung dieser Umgehungsgeschäfte bedarf es jedoch nicht der Heranziehung der vorgenannten Zurechnungstatbestände. Denn soweit zwischen Verleiher und Entleiher die Ausübung der Stimmrechte abgestimmt wird, kann auf Grund anderer Tatbestände eine Zurechnung erfolgen. Bei der Anwendung der Zurechnungstatbestände darf nicht übersehen werden, daß diese lediglich Vermutungstatbestände darstellen, bei denen regelmäßig davon auszugehen ist, daß das Zurechnungssubjekt Einfluß auf die Stimmrechtsausübung hat. Dies ist jedoch gerade bei einem klassischen Wertpapierleihgeschäft nicht der Fall, so daß auch kein Bedürfnis für die Erweiterung dieses Tatbestandes besteht.

---

480 *Dehlinger/Zimmermann* in: Fuchs Kommentar zum WpHG 2009, § 22 Rn. 56; *Pittroff*, S. 177; *Süßmann*, in: Geibel/Süßmann WpÜG 2008, § 30 Rn. 14; *Diekmann*, in: Baums/Thoma, Kommentar zum WpÜG 2005, § 30 Rn. 46, *Riehmer* in: Haarmann/Riehmer/Schüppen, Kommentar zum WpÜG 2005, § 30 Rn. 35; *v. Bülow* in: Kölner Kommentar zum WpÜG 2003, § 30 Rn. 66; *Steinmeyer* in: Steinmeyer/Häger, WpÜG 2007, § 30 Rn. 34.

481 Ziff. II.2.(3) Satz 1 der Sonderbedingungen für Wertpapier-Leihgeschäfte im Wertpapier-Leihsystem der Deutscher Kassenverein Aktiengesellschaft, Frankfurt/Main, WM 1990, S. 951, 952.

482 *Pittroff*, S. 176.

Bsp.:

einfache Wertpapierleihe

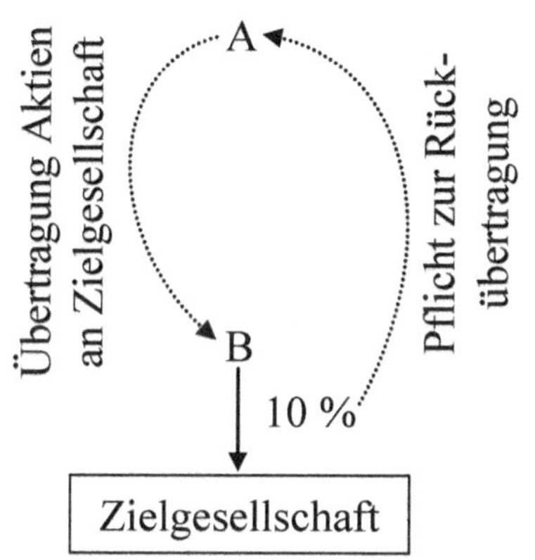

keine Zurechnung mangels Einflusses auf Stimmrechtsausübung

(4) Wertpapierpensionsgeschäft

Bei dem Wertpapierpensionsgeschäften ist zwischen dem sog. echten Wertpapierpensionsgeschäft und dem sog. unechten Wertpapierpensionsgeschäft zu unterscheiden. Beim echten Wertpapierpensionsgeschäft wird der Pensionsnehmer zivilrechtlicher Inhaber der in Pension gegebenen Aktien und somit Halter der damit verbundenen Stimmrechte. Er ist verpflichtet, die verpensionierten Aktien zu dem bei Vertragsschluß bereits vereinbarten oder aber vom Pensionsgeber noch festzulegenden Zeitpunkt an den Pensionsgeber gegen Zahlung des vereinbarten Rücknahmepreises zurück zu übereignen.[483] Das unechte Wertpapierpensionsgeschäft unterscheidet sich darin, daß der Pensionsnehmer berechtigt ist, die in Pension gegebenen Wertpapiere an den Pensionsgeber zu einem bestimmten Zeitpunkt gegen Zahlung eines festgelegten Betrages zurück zu übertragen.[484] Im Unterschied zur Wertpapierleihe enthält der Pensionsgeber nicht lediglich

483 *Kienle*, in: Schimansky/Bunte/Lwowski, § 105 Rn. 16.
484 *Kienle*, in: Schimansky/Bunte/Lwowski, § 105 Rn. 17.

eine Gebühr für die Überlassung der Aktien, sondern den vollen vereinbarten Kaufpreis. Hinsichtlich der Beurteilung der vorstehenden Wertpapierpensionsgeschäfte können die zur Wertpapierleihe ausgearbeiteten Grundsätze herangezogen werden. Dabei ist vorliegend zu beachten, daß lediglich beim echten Pensionsgeschäft der Pensionsgeber überhaupt sämtliche Chancen und Risiken aus den übertragenen Aktien trägt, da er diese zu dem fest vereinbarten Preis zurück erwerben muß. Beim unechten Wertpapierpensionsgeschäft ist er lediglich dem Risiko ausgesetzt, daß er vom Pensionsnehmer auf dessen Verlangen die Aktien zurücknehmen muß. Er trägt somit beim unechten Pensionsgeschäft lediglich die Risiken. Hinsichtlich der Möglichkeiten zur Einflußnahme auf die Stimmrechtsausübung werden die gleichen Ansichten wie zur Wertpapierleihe vertreten. Aus den vorstehend ausgeführten Gründen findet daher auch beim Pensionsgeschäft keine Zurechnung an den Pensionsgeber statt, es sei denn, zwischen Pensionsgeber und Pensionsnehmer sind besondere Regelungen zur Stimmrechtsausübung getroffen worden. Ob sich dann die zuzurechnenden Stimmrechte nach § 22 Abs. 1 Satz 1 Nr. 2 WpHG bzw. § 30 Abs. 1 Satz 1 Nr. 2 WpÜG richten, oder nach einen anderen Zurechnungstatbestand, ist eine Frage des Einzelfalles.

d) Zusammenfassung

Entscheidend für die Zurechnung von Stimmrechten nach § 22 Abs. 1 Satz 1 Nr. 2 WpHG oder § 30 Abs. 1 Satz 1 Nr. 2 WpÜG ist neben der Zuordnung der Chancen und Risiken, die damit verbundene Möglichkeit der Einflußnahme auf die Ausübung von Stimmrechten. Die Verteilung von Chancen und Risiken ist lediglich Anknüpfungspunkt für die Zurechnung von Stimmrechten. Soweit jedoch eine Einflußnahme auf die Ausübung ohne abweichende Vereinbarungen ausgeschlossen ist, können beide Vorschriften eine Zurechnung nicht begründen.

3. Zurechnung von Stimmrechten aus Aktien gemäß § 22 Abs. 1 Satz 1 Nr. 3 WpHG und § 30 Abs. 1 Satz 1 Nr. 3 WpÜG, die einem Dritten vom Meldepflichtigen bzw. Bieter als Sicherheit übertragen wurden

Nach § 22 Abs. 1 Satz 1 Nr. 3 WpHG bzw. § 30 Abs. 1 Satz 1 Nr. 3 WpÜG sind Stimmrechte aus Aktien, die der Meldepflichtige bzw. Bieter einem Dritten als Sicherheit übertragen hat, zuzurechnen, es sei denn, der Dritte ist zur Ausübung der Stimmrechte aus diesen Aktien befugt und bekundet die Absicht, die Stimmrechte unabhängig von den Weisungen des Meldepflichtigen bzw. Bieters auszuüben.

a) Allgemeines

Der Zurechnungstatbestand ist zurückzuführen auf die Regelung in Art. 7 Unterabsatz 1 Anstrich 5 Transparenzrichtlinie 1988, die sich wieder findet in Art. 92 lit. e) der Transparenzrichtlinie 2001 und in Art. 10 lit. e) der Transparenzrichtlinie 2004. Hiernach sind dem Meldepflichtigen Stimmrechte aus von dem Meldepflichtigen gehaltenen Aktien, die als Sicherheit verwahrt werden, zuzurechnen, es sei denn, der Verwahrer hält die Stimmrechte und bekundet die Absicht, sie auszuüben; in diesem Fall sind sie den Stimmrechten des Verwahrers gleichzustellen. Eine entsprechende Regelung findet sich nicht in der Übernahmerichtlinie, da diese auf eine Regelung der Stimmrechtszurechnung zur Bestimmung der Kontrollposition des Bieters verzichtet.

b) Der Begriff „zur Sicherheit übertragen“

Nach einhelliger Auffassung erfaßt der Begriff „zur Sicherheit übertragen“ sowohl bei § 22 Abs. 1 Satz 1 Nr. 3 WpHG als auch bei § 30 Abs. 1 Satz 1 Nr. 3 WpÜG die nach deutschem Recht bekannten Sicherungsformen der Sicherungsübereignung und der Verpfändung.[485] Beide Sicherungsformen unterscheiden sich dadurch, daß bei der Verpfändung kein Wechsel in der Position des Inhabers der Aktien eintritt. Hingegen die Sicherungsübereignung nach deutschem Recht den Wechsel der formalen Inhaberstellung vom Sicherungsgeber zum Sicherungsnehmer beinhaltet. Diese Form der Sicherungseinräumung ist in anderen Mitgliedsstaaten der Europäischen Union wenig verbreitet.[486] In den anderen Mitgliedstaaten wird sich allerdings oftmals funktional gleichwertiger Sicherungsmittel bedient, die jedoch nicht einen Wechsel in der Inhaberstellung der zur Sicherheit eingeräumten Aktien beinhalten. Entsprechend verwenden die Transparenzrichtlinien an Stelle des Wortes „übertragen“ das Wort „verwahren“. Diese grundlegende Unterscheidung beider Sicherungsformen im deutschen Recht führt zu einer differenzierten Anwendung der wortgleichen Zurechnungstatbestände nach § 22 Abs. 1 Satz 1 Nr. 3 WpHG und § 30 Abs. 1 Satz 1 Nr. 3 WpÜG. Da nach dem Wortlaut beider Bestimmungen jeweils nur der Sicherungsgeber Zurechnungssubjekt ist, stellt sich im deutschen Recht die Frage der Zurechnungswirkung beider Zurechnungstatbestände. Denn bei der Verpfändung werden dem Meldepflichtigen bzw. Bieter die Stimmrechte aus den zur Sicher-

485 Begründung zum Regierungsentwurf zu § 22 Abs. 1 Nr. 4 WpHG, BT-Drucks. 12/6679, S. 53; *Süßmann* in: Geibel/Süßmann, WpÜG 2008, § 30 Rn. 17; *Steinmeyer* in: Steinmeyer/Häger, WpÜG 2007, § 30 Rn. 37; *Schneider*, in: Assmann/Schneider, WpHG 2009, § 22, Rn. 92 ff.

486 *Starke*, S. 204 ff.

heit übertragenen Aktien bereits unmittelbar aufgrund ihrer Inhaberstellung als eigene Stimmrechte nach den Grundtatbeständen des § 21 Abs. 1 WpHG bzw. § 29 Abs. 2 WpÜG zugewiesen. Für die Verpfändung bedarf es daher eigentlich keines Zurechnungstatbestandes zum Meldepflichtigen bzw. Bieter.

c) Zurechnungswirkung

Soweit der Ausnahmetatbestand des zweiten Halbsatzes nicht vorliegt, entspricht die Zurechnungswirkung des § 22 Abs. 1 Satz 1 Nr. 3 WpHG und des § 30 Abs. 1 Satz 1 Nr. 3 WpÜG im Fall der Sicherungsübereignung der Systematik der übrigen Zurechnungstatbestände des WpHG und WpÜG. Das heißt, die Stimmrechte aus den zur Sicherheit übertragenen Aktien werden dem Sicherungsgeber als Nichteigentümer zugerechnet.[487] Diese Zurechnung entspricht der bei Sicherungsverhältnissen üblichen Verteilung der wirtschaftlichen Risiken und der regelmäßigen bilanziellen Zuordnung sicherungsübereigneter Aktien beim Sicherungsgeber gem. § 246 Abs. 1 Satz 5 HGB. Soweit der Sicherungsnehmer nicht stimmrechtsbefugt ist und nicht seine Absicht bekundet, die Stimmrechte nach eigenem Ermessen auszuüben, verbleibt somit die faktische Stimmrechtskontrolle beim Sicherungsgeber.[488]

Dies gilt auch für den Sicherungsgeber im Fall der Verpfändung. Jedoch bleibt der Sicherungsgeber dann Inhaber, so daß ihm die Stimmrechte unmittelbar, ohne daß es hierfür eines Zurechnungstatbestandes bedarf, zugewiesen sind. Legt man die bei den anderen Zurechnungstatbeständen übliche Zurechnungswirkung zugrunde, würden beide Zurechnungstatbestände im Falle der Verpfändung jedoch leer laufen. Fraglich ist daher, ob beiden Zurechnungstatbeständen eine besondere Zurechnungswirkung insbesondere bei der Verpfändung zukommt.

Unstreitig ist, daß bei einer Sicherungsübereignung bei Vorliegen der Voraussetzung des zweiten Halbsatzes dem Sicherungsgeber keine Stimmrechte zugerechnet werden, sondern diese allein beim Sicherungsnehmer als Inhaber berücksichtigt werden.[489] Streitig ist jedoch, ob die Zurechnung im Falle der Sicherungsübereignung beim Sicherungsgeber dazu führt, daß die Stimmrechte beim Sicherungsnehmer hinwegzurechnen sind. Denn sowohl nach der Systematik des WpHG als auch des WpÜG ist eine mehrfache Zurechnung von Stimmrechten dem Grunde nach anerkannt, so daß es systematisch eigentlich keiner Hinwegrechnung bedarf. Eine Hinwegrechnung von Stimmrechten beim zivilrechtlichen Inhaber sehen beide Gesetze dem Wortlaut nach auch nicht vor.

487 *Pittroff*, S. 190; *Diekmann*, in: Baums/Thoma, WpÜG, 2005, § 30, Rn. 50
488 *Opitz* in: Schäfer, WpHG, § 22, Rn. 55.
489 *Riehmer* in: Haarmann/Riehmer/Schüppen, WpÜG 2002, § 29, Rn. 34; *Pittroff*, S. 200; *Schneider* in: Assmann/Schneider, WpHG, 2009, § 22, Rn. 95.

Nach ganz überwiegender Auffassung für das WpHG bewirkt das tatbestandliche Vorliegen des Zurechnungstatbestandes nach § 22 Abs. 1 Satz 1 Nr. 3 WpHG jedoch eine Hinwegrechnung beim Sicherungsnehmer und damit Inhaber, eine so genannte Absorption.[490] Aufgrund des Zurechnungstatbestandes des § 22 Abs. 1 Satz 1 Nr. 3 WpHG sollen folglich die Stimmrechte aus den sicherungsübereigneten Aktien entweder ausschließlich dem Sicherungsgeber oder ausschließlich dem Sicherungsnehmer zugerechnet werden. Eine doppelte Berücksichtigung scheidet hiernach aus. Dies folge aus einer richtlinienkonformen Auslegung des § 22 Abs. 1 Nr. 3 WpHG[491] sowie der Begründung des Regierungsentwurfes zu § 22 WpHG.[492]

Zutreffend ist, daß der Wortlaut der Transparenzrichtlinien eine ausschließliche Zurechnung der Stimmrechte aus sicherungsübereigneten Aktien begründen kann. Denn die entsprechenden Regelungen in der Transparenzrichtlinie ordnen die Gleichstellung der sicherungsverwahrten Aktien mit den eigenen Aktien des Verwahrers an, wenn dieser die Stimmrechte hält und seine Absicht bekundet hat, diese selbst auszuüben. Aus der Gleichstellungsanordnung folgt, daß die Stimmrechte somit im Sinne der Richtlinie nicht mehr als Stimmrechte des Meldepflichtigen gelten können. Die Inhaberstellung kann in diesem Fall keine Zuordnung der Stimmrechte begründen. Diese Ausschließlichkeit der Zurechnung muß dann konsequenterweise auch für den umgekehrten Fall des Vorliegens des Zurechnungstatbestandes gelten. Weitere Rechtfertigung für die ausschließliche Zurechnung ist, daß die vom Sicherungsnehmer gehaltenen Aktien nach Erfüllung der Verbindlichkeit dem ursprünglichen Aktionär wieder zufallen und dieser grundsätzlich aufgrund der zugrunde liegenden Sicherungsabrede den Weisungen des Sicherungsgebers unterliegt.[493] Das WpHG kennt somit eine Hinwegrechnung der Stimmrechte beim Wertpapierinhaber. Dem Zurechnungstatbestand des § 22 Abs. 1 Satz 1 Nr. 3 WpHG kommt damit auch eine Bedeutung bei einer Verpfändung von Aktien zu. Allerdings entpuppt sich die Regelung des § 22 Abs. 1 Satz 1 Nr. 3 Halbsatz 2 WpHG insoweit als negativer Zurechnungstatbestand. Bei der Bestimmung des Stimmrechtsanteils des Meldepflichtigen führt das Vorliegen der Voraussetzungen des § 22 Abs. 1 Satz 1 Nr. 3 Halbsatz 2 WpHG zu einer

490 *Schneider* in: Assmann/Schneider, WpHG 2009, § 22, Rn. 93, 95; *Opitz* in: Schäfer, WpHG, § 22, Rn. 56, 58; *Burgard*, BB 1995, S. 2069, 2007; *Meyer/Bundschuh*, WM 2003, S. 961; *Starke*, S. 204 f.

491 *Schneider* in: Assmann/Schneider, WpHG, 2009, § 22, Rn. 93.

492 *Schneider* in: Assmann/Schneider, WpHG, 2009, § 22, Rn. 93; *Starke*, S. 204; Begründung zum Regierungsentwurf zu § 22, BT-Drucks. 12/6679, S. 53; *Pittroff*, S. 202 f.

493 *Schneider* in: Assmann/Schneider, WpHG, 2009, § 22, Rn. 96; Begründung zum Regierungsentwurf, BT-Drucks. 12/6679, S. 53.

Hinwegrechnung beim Sicherungsgeber und Wertpapierinhaber. Hieraus kann somit ein Verlust von Stimmrechten resultieren.

Fraglich ist, ob diese Ausschließlichkeit der Zurechnung bzw. die negative Zurechnung auch für die Regelung des § 30 Abs. 1 Satz 1 Nr. 3 WpÜG gelten kann. Einerseits wird die Auffassung vertreten, daß im Rahmen des § 30 Abs. 1 Satz 1 Nr. 3 WpÜG, anders als bei § 22 Abs. 1 Satz 1 Nr. 3 WpHG, der Grundsatz der doppelten Zurechnung gilt. Das heißt, die Stimmrechte aus den zur Sicherheit übertragenen Aktien werden im Falle der Sicherungsübereignung sowohl beim Sicherungsgeber als auch beim Sicherungsnehmer zugerechnet.[494] Andererseits wird die Auffassung vertreten, daß auch im Rahmen des § 30 Abs. 1 Satz 1 Nr. 3 WpÜG bei Vorliegen des Zurechnungstatbestandes eine ausschließliche Zurechnung beim Sicherungsgeber erfolgt.[495]

Dieser Auffassung steht jedoch bereits die Regelungssystematik des WpÜG entgegen. Das WpÜG kennt mit Ausnahme der Regelungen in §§ 20, 36 WpÜG keine Nichtberücksichtigung von Stimmrechten des Inhabers bei der Bestimmung seines Stimmrechtsanteils. Nach dem eindeutigen Wortlaut des § 29 Abs. 2 WpÜG sind Stimmrechte aus Aktien stets beim Inhaber zu berücksichtigen. In diesem Sinne sieht § 30 WpÜG auch lediglich die Zurechnung von Stimmrechten aus Aktien vom zivilrechtlichen Inhaber zum NichtInhaber vor. Eine Hinwegrechnung der Stimmrechte aus Aktien beim Inhaber sieht § 30 WpÜG nicht vor. Die Hinwegrechnung widerspricht dem Wortlaut des § 30 WpÜG. Die Parallelität des Zurechnungstatbestandes in § 22 Abs. 1 Satz 1 Nr. 3 WpHG kann – wie bereits oben dargestellt – keine andere Auslegung für § 30 WpÜG rechtfertigen. Denn dabei wird verkannt, daß die ausschließliche Zurechnung im Rahmen des § 22 Abs. 1 Satz 1 Nr. WpHG auf einer richtlinienkonformen Auslegung beruht, die jedoch nicht für § 30 WpÜG gilt. Ferner ist zu berücksichtigen, daß § 30 Abs. 1 Satz 1 Nr. 3 WpÜG ein Sonderfall des § 30 Abs. 1 Satz 1 Nr. 2 WpÜG darstellt, da das Sicherungsverhältnis als ein besonderes Treuhandverhältnis zu werten ist. Für den Zurechnungstatbestand des § 30 Abs. 1 Satz 1 Nr. 2 WpÜG ist jedoch allgemein anerkannt, daß die zugerechneten Stimmrechte kumulativ beim Treuhänder und Treugeber berücksichtigt werden. Etwas anderes kann daher auch nicht für einen Unterfall der Treuhand gelten. Im Rahmen des WpÜG sind die Stimmrechte bei der Sicherungsübereignung stets beim Sicherungsnehmer

---

494 *Schneider* in: Assmann/Schneider, Kommentar zum WpHG 2009, § 22 Rn. 94; *ders.* in: Assmann/Pötzsch/Schneider, WpÜG, 2005, § 30 Rn. 56; *Steinmeyer* in: Steinmeyer/Häger, WpÜG 2007, § 30 Rn. 38; *v. Bülow*, in: Kölner Kommentar WpÜG, § 29, Rn. 100; *Pittroff*, S. 203; *Sohbi* in: Heidel, Anwaltskommentar, § 30 Rn. 10.

495 *Meyer/Bundschuh*, WM 2003, S. 960, 963 ff.; *Riehmer* in: Haarmann/Riehmer/Schüppen, WpÜG 2002, § 30 Rn. 42; *Schüppen/Walz* in: Frankfurter Kommentar zum WpÜG 2008, § 30 Rn. 49.

zu erfassen und, soweit die Voraussetzungen des § 30 Abs. 1 Satz 1 Nr. 3 Halbsatz 2 WpÜG nicht vorliegen, auch beim Sicherungsgeber. Hieraus folgt jedoch ebenfalls, daß die Verpfändung im Rahmen des § 30 Abs. 1 Satz 1 Nr. 3 WpÜG keine Berücksichtigung findet. Eine Hinwegrechnung beim Verpfänder und Inhaber steht der Wortlaut des § 30 Abs. 1 Satz 1 Nr. 3 WpÜG ebenso entgegen wie einer Zurechnung zum Pfandgläubiger. Die vorstehend vertretene Auffassung hat ihren Niederschlag in § 9 Satz 1 Nr. 4 WpÜG-Angebotsverordnung gefunden, wonach bei einer Kontrollerlangung zum Zwecke der Forderungssicherung eine Befreiung von den Pflichten des § 35 WpÜG erfolgen kann.[496]

d) Zusammenfassung

Die Zurechnung von Stimmrechten nach § 22 Abs. 1 Satz 1 Nr. 3 WpHG und nach § 30 Abs. 1 Satz 1 Nr. 3 WpÜG stellt jeweils einen Sonderfall zur jeweiligen Nr. 2 dar. Insoweit gelten daher zunächst die gleichen Grundsätze für die Zurechnung von Stimmrechten. Diese knüpft an die Zuordnung der wirtschaftlichen Chancen und Risiken und der damit verbundenen Möglichkeit der Einflußnahme auf die Ausübung der Stimmrechte an. § 22 Abs. 1 Satz 1 Nr. 3 WpHG ist jedoch richtlinienkonform auch dahingehend auszulegen, daß eine Zurechnung von Stimmrechten zum Meldepflichtigen gleichzeitig eine Hinwegrechnung beim eigentlichen Wertpapierinhaber bewirkt. Ein Hinwegrechnung kann hingegen § 30 Abs. 1 Satz 1 Nr. 3 WpÜG nicht bewirken. Dem steht der Wortlaut und die Übernahmerichtlinie entgegen. Der Übernahmerichtlinie ist eine Hinwegrechnung von Stimmrechten aus Aktien beim Wertpapierinhaber fremd. Entgegen § 22 Abs. 1 Satz 1 Nr. 3 WpHG entfaltet § 30 Abs. 1 Satz 1 Nr. 3 WpÜG bei der Verpfändung von Aktien daher keine Rechtswirkung.

---

496 So auch *Schneider* in: Assmann/Schneider, Kommentar zum WpHG 2009, § 22 Rn. 94; *Meyer/Bundschuh* ist jedoch beizupflichten, daß hieraus keine Rechtfertigung für die hier vertretene Auffassung abgeleitet werden kann. Die Ausgestaltung einer Verordnung kann schon aus verfassungsrechtlichen Erwägungen nicht die Auslegung des Gesetzes bestimmen, auf dem sie beruht, vgl. *Meyer/Bundschuh*, WM 2003, S. 960, 965.

Bsp.:

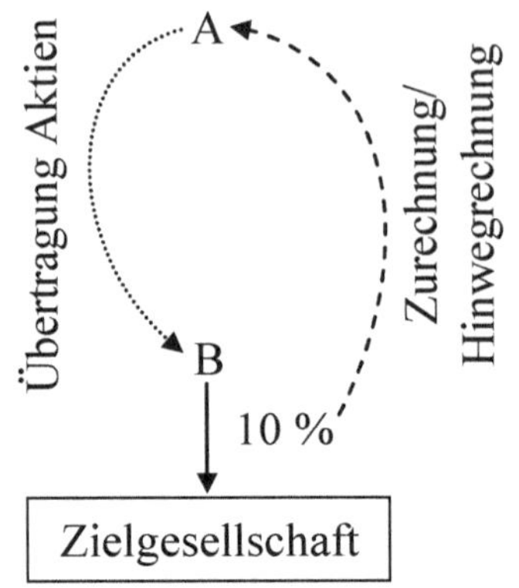

WpHG: Zurechnung bei A
Hinwegrechnung bei B

WpÜG: Zurechnung bei A, keine Hinwegrechnung

4. Zurechnung von Stimmrechten aus Aktien gemäß § 22 Abs. 1 Satz 1 Nr. 4 WpHG und § 30 Abs. 1 Satz 1 Nr. 4 WpÜG, an denen zugunsten des Meldepflichtigen bzw. Bieters ein Nießbrauch bestellt ist

a) Allgemeines

Beide Zurechnungsnormen sollen die Zurechnung von Stimmrechten gewährleisten, die einem Dritten gehören und an denen zugunsten des Meldepflichtigen bzw. Bieters ein Nießbrauch bestellt wurde. Ein entsprechender Zurechnungstatbestand findet sich in Art. 92 Satz 1 lit. f) der Transparenzrichtlinie 2001 sowie in Art. 10 Satz 1 lit. d) der Transparenzrichtlinie 2004.[497] In der Übernahmerichtlinie 2004 wird auf einen entsprechenden Zurechnungstatbestand gänzlich verzichtet.

497 Transparenzrichtlinie 2001: „Stimmrechte aus Aktien, an denen zugunsten der betreffenden Person ein Nießbrauch bestellt ist; (...)“; Transparenzrichtlinie 2004: „Stimmrechte aus Aktien, an denen zugunsten dieser natürlichen oder juristischen Person ein Nießbrauch bestellt ist; (...)“.

b) Nießbrauch und Stimmrechtszurechnung

Nießbrauch umschreibt das unvererbliche dingliche absolute Recht, sämtliche Nutzungen der belasteten Sache bzw. des belasteten Rechtes zu ziehen.[498]

Hintergrund des Zurechnungstatbestandes ist die Erfassung tatsächlich oder vermutlich bestehender Stimmrechtseinflüsse Dritter bei Einräumung eines Nießbrauchs zu deren Gunsten. Für das deutsche Recht stellen beide Zurechnungstatbestände klar, daß dem Nießbrauchsberechtigten im Rahmen der Meldepflichten nach § 21 WpHG und des Pflichtangebotes nach § 35 WpÜG Stimmrechte aus denen zu seinen Gunsten mit einem Nießbrauch belasteten Aktien stets zuzurechnen sind. Die Regelung entscheidet somit für Zwecke der Meldepflichten nach § 21 ff. WpHG und dem Pflichtangebot nach § 35 WpÜG die für das deutsche Aktienrecht umstrittene Frage, ob Stimmrechte aus Nießbrauch belasteten Aktien weiterhin dem Aktionär[499] oder dem Nießbrauchberechtigten[500] zustehen, in dem Sinne, daß sie stets auch beim Nießbrauchberechtigten zu berücksichtigen sind. Da jedoch nach der herrschenden Meinung im Aktienrecht dem Nießbrauchberechtigten kein Stimmrecht zusteht, stellt sich die Frage, ob ihm auch dann die Stimmrechte nach § 22 Abs. 1 Satz 1 Nr. 4 WpHG bzw. § 30 Abs. 1 Satz 1 Nr. 4 WpÜG zugerechnet werden sollen, wenn er tatsächlich keine Möglichkeit der Einflußnahme auf die Stimmrechtsausübung hat.

Nach einer Auffassung soll in diesem Fall nur dann eine Zurechnung der Stimmrechte an den Nießbraucher erfolgen, wenn er entweder im Rahmen der Nießbrauchsbestellung zur Ausübung des Stimmrechts bevollmächtigt worden ist oder aber der Nießbraucher anderweitig jedenfalls faktisch die Möglichkeit hat, auf die Ausübung des Stimmrechts durch den Inhaber der nießbrauchbelasteten Aktien Einfluß zu nehmen.[501] Für § 30 WpÜG wird dies damit begründet, daß das Schutzziel des § 30 WpÜG – die Erfassung materieller Stimmrechtsherrschaft – ausschließt, einem Nießbraucher Stimmrechte aus einer Nießbrauch belasteten Aktie zuzurechnen, auf deren Ausübung er weder rechtlich noch faktisch Einfluß nehmen kann. Nach anderer Auffassung soll es jedoch auch im Rahmen des § 30 WpÜG nicht darauf ankommen, ob der Nießbrauchberechtigte

---

498 *Frank* in: Staudinger, Kommentar zum Bürgerlichen Gesetzbuch, 2002, § 1030 Rn. 1, § 1068 Rn. 1, 11 ff.

499 H.M.: *Bassenge* in: Palandt, Bürgerliches Gesetzbuch, 2007, § 1068, Rn. 3; *Stürner* in: Soergel, Bürgerliches Gesetzbuch, § 1068, Rn. 9a; OLG Koblenz, NJW 1992, S. 2163; *v. Bülow* in: Kölner Kommentar zum WpÜG, 2003, § 30 Rn. 79 m.w.N.

500 *Sudhoff*, NJW 1974, S. 2205 (2207); *Schmidt-Rimpler*, NJW 1953, S. 1503 (1505); *Wiedemann*, Mitgliedschaftsrechte, S. 413

501 *v. Bülow* in: Kölner Kommentar zum WpÜG 2003, § 30, Rn. 79.

tatsächlich Einfluß auf die Stimmrechtsausübung nehmen kann.[502] Denn in diesem Fall würde von der unwiderleglichen Vermutungswirkung der Zurechnungstatbestände abgewichen, so daß konsequenterweise dann auch für jeden anderen Zurechnungstatbestand der Gegenbeweis des fehlenden Stimmrechtseinflusses zugelassen werden müßte.

Dieser Auffassung ist sowohl für § 30 WpÜG als auch § 22 WpHG zuzustimmen. Für § 22 Abs. 1 Satz 1 Nr. 4 WpHG resultiert dies bereits aus der zwingenden Vorgabe der Transparenzrichtlinie 2001 und der Transparenzrichtlinie 2004. Denn nach beiden Richtlinien ist die Zurechnung von Stimmrechten aus nießbrauchbelasteten Aktien zum Nießbrauchberechtigen unabhängig von der tatsächlichen Möglichkeit der Einflußnahme vorgesehen. Eine richtlinienkonforme Auslegung des § 22 Abs. 1 Satz 1 Nr. 4 WpHG führt daher zwingend dazu, daß Stimmrechte aus nießbrauchbelasteten Aktien dem Nießbrauchberechtigten zuzurechnen sind. Zwar besteht hierdurch keine Bindungswirkung für die Auslegung des § 30 Abs. 1 Satz 1 Nr. 4 WpÜG und erscheint der Einwand berechtigt, daß mangels Stimmrechtseinflusses dem Nießbrauchberechtigten die Folgen eines Pflichtangebotes nicht zuzumuten seien. Jedoch ist dieser Konflikt auf Ebene der Befreiungsvorschriften des WpÜG zu lösen. Die mangelnde Möglichkeit der Einflußnahme auf die Ausübung der Stimmrechte der nießbrauchbelasteten Aktien könnte insbesondere innerhalb des § 37 Abs. 1 Alternative 4 Berücksichtigung finden. In diesem Fall wird nämlich die Abwägung der Interessen des Antragstellers sowie der Aktionäre der Zielgesellschaft stets dazu führen, daß letztere Interessen nicht berührt sind.

Hiergegen mag zwar eingewandt werden, daß die Befreiungsmöglichkeit nach § 37 WpÜG dem Wortlaut nach erst mit der Kontrollerlangung beantragt werden kann. Jedoch besteht faktisch die Möglichkeit, die Kontrollerlangung und die Befreiung durch aufschiebende Bedingungen auf einen gemeinsamen Zeitpunkt abzustimmen, so daß auch heute bereits Nießbrauchberechtigte nicht dem Risiko ausgesetzt sind, ohne vorherige Klärungsmöglichkeit ein Pflichtangebot abgegeben zu müssen.

Sowohl für § 22 Abs. 1 Nr. 4 WpHG als auch § 30 Abs. 1 Satz 1 Nr. 4 WpÜG ist daher stets eine Zurechnung der Stimmrechte aus nießbrauchbelasteten Aktien zugunsten des Nießbrauchberechtigten anzunehmen.

---

502 *Dehlinger/Zimmermann* in: Fuchs, Kommentar zum WpHG 2009, § 22 Rn. 62; *Riehmer* in: Haarmann/Riehmer/Schüppen, Kommentar zum WpÜG, 2002, § 30 Rn. 46; *Süßmann* in: Geibel/Süßmann, WpÜG 2008, § 30 Rn. 20; *Thoma*, NZG 2002, S. 104 (112).

5. Zurechnung von Stimmrechten aus Aktien gemäß § 22 Abs. 1 Satz 1 Nr. 5 WpHG und § 30 Abs. 1 Satz 1 Nr. 5 WpÜG, die der Meldepflichtige bzw. Bieter durch eine Willenserklärung erwerben kann

a) Allgemeines

Beide Zurechnungsnormen sollen die Zurechnung von Stimmrechten gewährleisten, die einem Dritten gehören und von dem Meldepflichtigen bzw. Bieter durch eine Willenserklärung erworben werden können. Ein entsprechender Zurechnungstatbestand findet sich in Art. 7 Satz 1 Anstr. 7 der Transparenzrichtlinie 1988[503] und Art. 92 lit. g) der Transparenzrichtlinie 2001[504]. Die Transparenzrichtlinie 2004 verzichtet auf einen entsprechenden Zurechnungstatbestand, sieht jedoch im Gegenzug in Art. 13 eine Mitteilungspflicht für Finanzinstrumente vor, die ihrem Inhaber das Recht verleihen, von sich aus im Rahmen einer förmlichen Vereinbarung mit Stimmrechten verbundene und bereits ausgegebene Aktien eines Emittenten, dessen Aktien an einem geregelten Markt zugelassen sind, zu erwerben.[505] Art. 13 der Transparenzrichtlinie 2004 hat seine Umsetzung in § 25 WpHG gefunden. Die Übernahmerichtlinie enthält keine entsprechende Regelung.

Innerhalb der Zurechnungstatbestände des § 22 Abs. 1 Satz 1 WpHG und § 30 Abs. 1 Satz 1 WpÜG stellt die jeweilige Nr. 5 insoweit einen Fremdkörper dar, als ihr nicht die Vermutung zugrunde liegt, daß bei Vorliegen des normierten Tatbestandes bereits eine Einflußmöglichkeit auf die Ausübung der Stimmrechte besteht.[506] Allein die Möglichkeit, den Erwerb einseitig jederzeit herbeizuführen, mag eine solche Vermutung nicht rechtfertigen. Für das WpHG wird der Normzweck primär darin gesehen, eine frühzeitige Offenlegung sich anbahnender Beteiligungsveränderungen und damit einhergehend von Einflußmöglichkeiten zu gewährleisten, insbesondere um Umgehungsstrategien zu verhindern. Für das WpÜG wird aus diesem Grund teilweise eine enge Auslegung verlangt.[507]

---

503 „Stimmrechte, die die betreffende Person oder eine der anderen unter den vorstehenden Gedankenstrichen bezeichneten Personen aufgrund einer förmlichen Vereinbarung durch einseitige Willenserklärung erwerben kann, …“.

504 „Stimmrechte, die die betreffende Person oder eine der anderen unter den Buchstaben a) bis f) bezeichneten Personen aufgrund einer förmlichen Vereinbarung durch einseitige Willenserklärung erwerben kann, …“.

505 Transparenzrichtlinie 2004, a.a.O., Art. 13.

506 Zu § 22 WpHG: *Schneider*, in: Assmann/Schneider, WpHG 2009, § 22 Rn. 101; *Dehlinger/Zimmermann* in: Fuchs, Kommentar zum WpHG 2009, § 22 Rn. 64; zu § 30 WpÜG: *v. Bülow*, in: Kölner Kommentar zum WpÜG 2003, § 30 Rn. 80.

507 So *v. Bülow* in: Kölner Kommentar zum WpÜG 2003, § 30 Rn. 80; *Süßmann* in: Geibel/Süßmann, WpÜG 2008, § 30 Rn. 22.

b) Der Begriff der „Willenserklärung“

Der Begriff der „*Willenserklärung*“ umfaßt allgemein jede Erklärung im Rechtsverkehr mit Rechtsbindungswillen, unabhängig von ihrer Form.[508] Obwohl die entsprechenden Regelungen der Transparenzrichtlinie 1988 und 2001 die abzugebende Willenserklärung zusätzlich als „einseitig“ qualifizieren – wie auch § 22 Abs. 1 Satz 1 Nr. 5 WpHG in der Fassung vor der Änderung durch das WpÜG –, ist hiermit keine inhaltliche sondern nur eine sprachliche Abweichung verbunden, da eine Willenserklärung nach deutschem Rechtsverständnis stets eine einseitige Erklärung ist.[509]

c) Qualitative Anforderungen an die Erwerbsmöglichkeit i. S. d. § 22 Abs. 1 Satz 1 Nr. 5 WpHG und § 30 Abs. 1 Satz 1 Nr. 5 WpÜG

Streitig sind die qualitativen Anforderungen an die Erwerbsmöglichkeit des Meldepflichtigen gemäß § 22 Abs. 1 Satz 1 Nr. 5 WpHG bzw. des Bieters gemäß § 30 Abs. 1 Satz 1 Nr. 5 WpÜG. Qualitativ wird zum einen unterschieden, ob die Erwerbsmöglichkeit schuldrechtlich oder dinglich ausgestaltet ist, d. h. ob der Meldepflichtige bzw. Bieter durch seine Willenserklärung bereits den dinglichen Vollzug oder lediglich das bindende schuldrechtliche Kausalgeschäft herbeiführen kann. Zum anderen wird unterschieden, welchen weiteren Bedingungen die Erwerbsmöglichkeit neben der vom Meldepflichtigen bzw. Bieter abzugebenden Willenserklärung unterliegen darf.

(1) Dinglich oder schuldrechtlich ausgestaltete Erwerbsmöglichkeit?

Einvernehmen besteht darüber, daß nach § 22 Abs. 1 Satz 1 Nr. 5 WpHG und § 30 Abs. 1 Satz 1 Nr. 5 WpÜG eine Zurechnung erfolgt, wenn der Meldepflichtige bzw. Bieter durch seine Willenserklärung unmittelbar den zivilrechtlichen Eigentumserwerb herbeiführen kann, d. h. die dingliche Übereignung des Eigentums an den Wertpapieren vollzogen wird.[510] Der Wechsel der zivilrechtlichen Inhaberstellung vom bisherigen Wertpapierinhaber zum Meldepflichtigen bzw. Bieter darf in diesem Fall lediglich noch durch ein Verhalten des Meldepflichtigen bzw. Bieters bedingt sein.[511]

---

508 So *v. Bülow* in: Kölner Kommentar zum WpÜG, 2003, § 30 Rn. 86; *Riehmer* in: Haarmann/Riehmer/Schüppen, WpÜG 2002, § 30 Rn. 48.

509 *Witt*, AG 2001, S. 233 (237).

510 *Schneider* in: Assmann/Schneider, WpHG, 2009, § 22 Rn. 87; *Cahn*, AG 1997, S. 502 (507); *Steuer/Baur*, WM 1996, S. 1477 (1480); *v. Bülow* in: Kölner Kommentar zum WpÜG, 2003, § 30 Rn. 83; *Pittroff*, S. 219 ff.

511 Sog. Potestativbedingung.

Umstritten ist, ob auch rein schuldrechtlich ausgestaltete Erwerbsmöglichkeiten eine Zurechnung begründen können. Hierunter sind schuldrechtliche Vereinbarungen zu verstehen, aufgrund dessen der Meldepflichtige bzw. Bieter die Übereignung zwar verlangen kann, ein wirksames Kausalgeschäft mithin besteht, und solche, die durch die Willenserklärung des Meldepflichtigen bzw. Bieters erst einen Übereignungsanspruch und damit ein wirksames Kausalgeschäft begründen, die dingliche Übereignung jedoch jeweils noch nicht vollzogen ist.[512] Diese Streitfrage geht bereits auf § 22 Abs. 1 Satz 1 Nr. 6 WpHG a. F. zurück.

Die Vertreter der Auffassung, die eine Zurechnung nach § 22 Abs. 1 Satz 1 Nr. 5 WpHG auch bei lediglich schuldrechtlich ausgestalteten Erwerbsmöglichkeiten annehmen, begründen dies vor allem mit einer richtlinienkonformen Auslegung und teleologischen Erwägungen.[513] Nach Art. 2 der Transparenzrichtlinie 1988, der in Art. 86 der Transparenzrichtlinie 2001 aufgegangen ist, wird nach dieser Auffassung eine weite Auslegung des Begriffs „Erwerb" vorgeschrieben, da hiernach Erwerb einer Beteiligung „... nicht nur Kauf einer solchen Beteiligung, sondern auch jeder sonstige Erwerb einer Beteiligung ungeachtet seines Rechtsgrundes oder des angewandten Verfahrens" sei. Daß die Formulierung „erwerben kann" in Art. 7 Satz 1 Anstr. 7 der Transparenzrichtlinie 1988 bzw. Art. 92 lit. g) der Transparenzrichtlinie 2001 im Sinne einer schuldrechtlichen Berechtigung zum (dinglichen) Erwerb zu verstehen ist, unterstreiche auch die englische Fassung der Richtlinien, in der es heißt:"... is *entitled to* [*Hervorhebung durch Verfasser*] acquire on his own initiative alone."[514] Diese durch die Richtlinie zwingend vorgegebene Auslegung wird nach dieser Ansicht auch durch Sinn und Zweck von § 22 WpHG vorgegeben, eine größtmögliche Transparenz zu gewährleisten und Umgehungsstrategien zu vermeiden. Hierzu gehöre auch die frühzeitige Information des Anlegers über etwaige Paketbildungen.[515] Entsprechende Informationen werden auch in anderen Rechtsordnungen durch die Verpflichtung zur Offenlegung der Absicht des Erwerbs weiterer Aktien oder der Kontrolle als notwendig angesehen.[516] Zudem spreche die Abstimmung mit § 20 Abs. 2 AktG für eine entsprechende Auslegung, der Aktien, die Gegenstand eines schuldrechtlichen Anspruchs auf Übereignung den Aktien gleichstellt, die

---

512 *Schneider* in: Assmann/Schneider, WpHG, 2009, § 22 Rn. 104ff.; *v. Bülow* in: Kölner Kommentar zum WpÜG, 2003, § 30 Rn. 83.

513 *Schneider* in: Assmann/Schneider, WpHG, 2009, § 22 Rn. 104ff.; *Burgard*, BB 1995, S. 2069 (2076); *Bayer* in: Münchener Kommentar zum AktG, Anh. § 22 WpHG Rn. 33ff..

514 So noch *Schneider* in: Assmann/Schneider, WpHG, 2006, § 22 Rn. 96ff.; *Burgard*, BB 1995, S. 2069 (2076).

515 *Schneider* in: Assmann/Schneider, WpHG, 2009, § 21 Rn. 70.

516 *Schneider* in: Assmann/Schneider, WpHG, 2009, § 22 Rn. 101.; *Burgard*, AG 1992, S. 165.

einem Unternehmen gehören.[517] Hieran habe sich auch durch die Einführung des § 25 WpHG nichts geändert, denn dieser behandelt nur die Offenlegung von Finanzinstrumenten hinsichtlich schuldrechtlicher Ansprüchen bestünden aber weiter sonst Regelungslücken, die durch den Auffangtatbestand des § 22 Abs. 1 Satz 1 Nr. 5 WpHG erfaßt würden.[518]

Diese Argumente werden von den Vertretern der anderen Auffassung[519] abgelehnt, die sich jeweils auf die Gesetzesbegründung zum WpÜG[520] und zum Transparenzrichtlinien-Umsetzungsgesetz für börsennotierte Unternehmen[521] stützen können, wonach § 22 Abs. 1 Satz 1 Nr. 5 WpHG jeweils nur eine Zurechnung für dinglich ausgestaltete Erwerbsmöglichkeiten bewirken soll. Dem Argument der richtlinienkonformen Auslegung wird insbesondere entgegengehalten, daß die allein auf den Wortlaut der deutschen und englischen Fassung stützende Begründung nicht durchgreife, da in einem Großteil der Rechtsordnungen der EU-Mitgliedstaaten die Differenzierung nach Verpflichtungs- und Verfügungsgeschäft nicht bekannt sei.[522] Auch Sinn und Zweck des § 22 WpHG erfordere keine extensive Auslegung, da nicht jeder einzelne Schritt des sukzessiven Aufbaus eines Pakets Ziel der Mitteilungspflichten sei, insbesondere wenn kein Einfluß auf die Stimmrechtsausübung bestünde, sondern die Offenlegung tatsächlicher Veränderungen von Einflußmöglichkeiten.[523]

Letzterer Auffassung ist nunmehr für § 22 Abs. 1 Satz 1 Nr. 5 WpHG zuzustimmen. Einer abweichenden Auslegung steht der ausdrücklich erklärte Wille des Gesetzgebers entgegen, der aufgrund der Änderungen durch die Transparenzrichtlinie 2004 auch nicht mit dem Argument der richtlinienkonformen Auslegung überwunden werden kann. Die Transparenzrichtlinie 2004 verzichtet ausdrücklich auf den bisher in Art. 7 Satz 1 Anstr. 7 der Transparenzrichtlinie 1988 und Art. 92 lit. g) der Transparenzrichtlinie 2001. enthaltenen Zurechnungstatbestand, welcher der Regelung in § 22 Abs. 1 Satz 1 Nr. 5 WpHG zugrunde liegt. Die Grundlage für eine richtlinienkonforme Auslegung der Vorschrift ist daher entzogen. Darüber hinaus spricht die gleichzeitige Aufnahme einer gesonderten

---

517 *Schneider* in: Assmann/Schneider, WpHG, 2009, § 22 Rn. 110.

518 *Schneider* in: Assmann/Schneider, Kommentar zum WphG 2009, § 22 Rn. 108 und § 25 Rn. 12).

519 *BaFin*, Emittentenleitfaden 2009, VIII. 2.5.5; *Dehlinger/Zimmermann* in: Fuchs, Kommentar zum WpHG 2009, § 22 Rn. 65ff.; *Cahn*, AG 1997, 502 (507); *Steuer/Baur*, WM 1996, 1477 (1480); *Pötzsch/Möller*, WM 2000, Sonderbeilage Nr. 2, S. 1 (18).

520 RegE, BT-Drucksache 14/7034, S. 53.

521 RegE, BT-Drucksache 16/2498, S.37.

522 *Cahn*, AG 1997, 502 (507); *Steuer/Baur*, WM 1996, 1477 (1480).

523 *Cahn*, AG 1997, 502 (507); *Steuer/Baur*, WM 1996, 1477 (1480); *Falkenhagen*, WM 1995, 1005 (1007).

Mitteilungspflicht gemäß Art. 13 der Transparenzrichtlinie 2004 für Finanzinstrumente, die ihrem Inhaber das Recht verleihen, von sich aus im Rahmen einer förmlichen Vereinbarung mit Stimmrechten verbundene und bereits ausgegebene Aktien eines Emittenten, dessen Aktien an einem geregelten Markt zugelassen sind, zu erwerben, gegen eine Ausweitung des Zurechnungstatbestandes des § 22 Abs. 1 Satz 1 Nr. 5 WpHG auf rein schuldrechliche Erwerbsmöglichkeiten. Die in Art. 13 der Transparenzrichtlinie 2004 und in dem hierzu durch das Transparenzrichtlinien-Umsetzungsgesetz eingeführten neuen § 25 WpHG getroffene Entscheidung, ausschließlich schuldrechtliche Erwerbsmöglichkeiten aufgrund börsennotierter Finanzinstrumente zu erfassen und hierfür eine gesonderte Mitteilungspflicht zu begründen, ist gleichzeitig eine Entscheidung gegen die Erfassung schuldrechtlicher Erwerbsmöglichkeiten aufgrund nicht börsennotierter Finanzinstrumente im Rahmen des § 22 WpHG. Entsprechend heißt es hierzu in der Gesetzesbegründung zu § 25 WpHG, daß abweichend von der Transparenzrichtlinie 2004 die Zurechnung von Stimmrechten im Falle dinglich ausgestalteter Erwerbsmöglichkeiten beibehalten wurde.[524] Das Festhalten an der anderen Auffassung, nach dem Argument der richtlinienkonformen Auslegung der Boden entzogen wurde, scheint nicht mehr vertretbar.

Wie bereits oben ausgeführt[525] ist damit jedoch kein Präjudiz für die Auslegung des § 30 Abs. 1 Satz 1 Nr. 5 WpÜG geschaffen. Allerdings sprechen historische, systematische und auch teleologische Gründe für eine Beschränkung des § 30 Abs. 1 Satz 1 Nr. 5 WpÜG auf dinglich ausgestaltete Erwerbsmöglichkeiten. Der Gesetzgeber hat bei Einführung des WpÜG und den damit verbundenen Änderungen des WpHG seinen ausdrücklichen Willen erklärt, daß die wortidentische Formulierung der Zurechnungstatbestände des § 22 WpHG und des § 30 WpÜG eine einheitliche Anwendung zur Vermeidung von Irritationen am Kapitalmarkt gewährleisten soll.[526] Gleichzeitig stellte der Gesetzgeber fest, daß der Begriff „Erwerb“ grundsätzlich im engeren Sinne, d.h. im Sinne der Erlangung des Eigentums an der Aktie zu verstehen sei.[527] Vor dem Hintergrund des zuvor zu § 22 Abs. 1 Satz 1 Nr. 5 WpHG festgestellten Ergebnisses muß daher auch die historische Auslegung von § 30 Abs. 1 Satz 1 Nr. 5 WpÜG zu dem Ergebnis kommen, daß dieser nur dinglich ausgestaltete Erwerbsmöglichkeiten erfaßt.[528] Systematisch spricht für eine entsprechende Auslegung ne-

524 Bundestag-Drucksache 16/2498, S.37.
525 Vgl. oben unter Kap. 5 A.
526 Bundestag-Drucksache 14/7034, S. 1 (70).
527 Bundestag-Drucksache 14/7034, S. 1 (53).
528 So auch *Pötzsch/Möller*, WM 2000, Sonderbeilage Nr. 2, S. 1 (18); *v. Bülow* in: Kölner Kommentar zum WpÜG, 2003, § 30 Rn. 83; *Diekmann* in: Baums/Thoma WpÜG Mai 2004, § 30 Rn. 56; *Süßmann* in: Geibel/Süßmann WpÜG 2008, § 30 Rn. 22.

ben der damit gewahrten Einheitlichkeit der Rechtsordnung durch die einheitliche Anwendung der wortidentischen § 22 Abs. 1 Satz 1 Nr. 5 WpHG und § 30 Abs. 1 Satz 1 Nr. 5 WpÜG[529] auch die Begriffs- und Regelungssystematik des WpÜG selbst. Das WpÜG verwendet den Begriff „Erwerb" grundsätzlich im dinglichen Sinne des Eigentumserwerbs.[530] Sofern das schuldrechtliche Kausalgeschäft bereits Berücksichtung finden soll, ist dies jeweils wie in § 31 Abs. 6 WpÜG ausdrücklich angeordnet. Schließlich sprechen auch Sinn und Zweck[531] des § 30 WpÜG für eine Beschränkung des § 30 Abs. 1 Satz 1 Nr. 5 WpÜG auf dinglich ausgestaltete Erwerbsmöglichkeiten. Die bei der Beurteilung eines angemessenen Anlegerschutzes zu berücksichtigenden Anlegerrisiken sind durch rein schuldrechtlich ausgestaltete Erwerbsmöglichkeiten im Regelfall nicht tangiert, sofern damit keine Einflußmöglichkeiten auf die Ausübung der Stimmrechte verbunden sind. Denn in diesem Fall scheidet eine Einflußnahme auf die Verwaltung des Emittenten und damit das Verwaltungsrisiko des Anlegers aus. Gleiches gilt für das Substanzerhaltungsrisiko, da ohne Einflußmöglichkeiten auch keine privaten Vorteile zum Nachteil des Emittenten konsumiert werden können. Auch unter dem Gesichtspunkt der Wertsicherung werden das Substanzerhaltungsrisiko (Kontrollprämie) und das Liquiditätsrisiko des Anlegers im Fall der rein schuldrechtlichen Erwerbsmöglichkeit nicht berührt sein. Der free float wird durch die Einräumung von schuldrechtlichen Erwerbsmöglichkeiten nicht manipuliert, da der Stillhalter bei einer jederzeit möglichen Ausübung des Erwerbsrechtes Aktien vorhalten muß und der free float damit bereits eingeschränkt ist. Darüber hinaus wird der bei Ausübung der Erwerbsmöglichkeit grundsätzlich zu zahlende Basispreis im Regelfall bei der Bemessung der Gegenleistung nach § 31 WpÜG Berücksichtigung finden. Daß ein Bieter im Rahmen der Vereinbarung einer schuldrechtlichen Erwerbsmöglichkeit relevante Zahlungen an den Stillhalter für den geplanten Erwerb der Wertpapiere leistet, die nicht in den nach § 31 WpÜG zu berücksichtigenden Zeitraum fallen, ohne daß eine Zurechnung aufgrund eines anderen Zurechnungstatbestandes (Bsp. § 30 Abs. 1 Satz Nr. 2 oder Abs. 2 WpÜG) vorzunehmen ist, ist unwahrscheinlich. Die Möglichkeit einer Manipulation der angemessenen Gegenleistung gemäß § 31 WpÜG bei Nichtberücksichtigung schuldrechtlicher Erwerbsmöglichkeiten im Rahmen des § 30 Abs. 1 Satz 1 Nr. 5 WpÜG ist somit grundsätzlich auszuschließen. Auch das Konditionenrisiko des Anlegers ist damit nicht berührt.

---

529 Eine von der Auslegung des § 22 Abs. 1 Satz 1 Nr. 5 WpHG abweichende Auslegung bedürfte einer besonderen Begründung. So ausdrücklich für den umgekehrten Fall *Schneider* in: Assmann/Schneider, WpHG 2006, § 22 Rn. 64.

530 Vgl. Bundestag-Drucksache 14/7034, S. 1 (54); *Pittroff*, S. 218.

531 Vgl. oben unter Kap. 4 B.

Sowohl § 30 Abs. 1 Satz 1 Nr. 5 WpÜG als auch § 22 Abs. 1 Satz 1 Nr. WpHG erfassen somit ausschließlich dinglich ausgestaltete Erwerbsmöglichkeiten. Eine andere Auslegung ist nach Inkrafttreten der Transparenzrichtlinie 2004 und dem Gesetz zur Umsetzung der Transparenzrichtlinie nicht vertretbar.

(2) Zulässige Einschränkungen der dinglichen Erwerbsmöglichkeit

Streitig ist, ob der dingliche Erwerb neben der Willenserklärung des Meldepflichtigen bzw. des Bieters von dem Eintritt weiterer Ereignisse oder Voraussetzungen abhängen[532] oder ausschließlich unter sog. Potestativbedingungen, d. h., Bedingungen, deren Eintritt im freien Belieben des Meldepflichtigen bzw. Bieters sind, stehen darf.[533] Dabei werden insbesondere die Fälle zeitlicher Beschränkung des Rechts zum dinglichen Erwerb (Bsp. Befristung, fester Ausübungszeitraum oder Zeitpunkt), aufschiebend bedingte Übereignungen oder Mischformen betrachtet.[534] Dem Wortlaut beider Zurechnungsnormen ist eine Einbeziehung dieser Sachverhalte in ihren Anwendungsbereich nicht zu entnehmen.

Nach einer Auffassung kommt es für die Zurechnung allein darauf an, daß der Eintritt des dinglichen Erwerbs nicht mehr von dem Verhalten eines anderen als dem Meldepflichtigen bzw. Bieter – Bsp. Wertpapierinhaber oder Dritten – abhängig ist. Sonstige Befristungen und Bedingungen seien jedoch unschädlich.[535] Begründet wird dies für § 22 Abs. 1 Satz 1 Nr. 5 WpHG mit den sonst möglichen Umgehungsstrategien und dem damit verbundenen Transparenzverlust.

Nach herrschender Meinung hingegen darf der dingliche Erwerb mit Ausnahme von Potestativbedingungen weder von einer Handlung des Wertpapierinhabers oder eines Dritten noch dem Eintritt eines von niemanden beeinflußbaren oder eines sonstigen zukünftigen Ereignisses abhängig sein. Dem stehe der eindeutige Wortlaut entgegen.

Der ersten Auffassung ist für § 22 Abs. 1 Satz 1 Nr. 5 WpHG unter dem Gesichtspunkt der größtmöglichen Transparenz für die Fälle der Befristung oder von Bedingungen zuzustimmen, die unausweichlich eintreten werden. In diesen Fällen ist sichergestellt, daß der Meldepflichtige zu oder ab einem bestimmten

532 So *Schneider* in: Assmann/Schneider, WpHG 2009, § 22 Rn. 103; *Burgard*, BB 1995, S. 2069 (2076).

533 So *Dehlinger/Zimmermann* in: Fuchs, Kommentar zum WpHG 2009, § 22 Rn. 69; *Steuer/Baur*, WM 1996, S. 1477 (1480); *v. Bülow* in: Kölner Kommentar zum WpÜG, 2003, § 30 Rn. 86; *Riehmer* in: Haarmann/Riehmer/Schüppen, WpÜG, 2002, § 30 Rn. 50; wohl auch *Pittroff*, S. 226 ff.; *Diekmann* in: Baums/Thoma WpÜG Mai 2004, § 30 Rn. 56; *Starke*, S. 206 f.; *Schnabel/Korff*, ZBB 2007, S. 179 (183).

534 Ausführliche Darstellung bei *Pittroff*, S. 228 ff; *Krause*, ZGR 2002, S. 500 (512).

535 Zu § 22 WpHG: *Schneider* in: Assmann/Schneider, WpHG 2009, § 22 Rn. 103; *Burgard*, BB 1995, S. 2069 (2076).

Zeitpunkt oder innerhalb eines bestimmten Zeitraums (Befristung, Ausübungszeitraum bzw. Eintritt der sicheren Bedingung) Wertpapiere auf seine eigene Initiative erwerben und die Beteiligungsverhältnisse verändern kann. Diese ab einem bestimmten Zeitpunkt allein im freien Belieben des Meldepflichtigen liegende Möglichkeit, eine Änderung der Beteiligungsverhältnisse herbeizuführen, ist für die Anlageentscheidung des Anlegers ((De-)Investitionsentscheidung) erheblich und zur Vermeidung von Umgehungsstrategien sinnvoll. Auch unter Effizienzgesichtspunkten stellt eine solche Offenlegung keine übermäßige Belastung des Kapitalmarktes und seiner Teilnehmer dar. Gestützt wird eine entsprechende Auslegung durch Art. 11 Abs. 3 lit. d) der Richtlinie 2007/14/EG[536], der den Inhalt der Mitteilung nach Art. 13 der Transparenzrichtlinie 2004 in Bezug auf Finanzinstrumente bestimmt. Hiernach ist bei Finanzinstrumenten, bei denen eine Ausübungsfrist gilt, der Zeitpunkt oder die Frist anzugeben, an dem oder während der die Aktien erworben werden können. Entsprechende Finanzinstrumente sind daher bereits offen zu legen, obwohl ein jederzeitiger Erwerb der Aktien noch nicht möglich ist.

Im Rahmen des § 30 Abs. 1 Satz 1 Nr. 5 WpÜG ist jedoch eine enge Auslegung vorzunehmen. Eine Erweiterung des Anwendungsbereiches auf die vorgenannten Fallgruppen über den Wortlaut hinaus ist nach Sinn und Zweck des § 30 Abs. 1 Satz 1 Nr. 5 WpÜG nicht erforderlich. Den vorgenannten Fallgruppen ist gemein, daß der Bieter den dinglichen Erwerb nicht jederzeit selbst herbeiführen kann, sondern entweder aufgrund zeitlicher Beschränkungen oder wegen Abhängigkeit von einem nicht vom Bieter beeinflußbaren Ereignisses erst zu einem zukünftigen Zeitpunkt realisiert werden kann. Es steht daher nicht im Belieben des Bieters mit sofortiger Wirkung den dinglichen Erwerb herbeizuführen. Nur mit dem jederzeit möglichen dinglichen Erwerb verbindet sich jedoch die Möglichkeit, jederzeit Einfluß auf die Ausübung der Stimmrechte zu erlangen. Fehlt es an dieser Möglichkeit bedarf es keiner Zurechnung, da die durch das Pflichtangebot zu schützenden Anlegerrisiken nicht berührt werden. Denn in diesem Fall scheidet eine Einflußnahme auf die Verwaltung des Emittenten und damit das Verwaltungsrisiko des Anlegers aus und kann auch nicht jederzeit einseitig herbeigeführt werden. Gleiches gilt für das Substanzerhaltungsrisiko sowie das Liquiditätsrisiko und das Konditionenrisiko.[537] Dabei ist zu berücksichtigen, daß Konstellationen, bei denen diese Anlegerrisiken berührt sein werden, im Zweifel eine Zurechnung nach § 30 Abs. 1 Satz 1 Nr. 2 o. Abs. 2 WpÜG begründen. Denn sobald neben die dingliche Absicherung der Erwerbsmöglichkeit weitere Abreden zwischen Wertpapierinhaber und Bieter treten, wird die Schwelle zur

536 ABL.EG Nr. L 69 vom 09.03.2007, S. 27 ff.
537 Vgl. oben unter Kap.5 B. II. 5. c) (1).

wirtschaftlichen Zurechnung (Nr. 2) oder zum abgestimmten Verhalten (Abs. 2) schnell überschritten sein. Einer weiten Auslegung des § 30 Abs. 1 Satz 1 Nr. 5 WpÜG bedarf es hierzu nicht.

d) Zusammenfassung

Der Zurechnung von Stimmrechten nach § 22 Abs. 1 Satz 1 Nr. 5 WpHG bzw. § 30 Abs. 1 Satz 1 Nr. 5 WpÜG liegt anders als bei den anderen Zurechnungstatbeständen nicht die Vermutung zugrunde, daß der Meldepflichtige bzw. Bieter Einfluß auf die Ausübung von Stimmrechten hat. Entscheidend für die Zurechnung ist vielmehr, daß durch jederzeit möglichen Erwerb der Einfluß auf die Ausübung der Stimmrechte hergestellt werden kann. Die Erwerbsmöglichkeit muß daher dinglich ausgestaltet sein. Die Transparenzrichtlinie 2004 und das Transparenzrichtlinien-Umsetzungsgesetz haben insoweit die Grundlage für eine erweiternde Auslegung des § 22 Abs. 1 Satz 1 Nr. 5 WpHG sowie des § 30 Abs. 1 Satz 1 Nr. 5 WpÜG entzogen. Allerdings ist § 22 Abs. 1 Satz 1 Nr. 5 WpHG erweiternd auf dingliche Erwerbsmöglichkeiten anwendbar, die zusätzlich zeitlichen Beschränkungen (Befristung, Ausübungszeitraum) oder Bedingungen unterliegen, deren Eintritt sicher ist. Dies ist unter dem Gesichtspunkt größtmöglicher Transparenz notwendig, um Umgehungsstrategien zu vermeiden, und mit einem effizienten Kapitalmarkt vereinbar. Für § 30 Abs. 1 Satz 1 Nr. WpÜG ist jedoch insoweit eine enge Auslegung vorzunehmen, da Anlegerrisiken solange nicht berührt sind, wie der Bieter an der Ausübung seiner Erwerbsmöglichkeit gehindert ist.

Bsp.:

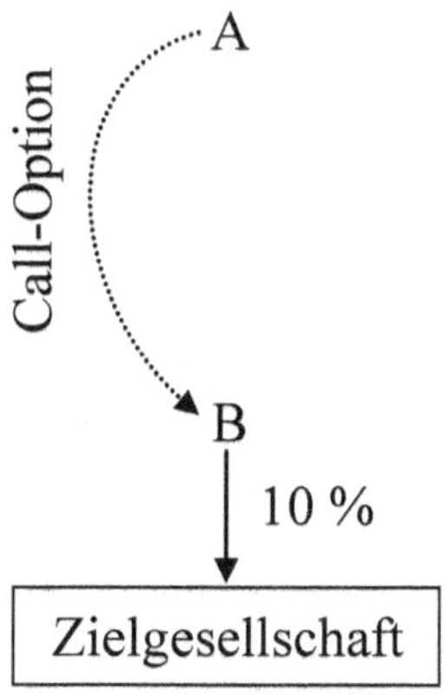

Optionsgewährung:		01.05.09
Ausübungszeiträume:		01.06.-01.07.09
		01.10.-01.11.09
Zurechnung:	WpHG:	ab 01.05.09
	WpÜG:	01.06.-01.07.09
		01.10.-01.11.09

6. Zurechnung von Stimmrechten aus Aktien gemäß § 22 Abs. 1 Satz 1 Nr. 6 WpHG und § 30 Abs. 1 Satz 1 Nr. 6 WpÜG, die dem Meldepflichtigen bzw. Bieter anvertraut sind oder aus denen er die Stimmrechte als Bevollmächtigter ausüben kann, sofern er die Stimmrechte aus diesen Aktien nach eigenem Ermessen ausüben kann, wenn keine besonderen Weisungen des Aktionärs vorliegen

a) Allgemeines

§ 22 Abs. 1 Satz 1 Nr. 6 WpHG und § 30 Abs. 1 Satz 1 Nr. 6 WpÜG vor Inkrafttreten des Transparenzrichtlinien-Umsetzungsgesetzes erfaßten dem Wortlaut nach ausschließlich Stimmrechte aus Aktien, die dem Meldepflichtigen bzw. Bieter anvertraut waren. Sie setzten damit die entsprechende in Art. 7 Unterabsatz 1 Anstrich 8 Transparenzrichtlinie 1988 und Art. 92 lit. h) der Transparenzrichtlinie 2001 bzw. jetzt in Art. 10 lit. f) der Transparenzrichtlinie 2004 enthaltene Regelung um.[538] Die Transparenzrichtlinie 2004 sieht nun erstmalig in Art. 10 lit. h) eine Zurechnung von Stimmrechten vor, die der Meldepflichtige als Bevollmächtigter ausüben kann.[539] Das Transparenzrichtlinien-Umsetzungsgesetz hat dieser Änderung auf europäischer Ebene dadurch Rechnung getragen, daß in § 22 Abs. 1 Satz 1 Nr. 6 WpHG und § 30 Abs. 1 Satz 1 Nr. 6 WpÜG jeweils als 1. Alternative die Zurechnung von Stimmrechten aufgenommen wurde, die der Meldepflichtige bzw. Bieter als Bevollmächtigter ausüben kann.[540] Die bisherige Regelung wurde als 2. Alternative beibehalten. Bei beiden Alternativen setzt die Zurechnung neben der Bevollmächtigung oder des Anvertrauens voraus, daß der Meldepflichtige bzw. Bieter die Stimmrechte nach eigenem Ermessen ausüben kann, wenn keine besondere Weisung des Aktionärs vorliegt. Die Übernahmerichtlinie kennt keinen entsprechenden Zurechnungstatbestand.

b) 1. Alternative: „Bevollmächtigter"

Sowohl auf europäischer Ebene – bei Änderung der Transparenzrichtlinie – als auch auf nationaler Ebene wurde erkannt, daß Vollmachtsverhältnisse von den bisherigen Regelungen nicht hinreichend erfaßt wurden, wenn Wertpapiere dem Meldepflichtigen bzw. Bieter weder anvertraut noch von diesem für den Wertpapierinhaber verwahrt wurden, der Meldepflichtige bzw. Bieter die Stimmrechte

538 *„Stimmrechte aus Aktien, die bei der betreffenden Person verwahrt sind (...)".*

539 *„Stimmrechte, die diese natürliche oder juristische Person als Bevollmächtigte ausüben kann (...)".*

540 Art. 1 Ziff. 11 lit. a) (bb) TUG und Art. 11 Ziff. 1 TUG; s.a. *Schnabel/Korff*, ZBB 2007, S. 179, 181 f..

zwar im Namen des Wertpapierinhabers gleichwohl nach eigenem Ermessen ausüben konnte.[541] Durch den geänderten Zurechnungstatbestand sollen daher sämtliche Vollmachtsverhältnisse erfaßt werden, bei denen der Meldepflichtige bzw. Bieter die Stimmrechte aus einem Dritten gehörigen Wertpapieren nach eigenem Ermessen ausüben darf, da in diesem Fall nicht der Wertpapierinhaber sondern der Bevollmächtigte über die Ausübung der Stimmrechte bestimmt. § 129 AktG unterscheidet drei Formen der Vertretung eines Aktionärs durch einen Bevollmächtigten: die offene Stellvertretung (Abs. 1), die verdeckte Stellvertretung (Abs. 2) und die Legitimationszession (Abs. 3). Alle drei Formen werden von dem Zurechnungstatbestand erfaßt. Entscheidend für die Zurechnung ist jedoch der Einfluß des Bevollmächtigten auf die Ausübung der Stimmrechte. Dies unterstreicht auf europäischer Ebene die Entwicklung der Transparenzrichtlinie 2004. Der Vorschlag der Kommission zur Transparenzrichtlinie 2004 vom 26.03.2003 sah in Art. 10 lit. h) noch vor, daß dem Meldepflichtigen Stimmen aus Wertpapieren zuzurechnen waren, die er aufgrund gemeinsamer Weisung verschiedener Wertpapierinhaber als Bevollmächtigter ausüben sollte.[542] Ein solcher Zurechnungstatbestand wäre jedoch als Fremdkörper innerhalb der Zurechnungstatbestände erschienen, da ihm weder die Vermutung zugrunde liegt, daß der Meldepflichtige Einfluß auf die Ausübung der Stimmrechte nehmen kann, noch daß er durch einseitige Erklärung diese Einflußmöglichkeit selbst jederzeit herbeiführen kann. Auf den entsprechenden Zurechnungstatbestand wurde daher verzichtet und die jetzige Regelung aufgenommen.

Der deutsche Gesetzgeber hat sich entschieden, den neuen Zurechnungstatbestand sowohl in das WpHG als auch unverändert in das WpÜG zu übernehmen. Im WpHG wird der Zurechnungstatbestand des § 22 Abs. 1 Satz 1 Nr. 6 WpHG durch die Regelung in § 22 Abs. 4 WpHG flankiert, wonach bei einer nur für eine Hauptversammlung geltenden Vollmacht, die Mitteilung zum Zeitpunkt der Erteilung der Vollmacht unter Angabe des Datums der Hauptversammlung sowie des Stimmrechtsanteils des Meldepflichtigen nach Erlöschen der Vollmacht bzw. des Ausübungsermessens zu erfolgen hat. Die Zurechnung soll somit auch dann erfolgen, wenn die Bevollmächtigung auf die Stimmrechtsausübung auf einer Hauptversammlung beschränkt ist. Dies steht im Widerspruch zu der Regelung des § 22 Abs. 2 WpHG, wonach bei den sog. „Acting in concert“-Konstellationen eine Abstimmung der Ausübung von Stimmrechten im Einzelfall gerade keine Zurechnung bewirken soll.[543] Aus Transparenzgesichtspunkten ist der Zurechnungstatbestand – auch für den Einzelfall – jedenfalls begrüßenswert, da ein Be-

541 Bundestag-Drucksache 16/2498, S. 34 f.
542 Kommissionsvorschlag vom 26.03.2003, KOM (2003) 138 endgültig.
543 Hierzu unten unter 7.

vollmächtigter durch Bündelung von Stimmrechten, die er nach eigenem Ermessen ausübt, erheblichen Einfluß auf die Entscheidungen einer Hauptversammlung nehmen kann.[544] Die Offenlegung dieser Stimmrechtsbündelung und Information der anderen Anleger sowie des Emittenten im Vorfeld einer Hauptversammlung ist daher sinnvoll und vor dem Hintergrund eines effektiven Anlegerschutzes auch geboten. Die verfahrensrechtliche Erleichterung des § 22 Abs. 4 WpHG ist, insbesondere unter Effizienzgesichtspunkten, sowohl im Interesse der Anleger (Informationsüberfrachtung) als auch der Meldepflichtigen und Emittenten (Kosten). Auch unter dem Gesichtspunkt des mit dem Pflichtangebot bezweckten Anlegerschutzes rechtfertigt sich ein entsprechender Zurechnungstatbestand zur Vermeidung von Umgehungsstrategien durch Sicherung der Stimmrechtsmacht ohne Beteiligung.[545] Allerdings ist die Frage aufzuwerfen, ob die Auslösung einer Pflicht zur Abgabe eines Übernahmeangebotes bei einer auf eine Hauptversammlung beschränkten Bevollmächtigung angemessen ist. Zwar wird in diesem Fall regelmäßig ein ermessensabhängiger Befreiungsantrag nach § 37 Abs. 1 Alt. 3 WpÜG zulässig und begründet sein. Das Risiko einer Ablehnung wird für den Bevollmächtigten jedoch im Zweifel nicht tragbar sein. Dies soll jedoch an dieser Stelle nicht weiter thematisiert werden, sondern im Zusammenhang mit den Regelungen des § 22 Abs. 2 WpHG und § 30 Abs. 2 WpÜG und des Tatbestandsmerkmals „in Einzelfällen" aufgegriffen werden.[546]

c) 2. Alternative: „Anvertrautsein"

Mit der Streichung des Merkmals „zur Verwahrung" im Rahmen der Einführung des WpÜG ist nunmehr klargestellt, daß für eine Zurechnung nach § 22 Abs. 1 Satz 1 Nr. 6 WpHG bzw. § 30 Abs. 1 Satz 1 Nr. 6 WpÜG die Verwahrung der Wertpapiere durch den Meldepflichtigen bzw. Bieter keine Tatbestandsvoraussetzung mehr ist.[547] Eine besitzrechtliche Rechtsbeziehung zum Meldepflichtigen bzw. Bieter ist nicht mehr erforderlich. Entscheidend ist neben den weiteren Tatbestandsvoraussetzungen vielmehr, ob der Meldepflichtige bzw. Bieter die Vermögensinteressen des Wertpapierinhabers im Hinblick auf die Wertpapiere wahrnehmen muß.[548] Diese Pflicht kann durch ein unmittelbares oder mittelbares Verwahrungsverhältnisses ebenso begründet werden wie durch sonstige

544 Vgl. zu dem vergleichbaren Sachtverhalt institutioneller Stimmrechtsvertreter *Schneider/Anzinger*, NZG 2007, S. 88 ff.
545 *Schneider/Anzinger*, NZG 2007, S. 88 (92).
546 Vgl. unten unter 7.
547 Bundestag-Drucksache 14/7034, S. 54.
548 *Schneider* in: Assmann/Schneider, WpHG 2009, § 22 Rn. 118; *v. Bülow* in: Kölner Kommentar zum WpÜG, 2003, § 30 Rn. 101 m.w.N.

Rechtsverhältnisse, welche eine Pflicht zur Wahrnehmung von Vermögensinteressen des Meldepflichtigen bzw. Bieters begründen.[549] Die Verpflichtung zur Wahrnehmung von Vermögensinteressen kann sowohl rechtsgeschäftlicher als auch gesetzlicher Natur sein. Als rechtsgeschäftliche Schuldverhältnisse, die eine Pflicht zur Wahrnehmung von Vermögensinteressen begründen, kommen insbesondere Verwahrungsverträge gemäß §§ 688 ff. BGB, Depotverträge gemäß §§ 1 ff. DepotG, Vermögensverwalterverträge, Vollmachttreuhandverträge, etc. in Betracht.[550]

Umstritten ist, inwieweit gesetzliche Schuldverhältnisse eine Zurechnung begründen können, die eine Pflicht zur Wahrnehmung der Vermögensinteressen des Wertpapierinhabers begründen, wie das elterliche Sorgerecht, die Testamentsvollstreckung, die Vormundschaft oder die Insolvenzverwaltung. Einerseits wird eine Zurechnung bei gesetzlich begründeten Schuldverhältnissen mit dem Argument abgelehnt, die Wertpapiere seien in diesen Fällen nicht von dem Wertpapierinhaber dem Meldepflichtigen bzw. Bieter anvertraut worden.[551] Andererseits wird auch bei den vorgenannten gesetzlichen Schuldverhältnissen eine Zurechnung angenommen, da der Meldepflichtige bzw. Bieter in diesen gesetzlich geregelten Fällen, die Pflicht zur Wahrnehmung der Vermögensinteressen der jeweiligen Person übernimmt.[552] Letzterer Ansicht ist nach Sinn und Zweck beider Vorschriften zu folgen und aufgrund der richtlinienkonformen Auslegung des § 22 Abs. 1 Satz 1 Nr. 6 WpHG. Art. 10 lit. f) der Transparenzrichtlinie 2004 bestimmt eine Zurechnung von Stimmrechten aus Aktien, die von dem Meldepflichtigen verwahrt werden. Nach dem Wortlaut des Art. 10 lit. f) der Transparenzrichtlinie 2004 wird nicht vorausgesetzt, daß das Verwahrungsverhältnis unter Mitwirkung des Wertpapierinhabers begründet wird. Eine Ausnahme für gesetzliche Schuldverhältnisse sieht die Richtlinie nicht vor. Folglich ist zumindest für die gesetzlichen Schuldverhältnisse, bei denen der Meldepflichtige gleichzeitig die Aktien des Wertpapierinhabers verwahrt, eine Zurechnung durch die Transparenzrichtlinie 2004 zwingend vorgegeben. Daß die Regelung des § 22 Abs. 1 Satz 1 Nr. 6 WpHG auf das Tatbestandsmerkmal der Verwahrung verzichtet, rechtfertig keine andere Auslegung. Hierdurch sollte der Anwendungsbereich erweitert und nicht beschränkt werden. Eine Zurechnung ist schließlich auch

---

549 Vgl. auch *Pittroff*, S. 238.

550 *Pittroff*, S. 238 ff.

551 *Dehlinger/Zimmermann* in: Fuchs, Kommentar zum WpHG 2009, § 22 Rn. 73; zum WpÜG: *v. Bülow* in: Kölner Kommentar zum WpÜG, 2003, § 30 Rn. 101; *Diekmann* in: Baums/Thoma, WpÜG 2004, § 30 Rn. 61; *Riehmer* in: Haarmann/Riehmer/Schüppen, WpÜG 2005, § 30 Rn. 53.

552 Zum WpÜG: *Pittroff*, S. 239 i. V. m. S. 243 f.; zum WpHG:; *Burgard*, BB 1995, S. 2069 (2076).

durch den Sinn und Zweck der Mitteilungspflichten der größtmöglichen Transparenz zum Schutze der Anleger gerechtfertigt. Für Anlageentscheidung des Anlegers ist es unerheblich, ob der Meldepflichtige aufgrund eines rechtsgeschäftlichen oder eines gesetzlichen Schuldverhältnisses Einfluß auf die Ausübung der Stimmrechte beim Emittenten ausüben kann. Die Anliegerinteressen überwiegen insoweit die Interessen des Meldpflichtigen.

Für eine abweichende Auslegung des § 30 Abs. 1 Satz 1 Nr. 6 WpÜG besteht kein Anlaß. Unabhängig vom Rechtsgrund des Schuldverhältnisses sind mit der damit verbundenen Möglichkeit der Einflußnahme auf die Ausübung der Stimmrechte und somit die Zielgesellschaft die Anlegerinteressen in gleichem Maße berührt.[553] Die Stellung des Bieters bei einem gesetzlichen Schuldverhältnis gegenüber dem Wertpapierinhaber ist im Zweifel sogar stärker ausgeprägt als bei einem rechtsgeschäftlichen Schuldverhältnis, da der Wertpapierinhaber oftmals nicht die Möglichkeit haben wird, das Schuldverhältnis einseitig zu beenden.

d) Gemeinsame Voraussetzung: „Ausübung nach eigenem Ermessen, wenn keine besonderen Weisungen des Aktionärs vorliegen"

Voraussetzung der Zurechnung nach § 22 Abs. 1 Satz 1 Nr. 6 WpHG bzw. § 30 Abs. 1 Satz 1 Nr. 6 WpÜG ist neben der Verwirklichung der Alternative 1 oder 2, daß der Meldepflichtige bzw. Bieter die Stimmrechte aus den Aktien nach eigenem Ermessen ausüben kann, wenn keine Weisungen des Aktionärs vorliegen. Nicht erforderlich ist, daß der Meldepflichtige bzw. Bieter die Stimmrechte nach freiem Ermessen ausüben darf.[554] Die Tatsache, daß bei der Ausübung der Stimmrechte aufgrund des gesetzlichen oder rechtsgeschäftlichen Schuldverhältnisses die Interessen des Wertpapierinhabers zu berücksichtigen sind, schließt eine Zurechnung daher nicht aus. Gleiches gilt für die Möglichkeit des Wertpapierinhabers oder eines Dritten, den Meldepflichtigen bzw. Bieter jederzeit anweisen zu können, wie die Stimmrechte auszuüben sind. Ausreichend ist allein, daß dem Meldepflichtigen bzw. Bieter bei der Ausübung der Stimmrechte ein eigener Ermessenspielraum zusteht, sofern keine Weisungen vorliegen.[555]

553 Vgl. auch *Pittroff*, S. 244.

554 *Diekmann* in: Baums/Thoma, WpÜG 2004, § 30 Rn. 62; *v. Bülow* in: Kölner Kommentar zum WpÜG 2003, § 30 Rn. 103 f.; *Pittroff*, S. 242 f.; *Schneider* in: Assmann/Pötzsch/Schneider, WpÜG 2005, § 30 Rn. 73; *Schneider* in: Assmann/Schneider, WpHG 2009, § 22 Rn. 122.

555 Auch nach dem Wortlaut von Art. 10 lit. f) der Transparenzrichtlinie 2004 wird die jederzeitige Möglichkeit des Wertpapierinhabers, Weisungen zu erteilen, vorausgesetzt.

e) Fallgruppen

(1) Vollmachtstreuhand

Von § 22 Abs. 1 Satz 1 Nr. 6 WpHG und § 30 Abs. 1 Satz 1 Nr. 6 WpÜG werden insbesondere die Fälle der so genannten Vollmachtstreuhand erfaßt. Hierunter sind Treuhandverhältnisse zu verstehen, bei denen die Person des Wertpapierinhabers unverändert bleibt, dieser jedoch dem Meldepflichtigen bzw. Bieter eine Vollmacht zur Wahrnehmung der Vermögensinteressen und Ausübung der Stimmrechte erteilt.[556] Sofern keine Weisungen des Wertpapierinhabers oder eines Dritten vorliegen, ist daher eine Zurechnung anzunehmen. Mit Erweiterung des Zurechnungstatbestandes um die Alternative 1 (Bevollmächtigung) haben sich insoweit bestehende Zweifelsfragen erledigt. Die Zurechnung von Stimmrechten aufgrund des Zurechnungstatbestandes zu den vor allem US-amerikanischen Investment-Management-Gesellschaften ist daher nunmehr anzunehmen, wenn keine Weisungen der Fondsgesellschaften vorliegen.[557] Die noch vom Bundesaufsichtsamt für den Wertpapierhandel im Jahresbericht 1997 hierzu vertretene andere Auffassung[558] zur alten Fassung des WpHG hat sich mit dem Wegfall des Tatbestandsmerkmals „zur Verwahrung" und der Erweiterung des Tatbestandes um die Bevollmächtigung erledigt.[559]

Bsp.:

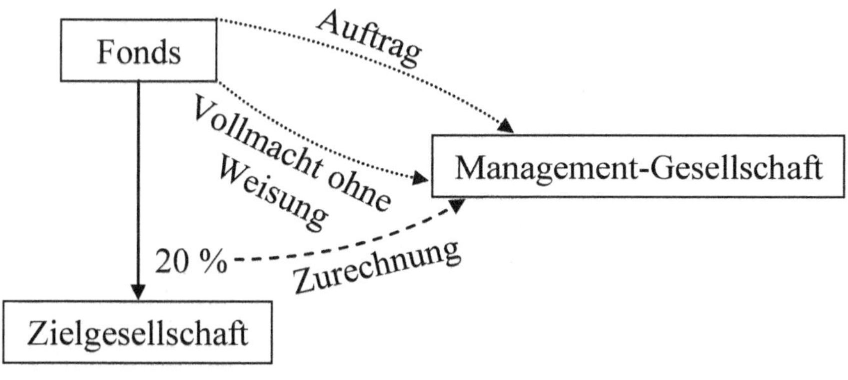

556 *Schneider* in: Assmann/Schneider, WpHG 2009, § 22 Rn. 123 ff.

557 *Dehlinger/Zimmermann* in: Fuchs, Kommentar zum WpHG 2009, § 22 Rn.77; *Schneider* in: Assmann/Schneider, WpHG 2009, § 22 Rn. 125.

558 Unter www.bafin.de, S. 31.

559 *Pittroff*, S. 245 f.; *Schneider* in: Assmann/Schneider, WpHG 2009, § 22 Rn. 125 f.

(2) Depotstimmrecht der Banken nach § 135 AktG

Umstritten ist seit jeher, ob der Depotbank Stimmrechte aus von ihr verwahrten Aktien zuzurechnen sind, soweit sie diese Stimmrechte unter Beachtung von § 135 AktG ausübt, wenn keine Weisung des Wertpapierinhabers vorliegt.[560] Nach Ansicht des deutschen Gesetzgebers soll eine Zurechnung nicht stattfinden.[561] Entscheidend für eine Zurechnung ist, ob bei Nichtvorliegen einer Weisung das Kreditinstitut die Stimmrechte entsprechend dem Wortlaut der Zurechnungstatbestände und des Art. 10 lit. f) der Transparenzrichtlinie 2004 nach eigenem Ermessen ausüben darf. Die Befugnis zur Stimmrechtsausübung, wenn keine Weisung vorliegt, regelt § 135 Abs. 5 AktG. Hiernach hat das Kreditinstitut das Stimmrecht entsprechend seinen eigenen, den Aktionären nach § 128 Abs. 2 AktG mitgeteilten Vorschlägen auszuüben, es sei denn, das Kreditinstitut darf den Umständen nach annehmen, daß der Aktionäre bei Kenntnis der Sachlage die abweichende Ausübung des Stimmrechts billigen würde. Es wird hierbei vorausgesetzt, daß Aktionäre, die mit den Vorschlägen einverstanden sind, durch sie veranlaßt werden, von einer eigenen Weisung abzusehen.[562] Das Kreditinstitut ist daher an die eigenen Vorschläge derart gebunden, als seien es Weisungen des Aktionärs. Eine Abweichung von den eigenen Vorschlägen ist nur in dem gleichen Umfang zulässig wie bei explizit erteilten Weisungen des Aktionärs. Eine Ausübung der Stimmrechte nach freiem Ermessen des Kreditinstituts ist daher nach § 135 Abs. 5 AktG ausgeschlossen. Eine Zurechnung findet daher nicht statt. Unter Transparenzgesichtspunkten mag dieses Ergebnis für das WpHG als unbefriedigend empfunden werden, insbesondere weil die Offenlegung der von einem Kreditinstitut für ihre Kunden ausgeübten Stimmrechte keine einschneidende Maßnahme für das Kreditinstitut darstellt und gleichzeitig für die Aktionäre einen besonderen Informationswert hat. Sowohl der Gesetzeswortlaut als auch der Wortlaut von Art. 10 lit. f) der Transparenzrichtlinie sind jedoch insoweit eindeutig, als ein eigenes Ermessen des Meldepflichtigen vorausgesetzt wird. An einem solchen fehlt es jedoch aufgrund der Regelung des § 135 Abs. 5 AktG. Gestützt wird diese wortgetreue Anwendung auch durch die Entstehungshistorie von Art. 10 lit. h der Transparenzrichtlinie 2004. Der Kommissionsvorschlag vom 26.03.2003 sah in Art. 10 lit. h) noch vor, daß Stimmrechte offen zu legen waren, die ein Meldepflichtiger als Bevollmächtigter aufgrund gemeinsamer Weisung

560 Vgl. zum Meinungsstand und Argumenten *Schneider* in: Assmann/Schneider, WpHG 2009, § 22 Rn. 128 ff. m.w.N. auf S. 988 Fn. 1; dagegen *BaFin*, Emittentenleitfaden 2009, VIII. 2.5.6.1.

561 Bundestag-Drucksache 16/2498, S. 35.

562 *Hüffer, AktG 2008*, § 135 Rn. 21.

von Aktionären ausübt.[563] Aufgrund des Berichtes des europäischen Parlamentes vom 25.02.2004 wurde der Tatbestand jedoch gestrichen.[564] Sofern ein eigenes Ermessen des Bevollmächtigten nicht gegeben ist, wird daher eine Zurechnung nicht für erforderlich gehalten. Eine Zurechnung von Depotstimmrechten findet daher nicht statt, soweit § 135 AktG Anwendung findet.

f) Zusammenfassung

§ 22 Abs. 1 Satz 1 Nr. 6 WpHG und § 30 Abs. 1 Satz 1 Nr. 6 WpÜG sind grundsätzlich einheitlich auszulegen. Durch die Erweiterung des Tatbestandes um die Alternative der Bevollmächtigung haben sich bestehende Zweifelsfragen weitestgehend erübrigt. Unter Transparenzgesichtspunkten sowie den Anlegerinteressen wäre eine Erweiterung des Zurechnungstatbestandes im Rahmen des WpHG auf Depotstimmrechte von Banken wünschenswert. Dem stehen jedoch derzeit der eindeutige Wortlaut der Transparenzrichtlinie 2004 sowie des § 22 Abs. 1 Satz 1 Nr. 6 WpHG entgegen. Einer entsprechenden Erweiterung des § 30 Abs. 1 Satz 1 Nr. 6 WpÜG bedarf es nicht.

7. Zurechnung von Stimmrechten aus Aktien eines Dritten gemäß § 22 Abs. 2 WpHG und § 30 Abs. 2 WpÜG, mit dem der Meldepflichtige bzw. Bieter oder sein Tochterunternehmen sein Verhalten in Bezug auf den Emittenten/ Zielgesellschaft auf Grund einer Vereinbarung oder in sonstiger Weise abstimmt; ausgenommen sind Vereinbarungen in Einzelfällen Ein abgestimmtes Verhalten setzt voraus, daß der Meldepflichtige bzw. Bieter oder sein Tochterunternehmen und der Dritte sich über die Ausübung von Stimmrechten verständigen oder mit dem Ziel einer dauerhaften und erheblichen Änderung der unternehmerischen Ausrichtung in sonstiger Weise zusammenwirken

a) Allgemeines

Beide Zurechnungstatbestände sollen die Zurechnung von Stimmrechten aus Wertpapieren eines Dritten gewährleisten, mit dem der Meldepflichtige bzw. Bieter oder sein Tochterunternehmen ihr Verhalten in Bezug auf die börsennotierte Gesellschaft abgestimmt haben. Die Regelung in § 22 Abs. 2 WpHG geht zurück auf die Regelung in Art. 7 Satz 1 Anstr. 3 der Transparenzrichtlinie 1988, die unverändert durch die Transparenzrichtlinien 2001 und 2004 übernommen wur-

---

563 Kommissionsvorschlag vom 26.03.2003, KOM (2003) 138 endgültig, S. 28.
564 Bericht des Parlaments vom 25.02.2004, A5-0079/2004 endgültig, S. 51.

de.[565] Die Regelung wurde zunächst in § 22 Abs. 1 Nr. 3 WpHG i. d. F. vom 09. September 1998 umgesetzt und erhielt durch Art 2. des Gesetzes zur Regelung von öffentlichen Angeboten zum Erwerb von Wertpapieren und von Unternehmensübernahmen eine neue Fassung. Hierbei wurden die in der Transparenzrichtlinie und in § 22 Abs. 1 Nr. 3 WpHG i. d. F. vom 09. September 1998 enthaltenen Merkmale der Beeinflussung der Geschäftsführung sowie der „langfristigen" Zielverfolgung, die Anlass zu zahlreichen Zweifelsfragen in der Praxis gegeben hatten, gestrichen.[566] Die Neufassung des § 22 Abs. 2 WpHG entsprechend der Reglung in § 30 Abs. 2 WpÜG sollte insbesondere diese bestehenden Zweifel beseitigen und den Anwendungsbereich der Vorschrift erweitern.[567] Erhebliche Unsicherheiten löste jedoch die Entscheidung des *BGH* vom 18. Juni 2006 aus, nach der durch die Zurechnungstatbestände ausschließlich Vereinbarungen erfaßt werden, die sich auf die Ausübung von Stimmrechten in der Hauptversammlung beziehen[568] und damit den Zurechnungsbereich erheblich einschränkt. Dem trat der Gesetzgeber daher durch das Risikobegrenzungsgesetz entgegen, welches in § 22 Abs. 2 WpHG und § 30 Abs. 2 WpÜG jeweils einen neuen Satz 2 einfügte, nach dem Abstimmungen über die Ausübung von Stimmrechten oder mit dem Ziel einer dauerhaften und erheblichen Änderung der unternehmerischen Ausrichtung erfaßten werden.[569]

Nach der ursprünglichen Gesetzesbegründung zu § 30 Abs. 2 WpÜG[570] sollen durch den Zurechnungstatbestand Konstellationen erfaßt werden, die international unter dem Begriff „acting in concert" zusammengefaßt werden; im Übrigen verweist der Gesetzgeber auf die Gesetzesbegründung zur Regelung der „gemeinsam handelnden Personen" gemäß § 2 Abs. 5 WpÜG.[571] Einen einheitli-

565 „Stimmrechte, die von einem Dritten gehalten werden, mit dem diese natürliche oder juristische Person eine Vereinbarung getroffen hat, die beide verpflichtet, langfristig eine gemeinsame Politik bezüglich der Geschäftsführung des betreffenden Emittenten zu verfolgen, indem sie die von ihm gehaltenen Stimmrechte einvernehmlich ausüben." (Art. 7 Satz 1 Anstr. 3 Transparenzrichtlinie 1988, Art. 92 lit. d) Transparenzrichtlinie 2001, Art 10 lit. a) Transparenzrichtlinie 2004).

566 *Schneider* in: Assmann/Schneider, WpHG 2009, § 22 Rn. 165.

567 Begründung RegE, Bundestag-Drucksache 14/7034, S.53 f.

568 BGH, Urt. vom 18. Juni 2006, Az. II ZR 137/05, ZIP 2006, S. 2077 ff.

569 BGBl. I 2008, Nr. 36, S. 1666 ff. vom 18. August 2008.

570 Der Gesetzgeber hat den Zurechnungstatbestand des § 30 Abs. 2 WpÜG in Anlehnung an § 2 Abs. 5 WpÜG verfaßt. Sowohl Wortlaut beider Vorschriften als auch der Schutzzweck des § 30 Abs. 2 WpÜG sowie der Anknüpfungsvorschriften des § 2 Abs. 5 WpÜG unterscheiden sich derart, daß eine einheitliche Auslegung ausscheidet. Vgl. hierzu *v. Bülow* in: Kölner Kommentar zum WpÜG 2003, § 30 Rn. 135; *Pittroff*, S. 266.

571 § 2 Abs. 5 WpÜG: „Gemeinsam handelnde Personen sind natürliche oder juristische Personen, die ihr Verhalten im Hinblick auf ihren Erwerb von Wertpapieren der

chen internationalen Begriff des „*acting in concert*“ gibt es jedoch nicht.[572] Die Begründung sorgt daher mehr für Verwirrung als für Klarheit. Anders als bei den bisher behandelten Zurechnungstatbeständen sind hinsichtlich dieses Zurechnungstatbestandes europarechtlich nicht nur die Vorgaben der Transparenzrichtlinie für die Auslegung des § 22 Abs. 2 WpHG zu beachten, sondern auch die entsprechende Regelung der Übernahmerichtlinie in Art. 5 Abs. 1[573] i. V. m. Art 2 Abs. 1 lit. d)[574] der Übernahmerichtlinie. Art. 5 Abs. 1 der Übernahmerichtlinie sieht zwingend vor, daß die Stimmrechte *gemeinsam handelnder Personen* bei der Ermittlung des Stimmrechtsanteils des Bieters zu berücksichtigen sind. Beide Definitionen divergieren, weshalb die ESME (European Securites Markets Expert Group) für die Übernahmerichtlinie den Übergang von der derzeitigen Minimalharmonisierung zur Maximalharmonisierung fordert.[575]

b) Beteiligte des Abstimmungsvorgangs

Nach dem Gesetzeswortlaut beider Vorschriften können Beteiligte des Abstimmungsvorgangs der Meldepflichtige bzw. Bieter (oder deren Tochterunternehmen) und ein Dritter sein. Der Wortlaut ist insoweit etwas unglücklich geraten, als die Rechtsfolge einer etwaigen Zurechnung, die Qualifizierung als Meldepflichtiger oder Bieter, vorweggenommen wird.[576] Eine Einschränkung ist hiermit jedoch

---

Zielgesellschaft oder ihre Ausübung von Stimmrechten aus Aktien der Zielgesellschaft mit dem Bieter aufgrund einer Vereinbarung oder in sonstige Weise abstimmen.“; Begründung RegE, Bundestag-Drucksache 14/7034, S.54.

572 *Schneider* in: Assmann/Schneider WpHG 2009, § 22 Rn. 161 ff. und vgl. hierzu auch die ausführlichen Untersuchungen von *Löhdefink*, S. 33–77; *Weiß*, S. 71–92.

573 Art. 5 Abs. 1 Übernahmerichtlinie: „Hält eine natürliche oder juristische Person infolge ihres alleinigen Erwerbs oder des Erwerbs durch gemeinsam mit ihr handelnden Personen Wertpapiere einer Gesellschaft im Sinne des Art. 1 Abs. 1, die ihr bei Hinzurechnung zu etwaigen von ihr bereits mittels solcher Wertpapiere gehaltenen Beteiligungen und den Beteiligungen der gemeinsam mit ihr handelnden Personen unmittelbar oder mittelbar einen bestimmten, die Kontrolle begründenden Anteil an Stimmrechten dieser Gesellschaft verschaffen, so stellen die Mitgliedstaaten sicher, daß diese Person zum Schutz der Minderheitsaktionäre dieser Gesellschaft zur Abgabe eines Angebotes verpflichtet ist.“

574 Art. 2 Abs. 1 lit. d) der Übernahmerichtlinie: „Gemeinsam handelnde Personen sind natürliche oder juristische Personen, die mit dem Bieter oder der Zielgesellschaft auf der Grundlage einer ausdrücklichen oder stillschweigenden, mündlich oder schriftlich getroffenen Vereinbarung zusammenarbeiten, um die Kontrolle über die Zielgesellschaft zu erhalten bzw. den Erfolg des Übernahmeangebotes zu vereiteln.“

575 *Fischer zu Cramburg*, NZG 2009, S. 100 (100).

576 So *v. Bülow* in: Kölner Kommentar zum WpHG, 2007, § 22 Rn. 147; *Löhdefink*, Acting in Concert und Kontrolle im Übernahmerecht, 2007, S. 247. Die Transpa-

nicht verbunden. Beteiligter des Abstimmungsvorgangs kann vielmehr jede natürliche oder juristische Person sein, die auch Meldepflichtiger oder Bieter sein kann. Darüber hinaus besteht weder eine qualitative noch quantitative Einschränkung möglicher Beteiligter am Abstimmungsvorgang. Der Tatbestand beider Zurechnungsvorschriften ist nicht auf Zweipersonenverhältnisse beschränkt, sondern erfaßt auch Mehrpersonenverhältnisse.[577]

Es ist auch nicht erforderlich, daß die Beteiligten selbst Aktionäre sind. Auf Ebene des Dritten werden nach § 22 Abs. 2 Satz 2 WpHG und § 30 Abs. 2 Satz 2 WpÜG zugerechnete Stimmrechte berücksichtigt und dem Meldepflichtigen bzw. Bieter bei Vorliegen der weiteren Tatbestandsvoraussetzungen ohne weiteres zugerechnet.[578] Auch der Meldepflichtige bzw. Bieter muß weder selbst unmittelbar noch mittelbar Aktionär oder Zurechnungssubjekt für Stimmrechte aus Wertpapieren anderer Personen sein.[579] Dies würde dem Schutzzweck, den beide Vorschriften erfüllen sollen, widersprechen. Denn unabhängig davon, ob der Meldepflichtige bzw. Bieter selbst Wertpapiere der börsennotierten Gesellschaft hält, können beide über die Abstimmung des Verhaltens mit einem Dritten bezüglich der von diesem selbst gehaltenen oder zugerechneten Stimmrechte, Einfluß auf die börsennotierte Gesellschaft nehmen. In diesem Fall können jeweils abhängig von Art, Umfang und Gegenstand der Abstimmung die aufgezeigten Anlegerrisiken betroffen sein. Unwesentlich ist es hierfür, ob der Einfluß auf die Ausübung von Stimmrechten über eigenen Aktienbesitz oder den Aktienbesitz Dritter vermittelt wird. Für den Anleger ist die Information darüber, ob ein Nichtaktionär über eine Abstimmung mit einem mittelbaren oder unmittelbaren Aktionär Einfluß auf die börsennotierte Gesellschaft nehmen kann, daher ebenso von wesentlicher Bedeutung wie für den Minderheitsaktionär. Weder dem Wortlaut der Transparenzrichtlinie noch der Übernahmerichtlinie läßt sich zudem eine Rechtfertigung für eine einschränkende Auslegung entnehmen.

Beteiligte des Abstimmungsvorgangs müssen nicht notwendigerweise zwei körperlich unterscheidbare Personen sein. Voraussetzung ist allein, daß das Rechtssubjekt, dem Stimmrechte zugerechnet werden – Meldepflichtiger bzw.

---

renzrichtlinie sowie die Übernahmerichtlinie sprechen jeweils von der *„natürlichen oder juristischen Person"* anstelle von *„Meldepflichtigen"* und *„Bieter"*. Der *„Dritte"* wird in der Übernahmerichtlinie als *„gemeinsam handelnde Person"* bezeichnet.

577 *Schneider* in: Assmann/Pötzsch/Schneider, WpÜG 2005; *ders.* in: Assmann/Schneider WpHG 2009, § 22 Rn. 168., § 30 Rn. 95; *Löhdefink*, S. 249; *Pittroff*, S. 284.

578 *Schneider* in: Assmann/Schneider WpHG 2009, § 22 Rn. 167.

579 *Schneider* in: Assmann/Schneider WpHG 2009, § 22 Rn. 167; *v. Bülow* in: Kölner Kommentar zum WpHG, 2007, § 22 Rn. 147; *Schneider*, WM 2006, S. 1321 (1323); LG München I, Urt. vom 03.01.2003, Az. 5 HK O 22225/02, BKR 2003, S. 810 ff.; a. A. *Liebscher*, ZIP 2002, S. 1005 (1012).

Bieter – und das Rechtssubjekt, aus dessen selbst oder von Dritten gehaltenen Wertpapieren Stimmrechte nach § 22 Abs. 2 WpHG oder § 30 Abs. 2 WpÜG dem Meldepflichtigen bzw. Bieter zugerechnet werden, unterschiedlich sind.[580] Die Verhaltensabstimmung kann dann daher auch in einer Person erfolgen, die für verschiedene Rechtssubjekte handelt.[581]

c) Abstimmungsvorgang

Die Abstimmung zwischen dem Meldepflichtigen bzw. Bieter und dem Dritten setzt nach allgemeiner Meinung eine Kommunikation zwischen den jeweiligen Beteiligten voraus.[582] Die Beteiligten müssen sich hierbei aktiv bemühen, ihr Verhalten aufeinander einzustellen. Die Koordination des Verhaltens der Beteiligten muß folglich bewußt geschehen;[583] ein unbewußtes Parallelverhalten ist nicht ausreichend.[584] Vielmehr ist erforderlich, daß der Dritte mit dem Meldepflichtigen bzw. Bieter sein Verhalten in einem vereinbarten Verfahren koordiniert. Ein einfacher Informationsaustausch stellt ebenso wenig einen relevanten Abstimmungsvorgang dar, wie das unbewußte Parallelverhalten.[585] Notwendig ist folglich eine bewußte Übereinkunft zwischen den beteiligten Parteien, ihr Verhalten in Bezug auf die börsennotierte Gesellschaft zu koordinieren.[586] Auf die Freiwilligkeit der Koordinierung kommt es nicht an.[587] Die Beschränkung der erfaßten Abstimmungsvorgänge auf solche, die ein bewußtes Zusammenwirken der Beteiligten erfordert, entspricht den Vorgaben der Transparenzrichtlinie sowie der Übernahmerichtlinie. Die Transparenzrichtlinie spricht *expressis verbis* von einem *„ein-*

---

580 *Löhdefink*, S. 253.

581 Vgl. OLG Stuttgart, Urt. vom 10.11.2004, Az. 20 U 16/03, NZG 2005, S. 432 (436); LG München I, BKR 2003, S. 810 (812).

582 BaFin, Jahresbericht 2005, S. 178; *Liebscher*, ZIP 2002, S. 1005 (1007); *v. Bülow*, Kölner Kommentar zum WpHG 2007, § 22 Rn. 150; *Weiß*, S. 69; *Versteegen* in: Kölner Kommentar zum WpÜG 2003, § 2 Rn. 162; BGH, Urt. vom 18.09.2006, Az. II ZR 137/05, ZIP 2006, S. 2077 (2078); *Löhdefink*, S. 257.

583 *Löhdefink*, S. 257; *Weiß*, S. 69; *Caspers*, ZIP 2003, S. 1469 (1475).

584 So *v. Bülow* in: Kölner Kommentar zum WpHG 2007, § 22 Rn. 152; *Schneider* in: Assmann/Schneider, WpHG 2009, § 22 Rn. 174; OLG Stuttgart, Urt. vom 10.11.2004, Az. 20 U 16/03, NZG 2005, S. 432 (436); *v. Bülow* in: Kölner Kommentar zum WpÜG 2003, § 30 Rn. 108, 112; *Schockenhoff/Schumann*, ZGR 2005, S. 568 (584 f.).

585 So *v. Bülow* in: Kölner Kommentar zum WpHG 2007, § 22 Rn. 151 f.; OLG Stuttgart, Urt. vom 10.11.2004, Az. 20 U 16/03, NZG 2005, S. 432 (436); *v. Bülow* in: Kölner Kommentar zum WpÜG 2003, § 30 Rn. 108, 112

586 In Anlehnung an *Löhdefink*, S. 257.

587 BGH, Urt. vom 18.09.2006, Az. II ZR 137/05, ZIP 2006, S. 2077 (2078 f.); *Pentz*, ZIP 2003, S. 1478 (1486).

vernehmlichen“ Verhalten der Beteiligten.[588] Die Übernahmerichtlinie wiederum setzt voraus, daß die Beteiligten „zusammenarbeiten“.[589] Beide verlangen somit das bewußte, koordinierte Vorgehen der Beteiligten. Eine Ausweitung des Tatbestandes beider Zurechnungsnormen auf lediglich gleichgerichtete, unkoordinierte Abstimmungsvorgänge ist auch vor dem Hintergrund von Sinn und Zweck der Mitteilungspflichten sowie des Pflichtangebotes nicht erforderlich. Soweit keine bewußte Koordination der Einflußmöglichkeiten von Aktionären besteht, liegt weder eine relevante Veränderung der Beteiligungsverhältnisse vor, die offen zu legen ist, noch ein Kontrollwechsel, der zum Schutz der Anleger ein Pflichtangebot erfordert. Daß Aktionäre auf Hauptversammlungen gleichgerichtet ihre Stimmrechte ausüben, ist dem vorherrschenden Mehrheitsprinzip immanent und erforderlich, um die Handlungsfähigkeit der Gesellschaften zu gewährleisten.[590] Zudem wird durch eine angemessene Beteiligungstransparenz bereits gewährleistet, daß die Anleger wesentlich Beteiligte erkennen und mögliche einheitliche Interessen, die zu einem gleichgerichteten Verhalten führen, vermuten können. Die ein Pflichtangebot rechtfertigenden Nachteile für Anleger und Minderheitsaktionäre können wiederum erst entstehen, wenn das gleichgerichtete Verhalten sich stabilisiert und damit zu einem koordinierten Verhalten wird. Dies wird aber eine wie immer geartete Kommunikation zwischen den Akteuren erfordern, die dann eine Zurechnung begründen sollte. Der Wille, gleichgerichtete Verhaltensweisen ebenfalls zu erfassen, mag durch das in der Vergangenheit vermehrt öffentlichkeitswirksame Auftreten von Hedge-Fonds bestärkt worden sein, die gleichgerichtete Ziele ohne – zumindest nachweisbare – Koordination durchgesetzt oder durchzusetzen versucht haben.[591] Dies ist jedoch ein auf Ebene der Beweisführung und Beweislast und nicht auf Tatbestandsebene zu lösendes Problem.

d) Abstimmungsgrundlage

Nach § 22 Abs. 2 WpHG und § 30 Abs. 2 WpÜG kann die Abstimmung zwischen den Beteiligten des Abstimmungsvorgangs aufgrund einer Vereinbarung oder in sonstiger Weise erfolgen.

(1) 1. Alternative: „aufgrund einer Vereinbarung“

Übereinstimmend wird davon ausgegangen, daß der Begriff „*Vereinbarung*“ jede rechtlich bindende, ausdrückliche oder stillschweigende, mündliche oder

588 Art. 10 lit. a) der Transparenzrichtlinie 2004.
589 Art. 2 Abs. 1 lit. d) der Übernahmerichtlinie.
590 Vgl. zu diesem Argument *Löhdefink*, S. 356.
591 Bsp. Deutsche Börse AG, Cewe Colour AG.

schriftliche, förmliche oder formlose Abrede zwischen den Beteiligten erfaßt.[592] Hierunter fallen insbesondere Verträge wie Stimmbindungsverträge, Poolverträge, Gesellschaftsverträge, Interessenwahrungsverträge aber auch nicht schon als Tochterunternehmen zu qualifizierende Gemeinschaftsunternehmen nach § 310 HGB.[593] Dies entspricht auch den europarechtlichen Vorgaben beider Vorschriften. Denn sowohl Art. 10. lit. a) der Transparenzrichtlinie als auch nach Art. 2 Abs. 1 lit. d) der Übernahmerichtlinie setzen rechtlich verbindliche Vereinbarungen voraus.[594] Nach der herrschenden Meinung sollen auch nur rechtsverbindliche Vereinbarungen von dieser ersten Alternative und unverbindliche bzw. rechtlich unwirksame Vereinbarungen von der zweiten Alternative *„in sonstiger Weise"* erfaßt werden.[595] Jedoch vertritt *Weiß* die Auffassung, daß der Begriff *„Vereinbarung"* sämtliche Abreden zwischen den Beteiligten des Abstimmungsvorgangs erfassen, unabhängig davon, ob diese rechtlich wirksam oder unwirksam sind. Der Unterschied zwischen der ersten und zweiten Alternative bestünde nämlich nicht in der rechtlichen Wirksamkeit oder Unwirksamkeit sondern darin, daß es in der zweiten Alternative an einer Vereinbarung fehlt und die Abstimmung faktisch erfolgt.[596] Der Auffassung von *Weiß* ist zuzustimmen. Durch die Änderung des § 22 Abs. 2 WpÜG im Vergleich zu § 22 Abs. 1 Nr. 3 WpHG a. F. sollten auch rechtlich unwirksame Vereinbarungen erfaßt werden.[597] Dies wurde aber bereits dadurch erreicht, daß in der ersten Alternative das Erfordernis einer sich aus der Vereinbarung ergebenden Verpflichtung gestrichen wurde. Auf eine solche An-

---

592 So *v. Bülow* in: Kölner Kommentar zum WpÜG 2003, § 30 Rn. 112; *Dieckmann* in: Baums/Thoma, WpÜG 2005, § 30 Rn. 68; *v. Bülow* in: Kölner Kommentar zum WpHG 2007, § 22 Rn.153; *Schneider* in: Assmann/Schneider, WpHG 2009, § 22 Rn. 173; *Weiß*, S. 114 f; *Löhdefink*, S. 259 f.; *Pittroff*, S. 268 f.

593 So *v. Bülow* in: Kölner Kommentar zum WpÜG 2003, § 30 Rn. 112; *Dieckmann* in: Baums/Thoma, WpÜG 2005, § 30 Rn. 68; *Angerer* in: Geibel/Süßmann, WpÜG 2008, § 30 Rn. 31.; *v. Bülow* in: Kölner Kommentar zum WpHG 2007, § 22 Rn.153; *Schneider* in: Assmann/Schneider, WpHG 2009, § 22 Rn. 173; *Löhdefink*, S. 259 f.

594 Nach der Transparenzrichtlinie muß die Vereinbarung beide Parteien verpflichten. Ebenso ergibt sich aus Art. 5 Abs. 1 Satz 1 i. V. m. Art. 2 Abs. 1 lit. d) der Übernahmerichtlinie, daß nur rechtsgeschäftlich abgestimmtes Verhalten zur Zurechnung führen soll, vgl. auch *Steinmeyer* in: Steinmeyer/Häger, WpÜG 2007, § 30 Rn. 52 f.

595 So *v. Bülow* in: Kölner Kommentar zum WpÜG 2003, § 30 Rn. 112; *Dieckmann* in: Baums/Thoma, WpÜG 2005, § 30 Rn. 68; *v. Bülow* in: Kölner Kommentar zum WpHG 2007, § 22 Rn.153; *Schneider* in: Assmann/Schneider, WpHG 2009, § 22 Rn. 173; *Löhdefink*, S. 259 f; *Pittroff*, S. 268 f.

596 *Weiß*, S. 114, 119 f.

597 Bundestag-Drucksache 14/7034, S. 70; so bspw. *Burgard*, BB 1995, S. 2069 (2075); dagegen *Jäger*, WM 1996, S. 1356 (1357). Die Erweiterung auf rechtlich unwirksame oder unverbindliche Vereinbarung geht über die Vorgaben der Transparenzrichtlinie sowie der Übernahmerichtlinie hinaus. Dies ist jedoch aufgrund der lediglich Mindest- bzw. Rahmenvorgaben definierenden Richtlinien zulässig.

passung hätte andernfalls verzichtet werden können.[598] Diese Auffassung wird auch durch die parallelen Regelungen in Art. 81 EGV und § 1 GWB gestützt, die unter dem Begriff der Vereinbarung ebenfalls rechtlich unwirksame Vereinbarung verstehen.[599] Diese Annahme rechtfertigt sich auch aus einer systematischen Betrachtung. Die Einzelfallausnahme, die sich nur auf Vereinbarungen und damit die erste Tatbestandsvariante beschränkt,[600] würde dann für rechtlich unwirksame Vereinbarungen nicht gelten. Im Ergebnis wirken sich die Unterschiede beider Auffassungen allerdings im Übrigen nicht aus, da nach Auffassung von *Weiß* in der zweiten Tatbestandsvariante eine Abstimmung im Einzelfall tatbestandlich schon ausgeschlossen ist.[601]

(2) 2. Alternative „in sonstiger Weise“

Nach der herrschenden Meinung sollen durch diese Tatbestandsvariante insbesondere rechtlich nicht bindende Vereinbarungen und sonstige Verhaltenskoordinationen erfaßt werden, denen keine Vereinbarung zugrunde liegt.[602] Nach der hier und von *Weiß* vertretenen Auffassung sollen ausschließlich faktische Verhaltensabstimmungen erfaßt werden.[603] Nach beiden Auffassungen stellt sich gleichsam die Frage, welche Intensität und Bindungswirkung die Abstimmung in sonstiger Weise aufweisen muß, um eine Zurechnung nach beiden Zurechnungstatbeständen zu rechtfertigen. Beides läßt sich wiederum nur vor Sinn und Zweck der Beteiligungstransparenz und des Pflichtangebotes beantworten. Die Zurechnung von Stimmrechten am Abstimmungsvorgang Beteiligter rechtfertigt sich dadurch, daß diese hinsichtlich der von ihnen unmittelbar gehaltenen oder zugerechneten Stimmrechten gegenüber der börsennotierten Gesellschaft, den Anlegern, den Aktionären und weiteren Kapitalmarktteilnehmer hinsichtlich der Ausübung der Stimmrechte wie eine Einheit auftreten. Der Einfluß auf die Ausübung der Stimmrechte wird in diesen Fällen faktisch nicht mehr durch den einzelnen Wertpapierinhaber, sondern durch die Beteiligten des Abstimmungsvorgangs als Einheit gemeinschaftlich oder durch den, den Abstimmungsvorgang beherrschenden, Beteiligten ausgeübt. Dies rechtfertigt dann sowohl die Zurechnung für Zwecke einer angemessenen Beteiligungstransparenz als auch zum Schutz der Anleger und Minderheitsaktionäre im Rahmen des Pflichtangebotes. Denn

598 *Weiß*, S. 115.
599 Vgl. hierzu *Casper*, ZIP 2003, S. 1468 (1471, 1475), der allerdings die kartellrechtliche Wertung nicht auf das Übernahmerecht erweitern möchte.
600 *Weiß*, S. 115, 131; *Berger/Filgut*, AG 2004, S. 592 (597).
601 *Weiß*, S. 131.
602 Vgl. vorstehenden Gliederungspunkt (1).
603 Vgl. vorstehenden Gliederungspunkt (1).

für diese ist es unerheblich, ob die Einflußmöglichkeiten durch einen einzelnen Wertpapierinhaber oder durch eine Vielzahl von Wertpapierinhabern koordiniert ausgeübt werden. In beiden Fällen sehen sich die nicht am Abstimmungsvorgang beteiligen Anleger und Aktionäre einer Bündelung von Einflußmöglichkeiten auf die Stimmrechtsausübung in der börsennotierten Gesellschaft gegenüber. Die der Beteiligung an der börsennotierten Gesellschaft immanenten Anlegerrisiken können in diesem Fall verwirklicht werden. Dies setzt allerdings eine gewisse Beständigkeit der Einflußmöglichkeiten dieser Einheit voraus, da sonst nur eine punktuelle Bündelung der Einflußmöglichkeiten sichergestellt ist, die entsprechend einem spontanen gleichgerichteten Verhalten auf einer Hauptversammlung oder einer Abstimmung im Einzelfall keine Zurechnung rechtfertigt. Aus gleichem Grund scheidet auch eine Zurechnung auf Ebene des Bevollmächtigten aus, dem für eine Hauptversammlung eine Vollmacht erteilt wurde.

Als Vergleichsmaßstab für eine ausreichend beständige Koordinierung des Verhaltens der am Abstimmungsvorgang Beteiligten können die im Konzernrecht oder die in der Fusionskontrolle ausgebildeten Grundsätze zur Mehrmütterherrschaft herangezogen werden.[604] Voraussetzung der Mehrmütterherrschaft ist, daß die betreffenden Beteiligten ihr Einflußpotential auf einer ausreichend sicheren Grundlage koordinieren.[605] Indizien hierfür sind, faktisch einheitliche Verfahrensregeln zur Koordinierung des Abstimmungsverhaltens, daß Treffen von Entscheidungen unter den Beteiligten anstatt auf Ebene der Gesellschaft, ebenso wie fehlende Interessendivergenz oder bestehende personelle Verflechtungen zwischen den Beteiligten, die nicht ausschließlich familienrechtlich begründet sind.[606] Die Beteiligten müssen diese Voraussetzungen, welche die Annahme einer Abstimmung in sonstiger Weise rechtfertigen, bewußt geschaffen haben, um einen Gleichlauf des Verhaltens sicherzustellen, ein bloß faktisches Parallelverhalten ist nicht ausreichend.[607] Die Beurteilung wird im Einzelfall zu treffen sein. Lediglich in der Fallgruppe rechtlich unwirksamer Vereinbarungen wird die Vereinbarung selbst bereits ein ausreichendes Indiz für eine Abstimmung im Sinne der Zurechnungstatbestände darstellen. Eine Ausnahme mag insoweit nur

604 Vgl. hierzu *Löhdefink*, S. 264 f.; *Weiß*, S. 120 f.; *Pittroff*, S. 278 f. und *v. Bülow* in: Kölner Kommentar zum WpHG, 2007, § 22 Rn. 154 zu § 1 GWB.

605 BGH, NJW 1994, S. 3288 (3290); *Krieger* in: Münchner Handbuch der Aktiengesellschaft, § 68, Rn. 50; *Noack* in: Schwark, Kapitalmarktrecht 2004, § 30 WpÜG Rn. 21.

606 *Koppensteiner* in: Kölner Kommentar zum Aktiengesetz, § 17 Rn. 66; *Windbichler* in: Großkommentar zum Aktiengesetz, § 17 Rn. 65; *Krieger* in: Münchner Handbuch der Aktiengesellschaft, § 68, Rn. 52; *Forster* in: Adler/Düring/Schmaltz, AktG, § 17 Rn. 49; *Lutter*, NJW 1973, S. 113 (117).

607 *Dehlinger/Zimmermann* in: Fuchs WpHG 2009, § 22 Rn. 92; *OLG Frankfurt*, Urteil vom 25. Juni 2004, – WpÜG 5,6 und 8/03, AG 2004, S. 617 (618); *Weiß*, S. 123 f.

gelten, als sich die Beteiligten mangels rechtlicher Bindung offensichtlich nicht entsprechend der Vereinbarung verhalten bzw. verhalten wollen.

e) Abstimmungsgegenstand

Nach beiden Zurechnungstatbeständen muß Gegenstand der Abstimmung ein *„Verhalten in Bezug auf die börsennotierte Gesellschaft"* sein. Der Wortlaut erfaßt folglich zunächst jedwedes Verhalten, welches in einer Verbindung zur börsennotierten Gesellschaft steht. § 22 Abs. 1 Nr. 3 WpHG a. F. hatte das Abstimmungsverhalten entsprechend der Regelung in Art. 10 lit. a) der Transparenzrichtlinie noch dahingehend eingeschränkt bzw. qualifiziert, daß es auf eine gemeinsame Politik hinsichtlich der Geschäftsführung abzielen mußte, indem die Stimmrechte einvernehmlich ausgeübt werden. Ziel mußte daher die gemeinsame Politik hinsichtlich der Geschäftsführung mittels der einvernehmlichen Ausübung der Stimmrechte sein. Die Übernahmerichtlinie wiederum erfaßt nach Art. 2 Abs. 1 lit. d) solche Sachverhalte, bei denen sich die Beteiligten zur Erhaltung der Kontrolle oder zur Vereitlung eines Übernahmeangebotes abstimmen. Transparenz- und Übernahmerichtlinie knüpfen somit an die Abstimmung stets ein finales Element. Hinsichtlich der Regelungen in § 22 Abs. 2 WpHG und § 30 Abs. 2 WpÜG in der Fassung vor dem Risikobegrenzungsgesetz war umstritten, wie der Abstimmungsgegenstand weiter zu qualifizieren ist.

(1) H.M: Stimmrechtsbezogene Verhaltensabstimmung erforderlich

Die herrschende Meinung zu § 30 Abs. 2 WpÜG a. F. sah die Notwendigkeit, das Tatbestandsmerkmal auf Verhaltensabstimmungen hinsichtlich der Ausübung gesellschaftsrechtlich vermittelter Einflußmöglichkeiten bei der börsennotierten Gesellschaft zu beschränken.[608] Anhaltspunkte dafür, daß die Vertreter der herrschenden Meinung eine abweichende Auslegung von § 22 Abs. 2 WpHG befürworten, sind nicht ersichtlich. Soweit diese sich auch zu §§ 22 Abs. 2 WpHG in

608 Zu § 30 Abs. 2 WpÜG: *Schüppen/Walz* in: Frankfurter Kommentar zum WpÜG 2008, § 30 Rn. 73 f.; *Dieckmann* in: Baums/Thoma 2005, § 30 Rn. 72 f.; *v. Bülow* in: Kölner Kommentar zum WpÜG 2003, § 30 Rn. 114; *Noack* in: Schwark, Kapitalmarktrecht 2004, § 30 WpÜG Rn. 13; *Löhdefink*, S. 274; *Pittroff*, S. 309; *Kuthe/Bockhaus*, DB 2005, S. 1266 (1267); *Louven*, BB 2005, S. 1414 (1415); *Saenger/Kessler*, ZIP 2006, S. 837 (839); BGH, ZIP 2006, S. 2077 (2079), jeweils beschränkt auf Abstimmungen zur Stimmrechtsausübung; *Schockenhoff/Schumann*, ZGR 2005, S. 568 (573 f.); *Casper*, ZIP 2003, S. 1469 (1476) und *Seibt*, ZIP 2004, S. 1829 (1832) jeweils beschränkt auf die Ausübung von Verwaltungsrechten. Zu § 22 Abs. 2 WpHG: *Dehlinger/Zimmermann* in: Fuchs, WpHG 2009, § 22 Rn. 96; *v. Bülow* in: Kölner Kommentar zum WpHG 2007, § 22 Rn.157.

dieser Frage äußern, lehnen sie eine weite Auslegung des § 22 Abs. 2 WpHG ebenfalls ab.[609] Die Verhaltensabstimmung muß immer auch eine Abstimmung über die Ausübung der Stimmrechte in der börsennotierten Gesellschaft beinhalten.[610] Eine Abstimmung hinsichtlich des Erwerbs oder Haltens von Wertpapieren der Zielgesellschaft ist hiernach daher ebenso nicht erfaßt,[611] wie Vereinbarungen über den Verkauf von Geschäftsbereichen der börsennotierten Gesellschaft.[612] Begründet wird dies mit dem Wortlaut sowie systematischen und teleologischen Argumenten. Zwar wird eingestanden, daß der Wortlaut beider Zurechnungstatbestände zunächst weit gefaßt ist. Jedoch wird der Wortlaut des § 22 Abs. 2 Satz 1 2. HS WpHG und § 30 Abs. 2 Satz 1 2. HS WpÜG für Vereinbarungen im Einzelfall, im Umkehrschluß als Rechtfertigung für die einschränkende Auslegung herangezogen, da andernfalls bei Vereinbarungen im Einzelfall, die nicht die Stimmrechtsausübung betreffen, stets eine Zurechnung anzunehmen sei.[613] Für § 30 Abs. 2 WpÜG wird zusätzlich der systematische Zusammenhang mit dem Kontrolltatbestand herangezogen, der ebenfalls ausschließlich auf die Stimmrechte bei der Zielgesellschaft abstellt. Eine Zurechnung soll daher nur erfolgen können, wenn auch tatsächlich Einfluß auf die Ausübung dieser Stimmrechte besteht.[614] Unter Hinweis auf den Normzweck wird schließlich angeführt, daß eine Zurechnung ferner voraussetzt, daß durch die Verhaltensabstimmung Kontrolle über die Zielgesellschaft erlangt wird. Kontrolle wird hierbei jedoch nicht formal i. S. d. § 29 Abs. 2 WpÜG verstanden, sondern materiell als tatsächliche Beherrschungsmöglichkeit.[615] Entsprechend wird auch der Normzweck der §§ 21 ff. WpHG für eine einschränkende Auslegung herangezogen. Da diese ausschließlich der Gewährleistung einer angemessenen Beteiligungstransparenz und damit der Offenlegung von Stimmrechtseinflüssen bei der börsennotierten Gesellschaft dienten, sei ebenso wie bei der Frage nach der konzernrechtlichen

---

609 Vgl. *Dehlinger/Zimmermann* in: Fuchs, WpHG 2009, § 22 Rn. 81; *v. Bülow* in: Kölner Kommentar zum WpÜG 2003, § 30 Rn. 114, *ders.* in: Kölner Kommentar zum WpHG 2007, § 22 Rn.157.

610 Vgl. vorstehende Fußnote.

611 *Dehlinger/Zimmermann* in: Fuchs, WpHG 2009, § 22 Rn. 96; v. *Bülow* in: Kölner Kommentar zum WpÜG 2003, § 30 Rn. 114; *Noack* in: Schwark, Kapitalmarktrecht 2004, § 30 WpÜG Rn. 13; *Wackerbarth* in: Münchener Kommentar zum AktG, 2004, § 30 WpÜG Rn. 8, 16, 19; *Seibt*, ZIP 2004, S. 1829 (1832); so auch zum Erwerb BaFin, Pressemitteilung „*Beiersdorf*“ vom 23.01.2004, www.bafin.de; BGH, ZIP 2006, S. 2077 (2079).

612 *Seibt*, ZIP 2004, S. 1829 (1832); *v. Bülow/Bücker*, ZGR 2004, S. 669 (698).

613 Vgl. BGH, ZIP 2006, S. 2077 (2079); *Löhdefink*, S. 285; *Schockenhoff/Schumann*, ZGR 2005, S. 568, (573 f.).

614 *Löhdefink*, S. 286.

615 *Noack* in: Schwark, Kapitalmarktrecht 2004, § 30 WpÜG, Rn 13; *Löhdefink*, S. 286.

Abhängigkeit nach § 17 AktG[616] bei der Qualifizierung des Abstimmungsgegenstandes ausschließlich auf gesellschaftsrechtlich vermittelte Einflußmöglichkeiten abzustellen.[617] Der Verweis des Gesetzgebers auf den internationalen Begriff des *„acting in concert"*, der von Vertretern der Gegenauffassung als Argument für eine weite Auslegung herangezogen wird, wird als nicht stichhaltig zurückgewiesen, da es einen solchen nicht gebe.[618] Innerhalb der herrschenden Meinung werden unterschiedliche Auffassungen zur Qualität der Abstimmung über die Stimmrechtsausübung hinsichtlich von § 30 Abs. 2 WpÜG vertreten. Teilweise soll über die Ausübung von Verwaltungsrechten die Kontrolle über die börsennotierte Gesellschaft erlangt werden müssen.[619] Anderer sehen die Ausübung der Verwaltungsrechte für ausreichend an, eine Kontrolle muß nicht ermöglicht werden.[620]

(2) M.M: Nicht stimmrechtsbezogene Abstimmung ist mitumfaßt

Nach der Gegenauffassung erfassen § 22 Abs. 2 WpHG und § 30 Abs. 2 WpÜG jeweils in der Fassung vor dem Risikobegrenzungsgesetz auch Verhaltensabstimmungen, die nicht stimmrechtsbezogen sind,[621] insbesondere aber den abgestimmten Erwerb von Anteilen an der börsennotierten Gesellschaft.[622] Zur Rechtfertigung dieser Auffassung wird zunächst der Wortlaut des § 22 Abs. 2 Satz 1 1. HS WpHG und des § 30 Abs. 2 Satz 1 1. HS WpÜG herangezogen, der auch nach der herrschenden Meinung eine nicht stimmrechtsbezogene Verhaltensabstimmung einbezieht.[623] Als historisches Argument wird die Ersetzung des Wortlauts des § 22 Abs. 1 Nr. 3 WpHG a. F. durch den Wortlaut des neuen § 22 Abs. 2 WpHG sowie des § 30 Abs. 2 WpÜG, der die Tatbestandsmerkmale *„langfristig"* und *„indem sie ihre Stimmrechte einvernehmlich ausüben"* nicht mehr enthält, angeführt. Diese Ersetzung spräche dafür, daß ein stimmrechtsbezogenes Ver-

616 So h. M. *Emmerich* in: Emmerich/Habersack, Aktien- und GmbH-Konzernrecht 2008, § 17 Rn. 15 ff.

617 So *v. Bülow* in: Kölner Kommentar zum WpHG 2007, § 22 Rn. 157.

618 OLG Frankfurt, ZIP 2004, S. 1309 (1312); *Weiler/Meyer*, NZG 2003, S. 909 (909).

619 *Noack* in: Schwark, Kapitalmarktrecht 2004, WpÜG § 30 Rn. 13; *Krause*, ZGR 2002, S. 500 (513); *Pittroff*, S. 309 (310 f.).

620 So *v. Bülow* in: Kölner Kommentar zum WpÜG 2003, § 30 Rn. 114.

621 *Schneider* in: Assmann/Pötzsch/Schneider, WpÜG 2005, § 30 Rn. 102 ff.; *Schneider* in: Assmann/Schneider, WpHG 2006, § 22 Rn. 147 ff.; *Berger/Filgut*, AG 2004, S. 592 (593 f.); *Riehmer* in: Haarmann/Riehmer/Schüppen, WpÜG 2002, § 30 Rn. 58; *Oechsler* in: Ehricke/Ekkenga/Oechsler, WpÜG 2003, § 30 Rn. 9; *Schüppen/Walz* in: Frankfurter Kommentar zum WpÜG 2008, § 35 Rn. 69; *Hopt/Mülbert/Kumpan*, AG 2005, S. 109 (111); *Weiß*, S. 59 ff.

622 So *v. Bülow* in: Kölner Kommentar zum WpHG 2007, § 22 Rn. 157.

623 Vgl. für alle *Berger/Filgut*, AG 2004, S. 592 (594).

halten nicht mehr verlangt würde.[624] Als systematisches Argument wird jeweils die Ausnahmeregelung für Vereinbarungen im Einzelfall, die ausschließlich Vereinbarungen über Stimmrechte erfaßt,[625] sowie der Zusammenhang mit § 2. Abs. 5 WpÜG, auf den auch die Gesetzesbegründung verweist und der unstreitig auch den Erwerb von Wertpapieren erfaßt, vorgetragen.[626] Für die weite Auslegung werden aber auch Sinn und Zweck der §§ 21 ff. WpHG sowie des Pflichtangebotes angeführt. Die Einbeziehung von nicht stimmrechtsbezogenen Verhaltensbestimmungen wird für § 22 Abs. 2 WpHG zur Gewährleistung einer umfassenden Beteiligungstransparenz für erforderlich geachtet.[627] Für § 30 Abs. 2 WpÜG wird angeführt, daß gerade im Fall des abgestimmten Erwerbs von Anteilen der Zielgesellschaft entsprechend den Tatbeständen des § 30 Abs. 1 WpÜG eine hinreichende Vermutung bestünde, daß hiermit eine über den Erwerb hinausgehende Intention der am Abstimmungsvorgang Beteiligten bestehe.[628] Diese abstrakte Gefahr rechtfertige eine Zurechnung, da andernfalls die Interessen der Anleger und Minderheitsaktionäre nicht gewahrt seien. Schließlich wird für § 30 Abs. 2 WpÜG die Pflicht zur richtlinienkonformen Auslegung angeführt, die ein anderes Ergebnis nicht zuließe.[629]

(3) Klärung durch das Risikobegrenzungsgesetz[630]

Ein Ziel des Gesetzgebers war es, mit dem Risikobegrenzungsgesetz die restriktive Rechtsprechung des BGH zum Anwendungsbereich des § 30 Abs. 2 WpÜG zu berichtigen[631]; damit einhergehend ist die gesetzgeberische Klärung des vorgenannten Meinungsstreits. Der mit dem Risikobegrenzungsgesetz aufgenommene Satz 2 in beiden Vorschriften stellt klar, daß neben der Abstimmung über die „*Ausübung von Stimmrechten*", ein sonstiges Zusammenwirken „*mit dem Ziel einer dauerhaften und erheblichen Änderung der unternehmerischen Ausrichtung*" ebenfalls umfaßt wird. Mit dem Tatbestandsmerkmal des „*sonstigen Verhaltens*" wird klargestellt, daß der Tatbestand des abgestimmten Verhaltens auch durch ein Verhalten außerhalb der Hauptversammlung verwirklicht werden

624 *Weiß*, S. 62 f.; *Berger/Filgut*, AG 2004, S. 592 (594); *Berding*, S. 62.
625 *Weiß*, S. 60; *Berger/Filgut*, AG 2004, S. 592 (596).
626 *Berger/Filgut*, AG 2004, S. 592 (597).
627 *Weiß*, S. 62 mit Verweis auf *Schwark* in: Schwark, Kapitalmarktrecht 2004, § 22 Rn. 21.
628 *Berger/Filgut*, AG 2004, S. 592 (599 f.); *Weiß*, S. 67.
629 *Hopt/Mülbert/Kumpan*, AG 2005, S. 109 (111); *Berger/Filgut*, AG 2004, S. 592 (600 f.).
630 BGBl. I 2008, Nr. 36, S. 1666 ff. vom 18. August 2008.
631 Begründung des RegE, Bundestag-Drucksache 16/7438, S. 11.

kann.[632] Insbesondere die Einflußnahme auf den Vorstand oder Aufsichtsrat der Gesellschaft kann das Tatbestandsmerkmal des abgestimmten Verhaltens verwirklichen.[633] Auch die Frage des Parallelerwerbs muß durch das Risikobegrenzungsgesetz als geklärt angesehen werden. Sah der Regierungsentwurf noch die Abstimmung auch hinsichtlich des Erwerbs von Aktien als vom Tatbestand des § 22 Abs. 2 WpHG und des § 30 Abs. 2 WpÜG erfaßt[634], wurde das Risikobegrenzungsgesetz schließlich in der vom Finanzausschuß empfohlenen Fassung verabschiedet, der auf die Einbeziehung des Parallelerwerbs in den Tatbestand der Zurechnungstatbestände verzichtete und dies in seiner Begründung auch ausdrücklich klarstellt.[635]

Zweifelhaft ist, ob mit dem aufgenommenen subjektiven Element, dem Ziel einer dauerhaften und erheblichen Änderung der unternehmerischen Ausrichtung, der Tatbestand an Kontur gewonnen hat. Nach dem Bericht des Finanzausschusses sollen nur Fälle erfaßt werden, denen die gemeinsame Strategie zugrunde liegt, aufgrund ihres gesellschaftsrechtlich vermittelten Einflusses die unternehmerische Ausrichtung der Gesellschaft zu ändern (Änderung Geschäftsmodell, Trennung von wesentlichen Geschäftsbereichen).[636] Als weitere Fälle werden genannt: die Zerschlagung der Gesellschaft[637], die Ausschüttung einer Sonderdividende, welche dazu führen würde, daß bestimmte verfolgte oder geplante Maßnahmen sich nicht mehr umsetzen lassen,[638] die Änderung des Unternehmensgegenstands,[639] der Verkauf bedeutender Tochtergesellschaften[640], etc. Andere wiederum verlangen die Einwirkung auf den Vorstand.[641] Klarheit hat die Neufassung der §§ 22 Abs. 2 WpHG, 30 Abs. 2 WpÜG insoweit keine gebracht. Im Gegenteil, durch die Verwendung unbestimmter Rechtsbegriffe bleibt die Rechtsunsicherheit hinsichtlich des Anwendungsbereiches bestehen. Zur Eingrenzung des Tatbestandes sind daher Sinn und Zweck der §§ 21 ff. WpHG und des Pflichtangebotes heranzuziehen. Entsprechend der bisherigen Vorgehenswei-

---

632 Begründung des RegE, Bundestag-Drucksache 16/7438, S. 11; *Schneider* in: Schneider/Assmann, WpHG 2009, § 22 Rn. 182.

633 Bericht des Finanzausschusses, Bundestag-Drucksache 16/9821, S. 12; *Schneider* in: Schneider/Assmann, WpHG 2009, § 22 Rn. 182; *Pluskat*, DB 2009, S. 383 (385).

634 RegE vom 24.10.2007, Bundestag-Drucksache 16/7438.

635 Beschlußempfehlung des Finanzausschusses vom 25.06.2008, Bundestag-Drucksache 17/9778, S. 3(9, 14 f.); dennoch weiter anderer Ansicht *Schneider* in: Assmann/Schneider, WpHG 2009, § 22 Rn. 184 ff.).

636 Bericht des Finanzausschusses, Bundestag-Drucksache 16/9821, S. 12.

637 Begründung des RegE, Bundestag-Drucksache 16/7438, S. 9.

638 Begründung des RegE, Bundestag-Drucksache 16/7438, S. 9.

639 *Süßmann* in: Geibel/Süßmann, WpÜG 2008, § 30 Abs. 2 Rn. 2.

640 *Süßmann* in: Geibel/Süßmann, WpÜG 2008, § 30 Abs. 2 Rn. 2.

641 *Bülow/Stephanblome*, ZIP 2008, S. 1797 (1798).

se ist mit der Auslegung des § 22 Abs. 2 WpHG zu beginnen. Hierzu konnte festgestellt werden,[642] daß die §§ 21 ff. WpHG auf die Herstellung einer angemessenen Beteiligungstransparenz bei börsennotierten Gesellschaft abzielen und Beteiligungstransparenz die Offenlegung bestehender gesellschaftsrechtlicher Einflußmöglichkeiten bedeutet. Im Rahmen des § 22 Abs. 2 WpHG ist daher für auf bestimmte Gegenstände beschränkte Abstimmungen, eine Zurechnung auf gesellschaftsrechtliche Vorgänge zu begrenzen, die i. S.d. § 13 Abs. 1 WpHG geeignet sind, den Börsen- oder Marktpreis der Wertpapiere der börsennotierten Gesellschaft erheblich zu beeinträchtigen. Die gesellschaftsrechtliche Eingrenzung ist notwendig, weil Beteiligungstransparenz auf die Offenlegung gesellschaftsrechtlicher Einflußmöglichkeiten begrenzt ist. Die Abstimmung muß daher immer einen gesellschaftsrechtlichen Bezug haben. Die kapitalmarktrechtliche Einschränkung für Grenzfälle auf Vorgänge nach § 13 WpHG findet für die §§ 21 ff. WpHG ihre Rechtfertigung darin, daß diese ausschließlich den Anleger im Hinblick auf seine Anlage schützen sollen und auch für die weiteren Marktteilnehmer die Wertbeeinflussung entscheidend ist. Durch die vorstehende Eingrenzung werden die insoweit relevanten Anlegerrisiken berücksichtigt und gleichzeitig eine für die Anlageentscheidung irrelevante und unter Umständen irritierende Mitteilung vermieden.

Fraglich ist, ob dieses Auslegungsergebnis auch für § 30 Abs. 2 WpÜG Anwendung findet. Diese Frage ist wiederum – wie dargestellt – vor dem Hintergrund des Pflichtangebotes zu beantworten. Sinn und Zweck des Pflichtangebotes ist es, den Minderheitsaktionär in seiner Stellung als Anleger vor den Folgen eines Kontrollwechsels zu schützen. Vor dem Hintergrund von Sinn und Zweck ist zunächst festzuhalten, daß allein solche Abstimmungen erfaßt werden müssen, die es dem Bieter erlauben, über den Einfluß auf die Stimmrechte des Dritten das durchzusetzen, was das Erreichen der formalen Kontrollschwelle des WpÜG vermuten läßt, die faktische Kontrolle in der Zielgesellschaft. Denn nur in diesem Fall werden die Anleger den Risiken ausgesetzt, die ein Kontrollwechsel mit sich bringt.[643] Wann eine solche Abstimmung vorliegt, läßt sich nur im Einzelfall beantworten. Erfaßt werden müssen Abstimmungen, die eine vom Bieter bestimmte Verwaltung durchsetzen sollen, da insoweit das Verwaltungsrisiko der Anleger betroffen ist. Das gleich gilt, für Abstimmungen, die es dem Bieter ermöglichen sollen, private Vorteile zu konsumieren. Beides ist gegeben, wenn die Abstimmung dem Bieter die (faktische) Kontrolle vermitteln soll. Die Abstimmung muß daher immer auch kontrollbezogen sein.[644] Anhaltspunkte hierfür können die zur

642 Kap. 4 A.

643 So *Noack* in: Schwark, Kapitalmarktrecht 2004, WpÜG § 30 Rn. 13; *Krause*, ZGR 2002, S. 500 (513); *Pittroff*, S. 309 (310 f.); wohl auch *Löhdefink*, S. 290 ff.

644 So auch *Löhdefink*, S. 296.

Beurteilung des Vorliegens einer Mehrmütterherrschaft, eines faktischen Konzerns, zur Beurteilung der Abhängigkeit i. S. d. § 17 AktG oder zum Begriff des beherrschenden Einflusses nach dem Konsolidierungskonzept des § 290 HGB in der Fassung des BilMoG gewonnenen Erkenntnisse sein. Die zu § 13 Abs. 1 WpHG entwickelten Grundsätze können hier jedoch nicht herangezogen werden, da sie ausschließlich auf die Beeinflussung des Markt- und Börsenpreises, nicht jedoch auf die auf die Gesellschaft ausgeübte Einflußnahme abstellen. Feste Regeln lassen sich insoweit nicht aufstellen. Ein Gleichlauf der Vorschrift des § 22 Abs. 2 WpHG mit der des § 30 Abs. 2 WpÜG scheidet demzufolge jedoch aus.[645]

f) Ausnahme für den Einzelfall nach § 22 Abs. 2 Satz 1 2. HS WpHG und § 30 Abs. 2 Satz 1 2. HS WpÜG

Abstimmungen im Einzelfall sollen nach beiden Vorschriften keine Zurechnung begründen. Der Regelungsgehalt der Vorschriften ist umstritten.[646] Aufgrund der vorstehenden Untersuchung zu den Tatbestandsmerkmalen des § 22 Abs. 2 Satz 1 1. HS WpHG und § 30 Abs. 2 Satz 1 1HS WpÜG ist jedoch bereits ersichtlich, daß die Ausnahmeregelung im Wesentlichen klarstellende Funktion hat.[647] Nach der hier vertretenen Auffassung setzt eine Abstimmung nach § 22 Abs. 2 Satz 1 1. HS WpHG oder § 30Abs. 2 Satz 1 1. HS WpÜG stets ein koordiniertes Verhalten voraus, daß mit einer gemeinsamen Zielsetzung der Beteiligten verbunden ist. Punktuelle Abstimmungen erfüllen daher bereits nicht den Grundtatbestand. Die Ausnahmeregelung beschränkt sich nach der hier vertretenen Auffassung darauf klarzustellen, daß punktuelle Abstimmungsvorgänge, denen dieses qualitative Element fehlt, weil sie sich in einer – unter Umständen auch mehreren – Abstimmungen auf Hauptversammlungen oder außerhalb von Hauptversammlungen erledigen, keine Zurechnung begründen sollen. Es ist schließlich Wesen einer Aktiengesellschaft, daß sich auf Hauptversammlungen Mehrheiten unter den Aktionären bilden, um Beschlüsse fassen zu können. Allein die gemeinsame Beschlußfassung auch über mehrere Beschlußpunkte reicht jedoch nicht. Dies zeigt auch die Änderung des § 22 Abs. 1 Nr. 3 WpHG a. F., der ursprünglich noch ein zeitliches Element beinhaltete.[648] Dieses wurde jedoch gestrichen, um den

645 So auch *Drinkuth*, ZIP 2008, S. 676 (677).

646 *Riehmer* in: Haarmann/Riehmer/Schüppen, WpÜG 2002, § 30 Rn. 60 (einmaliger Sachverhalt); *Noack* in: Schwark, Kapitalmarktrecht 2004, § 30 WpÜG Rn. 24; *Steinmeyer* in: Steinmeyer/Häger, WpÜG 2007, § 30 Rn. 60 (eine Hauptversammlung); *Pittroff*, S. 313 f. (ein Beschlußgegenstand).

647 So auch v. *Bülow* in: Kölner Kommentar zum WpHG 2007, § 22 Rn. 168; *Schneider*, WM 2006, S. 1321 (1324).

648 „*langfristig*“.

qualitativen Aspekt hervorzuheben.[649] Entscheidend ist, daß die Abstimmung mit der einvernehmlichen Stimmrechtsausübung oder dem Zusammenwirken außerhalb einer Hauptversammlung ein weiteres Ziel verknüpft und zwar nach der hier vertretenen Auffassung im Rahmen des § 22 Abs. 2 WpHG die Verwirklichung eines gesellschaftsrechtlichen Vorgangs i. S. d. § 13 WpHG und im Rahmen des § 30 Abs. 2 WpÜG die Herstellung der faktischen Kontrolle. Nach Ansicht des Finanzausschusses muß die Abstimmung im Rahmen einer längerfristig angelegten Strategie zur gemeinsamen Verfolgung unternehmerischer Ziele erfolgen.[650] Sind diese qualitativen Kriterien erfüllt, schadet es nicht, wenn zur Zielerreichung lediglich eine Abstimmung auf der Hauptversammlung erforderlich ist und im Übrigen die Abstimmung auf Ebene des Aufsichtsrates erfolgt. Entgegen der Auffassung der BaFin[651] und des OLG München[652] reicht es jedoch nicht, daß durch die Abstimmung ein über die Hauptversammlung andauernder Zustand, beispielsweise mit der Bestellung des Aufsichtsratsvorsitzenden, hergestellt wird.[653] Denn nur, wenn mit der Bestellung des Aufsichtsratsmitgliedes weitere Zielsetzungen verbunden sind, rechtfertigt sich vor dem Hintergrund von Sinn und Zweck der §§ 21 ff. WpHG und des Pflichtangebotes eine Zurechnung. Dies ist durch § 22 Abs. 2 Satz 2 WpHG und § 30 Abs. 2 Satz 2 WpÜG ausdrücklich für die Verhaltensabstimmungen außerhalb der Hauptversammlung klargestellt, wonach Ziel der Abstimmung eine dauerhafte und erhebliche Änderung der unternehmerischen Ausrichtung sein muß.[654] Dies setzt ein über das Zusammenwirken im Einzelfall hinausgehendes Zusammenwirken voraus.

g) Zurechnungswirkung der Abstimmung

Den Beteiligten des Abstimmungsvorgangs werden Stimmrechte aus selbst gehaltenen Wertpapieren oder nach § 22 Abs. 2 Satz 2 WpHG oder § 30 Abs. 2 Satz 2 WpÜG zugerechnete Stimmrechte grundsätzlich in vollem Umfang wechselseitig zugerechnet.[655] Die von *v. Bülow* vertretene Gegenauffassung ist abzu-

649 *Weiß*, S. 127.
650 Bericht des Finanzausschusses, Bundestag-Drucksache 16/9821, S. 12.
651 Börsen-Zeitung vom 10.07.203, S. 9.
652 OLG München, NZG 2005, S. 848 (849).
653 Bericht des Finanzausschusses, Bundestag-Drucksache 16/9821, S. 12; so auch *Gätsch/Schäfer*, NZG 2008, 846 (850).
654 Bericht des Finanzausschusses, Bundestag-Drucksache 16/9821, S. 12.
655 *Schneider* in: Assmann/Schneider, WpHG 2009, § 22 R. 194; *Dehlinger/Zimmermann* in: Fuchs WpHG 2009, § 22 Rn. 101; *Heinrich* in: Anwaltskommentar Aktienrecht, § 22 WpHG Rn. 11; *Noack* in: Schwark Kapitalmarktrecht, 2004, § 30 Rn. 23; BaFin, Jahresbericht 2005, S. 176 f.; OLG Frankfurt, Beschl. vom 25. August 2003, ZIP 2003, S. 1977 (1979); *Schneider* in: Assmann/Pötzsch/Schneider, WpÜG 2005,

lehnen.[656] Sie knüpft an dem missglückten Wortlaut beider Regelungen an, der als Zurechnungssubjekt den Meldepflichtigen bzw. Bieter bezeichnet, der jedoch durch die Zurechnung erst bestimmt wird.[657] Die Ansicht verkennt, daß jeder der Beteiligten des Abstimmungsvorgangs Zurechnungssubjekt sein kann.[658] Auf die Richtung des Abstimmungsvorgangs kommt es zunächst nicht an.[659] Der Wortlaut von Art. 10 lit. a) der Transparenzrichtlinie[660] sowie von Art. 2 Abs. 1 lit. d) der Übernahmerichtlinie[661] steht weder einer wechselseitigen noch einseitigen Zurechnung entgegen. Fraglich ist aber, ob von dem Grundsatz der wechselseitigen Zurechnung abgewichen werden soll und unter Umständen muß, wenn die Interessen- oder Machtverteilung zwischen den Beteiligten einseitig ausgerichtet ist.[662] Die Vorgaben der beiden einschlägigen Richtlinien sind ebenso offen wie der insoweit verunglückte, aber nicht präjudizierende Wortlaut der beiden Zurechnungstatbestände.

Für § 22 Abs. 2 WpHG ist zunächst festzuhalten, daß dieser nach den Ergebnissen dieser Untersuchung eine möglichst umfassende Beteiligungstransparenz, d.h. die Offenlegung der bestehenden Einflüsse auf die Ausübung von Stimmrechten bei börsennotierten Gesellschaften sicherstellen soll, um Anlegerrisiken zu begrenzen und die Funktionsfähigkeit des Kapitalmarktes zu stärken. Hierzu ist es erforderlich, daß diejenigen Abstimmungsvorgänge zu einer Zurechnung von Stimmrechten führen, die einen Einfluß der am Abstimmungsvorgang Beteiligten auf die Ausübung der dem Abstimmungsvorgang unterliegenden Stimmrechte begründen. Abstimmungsvorgänge, die dazu führen, daß der Beteiligte keinerlei Einfluß auf die Ausübung der den Abstimmungsvorgang unterliegenden Stimmrechte hat, bedürfen nach Sinn und Zweck der Beteiligungstransparenz keiner Zurechnung bei diesem Beteiligten. Dies ist sowohl unter Berücksichti-

---

§ 30 Rn. 109; *Riehmer* in: Haarmann/Riehmer/Schüppen, WpÜG 2002, § 30 Rn. 65; *Pentz*, ZIP 2003, S. 1478 (1480); *Löhdefink*, S. 325 m.w.N.

656 *v. Bülow*, Kölner Kommentar zum WpHG, 2007, § 22 Rn. 175.

657 Vgl. vorstehenden lit. a).

658 *Pentz*, ZIP 2003, S. 1478 (1480).

659 *Löhdefink*, S. 324.

660 Das Wort „*gemeinsam*" umfaßt sowohl die einseitige als auch wechselseitige Interessenausrichtung. Entscheidend ist allein das gemeinschaftliche Zusammenwirken.

661 Das Verb „*zusammenarbeiten*" umfaßt sowohl die einseitige als auch wechselseitige Interessenausrichtung. Entscheidend ist allein das gemeinschaftliche Zusammenwirken.

662 So mit unterschiedlichen Ansätzen: *v. Bülow* in: Kölner Kommentar zum WpÜG 2003, § 30 Rn. 141; *ders.* in: Kölner Kommentar zum WpHG 2007, § 22 Rn. 175 f.; *Noack* in: Schwark, Kapitalmarktrecht 2004skommentar 2004, § 30 WpÜG, Rn. 12; *Krause*, ZGR 2002, S. 500 (513). *Diekmann* in: Baums/Thoma, Kommentar zum WpÜG 2005, § 30 Rn. 87; *Pentz*, ZIP 2003, S. 1478 (1488); *Casper*, ZIP 2003, S. 1469 (1474); ablehnend *Dehlinger/Zimmermann* in: Fuchs WpHG 2009, § 22 Rn. 102.

gung der Anlegerrisiken als auch der Funktionsfähigkeit des Kapitalmarktes gerechtfertigt. Anlegerrisiken sind dadurch nicht berührt, daß eine Zurechnung bei dem Beteiligten unterbleibt, der keinerlei Einfluß hinzugewinnt. Eine Zurechnung würde vielmehr suggerieren, daß er Einfluß auf die Ausübung der Stimmrechte hat und damit zu einer Fehlinformation der Anleger und des Kapitalmarktes führen.[663] Eine solche Information würde Sinn und Zweck der Zurechnungsvorschriften zuwiderlaufen. Da die Mitteilung nach § 21 WpHG i. V. m. § 17 Abs. 2 Nr. 1 WpAIV neben der Bezeichnung des erfüllten Zurechnungstatbestandes den Namen des Dritten enthalten muß, dessen Stimmrechte dem Meldepflichtigen zugerechnet werden, ist für alle Kapitalmarktteilnehmer ersichtlich, daß aufgrund einer Vereinbarung nach § 22 Abs. 2 WpHG der Meldepflichtige Einfluß auf die Ausübung der Stimmrechte aus den Wertpapieren des Dritten, hingegen der Dritte keinen Einfluß auf die Ausübung der Stimmrechte des Meldepflichtigen nehmen kann. Die Beteiligungstransparenz wird hierdurch erhöht und nicht verschleiert. Sinn und Zweck erfordern daher eine insoweit einschränkende Auslegung. Dies gilt bei einseitigen Verpflichtungen gegenüber[664] bzw. Unterwerfungen unter[665] den Meldepflichtigen, Weisungsabhängigkeit der weiteren Beteiligten[666] oder einseitige Durchsetzungsmöglichkeit des Meldepflichtigen[667] ebenso. Daraus folgt aber gleichzeitig auch, daß bei einem Abstimmungsvorgang, bei dem zwar ein Beteiligter allein seinen Willen nicht durchzusetzen vermag und immer auf das Zusammenspiel mit anderen Beteiligten angewiesen ist (Bsp. Pool mit wechselnden Mehrheiten), eine Zurechnung gleichmäßig an alle Beteiligten zu erfolgen hat. Denn zum einen wird die Beteiligung an einem Abstimmungsvorgang grundsätzlich nur erfolgen, wenn zunächst gleichlaufende Interessen bestehen. Zum anderen soll § 22 Abs. 2 WpHG gerade die Willensbildung im kleinen Kreis erfassen.[668] Durch die Mitteilung nach § 21 WpHG i . V. m. § 17 Abs. 2 Nr. 1 WpAIV ist für alle Kapitalmarktteilnehmer auch in diesen Fällen ersichtlich, daß sich eine Gruppe von Anlegern zur gemeinsamen Abstimmung zusammengeschlossen hat und keiner der Beteiligten die Ausübung der der Abstimmung unterliegenden Stimmrechte einseitig bestimmt. Der Grundsatz der wechselseitigen Zurechnung ist daher im Rahmen des § 22 Abs. 2 WpHG aus den

663 *v. Bülow. Bülow* in: Kölner Kommentar zum WpHG 2007, § 22 Rn. 175.

664 So *v. Bülow* in: Kölner Kommentar zum WpHG 2007, § 22 Rn. 175; *ders.* in: Kölner Kommentar zum WpÜG 2003, § 30 Rn. 141.

665 *Noack* in: Schwark Kapitalmarktrecht, 2004, § 30 WpÜG Rn. 12.

666 *Krause*, ZGR 2002, S. 500 (513); *v. Bülow* in: Kölner Kommentar zum WpHG 2007, § 22 Rn. 175.

667 *Diekmann* in: Baums/Thoma, Kommentar zum WpÜG 2005, § 30 Rn. 87; ähnlich *Pentz*, ZIP 2003, S. 1478 (1488).

668 Vgl. hierzu *Löhdefink*, S. 330.

vorstehenden Gründen einzuschränken, soweit der Abstimmungsvorgang einseitig von einem Beteiligten oder einer Gruppe von Beteiligten beherrscht wird.

Das Gleiche gilt aus den vorstehenden Gründen auch für die Anwendung des § 30 Abs. 2 WpÜG. Einer von § 22 Abs. 2 WpHG abweichenden Auslegung entgegen dem ausdrücklichen Willen des deutschen Gesetzgebers zur einheitlichen Anwendung, fehlt eine sachliche Rechtfertigung. Eine unter Umständen ein Pflichtangebot auslösende Zurechnung zum Schutz der Anleger und Minderheitsaktionäre ist nicht erforderlich, soweit keine Einflußmöglichkeit auf die Ausübung von Stimmrechten bei der Zielgesellschaft besteht.[669] Die aufgezeigten Anlegerrisiken werden in diesem Fall nicht dadurch tangiert, daß der beherrschte Beteiligte des Abstimmungsvorgangs unter Umständen kein Pflichtangebot abgeben muß. Es fehlt insoweit an einem Wechsel der Kontrolle bei der Zielgesellschaft, der ein Pflichtangebot rechtfertigen würde.

Dem Meldepflichtigen bzw. Bieter werden über die Regelung des § 22 Abs. 2 Satz 2 WpHG bzw. § 30 Abs. 2 Satz 2 WpÜG zusätzlich die dem Dritten nach § 22 Abs. 1 WpHG bzw. § 30 Abs. 1 WpÜG zuzurechnenden Stimmrechte zugerechnet.

h) Einzelne Fallgruppen

(1) Stimmbindungsverträge, Pool- oder Konsortialverträge

Die Stimmbindungs-, Pool- oder Konsortialverträge[670] verpflichten die Parteien, ihre Stimmrechte aus den den Verträgen unterliegenden Wertpapieren in einer bestimmten Art und Weise auszuüben.[671] Sie sind unter Beachtung von §§ 136 Abs. 2 AktG, 405 Abs. 3 Nr. 6 und 7 AktG sowie § 1 GWB zulässig.[672] Unabhängig hiervon begründen aber auch unwirksame Verträge stets eine Zurechnung und zwar nach der hier vertretenen Meinung nach § 22 Abs. 2 Satz 1 1. Alt. WpHG bzw. § 30 Abs. 2 Satz 1 1. Alt. WpÜG.[673] Die Ausgestaltung der Verträge kann sehr unterschiedlich sein. Grundsätzlich führt der Abschluß eines solchen Vertrages aber zur vollständigen wechselseitigen Zurechnung sämtli-

---

669 Vgl. *Noack* in: Schwark Kapitalmarktrecht, 2004, § 30 WpÜG Rn. 12; *v. Bülow* in: Kölner Kommentar zum WpÜG 2003, § 30 Rn. 141; *Diekmann* in: Baums/Thoma, Kommentar zum WpÜG 2005, § 30 Rn. 87; ähnlich *Pentz*, ZIP 2003, S. 1478 (1488); *Löhdefink*, S. 328 ff.; *Krause*, ZGR 2002, S. 500 (513).

670 Für Familienpools gelten keine anderen Regelungen. Allerdings kann nicht ausschließlich aufgrund der familiären Beziehungen auf ein abgestimmtes Verhalten geschlossen werden. Vgl. *Löhdefink*, S. 265.

671 So *v. Bülow* in: Kölner Kommentar zum WpHG 2007, § 22 Rn. 182.

672 *Hüffer, AktG 2008*, § 133 Rn. 28; BGH, ZIP 1983, S. 423 (433); *Noack*, S. 66 ff.

673 Vgl. vorstehender lit. d).

cher Stimmrechte aus den ihm unterliegenden Wertpapieren, unabhängig davon, welche Motive seinem Abschluß zugrunde liegen.[674] Abweichungen können sich hiervon ergeben, wenn die Verträge lediglich hinsichtlich bestimmter Beschlußgegenstände gelten[675] oder eine Vertragspartei oder bestimmte Vertragsparteien einseitig über die Ausübung der Stimmrechte entscheiden können[676] oder die Verträge eine Öffnungsklausel enthalten.[677] Entgegen dem Wortlaut der Vorschriften der Zurechnungstatbestände ist eine Zurechnung auf diejenigen Stimmrechte zu begrenzen, die den Regelungen der Verträge unterworfen werden.[678]

Bsp.:

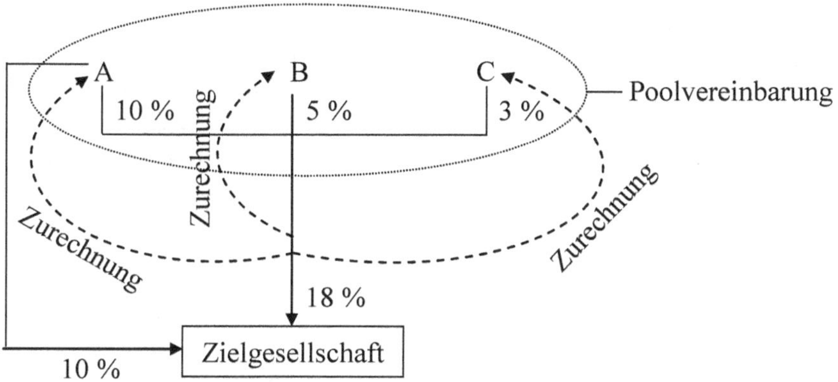

(2) Abgestimmter Parallelerwerb, Standstill Agreements

Bei einem abgestimmten Parallelerwerb handelt es sich um den zwischen den Beteiligten des Abstimmungsvorgang abgestimmten Erwerb von Wertpapieren der börsennotierten Gesellschaft.[679] Dieser führt nach der hier vertretenen Auf-

---

674 BGH, Urt. vom 18. Juni 2006, Az. II ZR 137/05, ZIP 2006, S. 2077 (2078).

675 Insoweit ist die Stimmbindungsvereinbarung nach den unter vorstehenden lit. e) und f) herausgearbeiteten Grundsätzen zu beurteilen. Vgl. auch *Braun*, NZG 2008, S. 928 ff.

676 Insoweit ist die Stimmbindungsvereinbarung nach den unter vorstehendem lit. g) herausgearbeiteten Grundsätzen zu beurteilen. Nach der hier vertretenen Ansicht ist dann eine einseitige Zurechnung an die bestimmenden Parteien vorzunehmen.

677 Nach der hier vertretenen Ansicht ist eine wechselseitige Zustimmung beizubehalten.

678 Vgl. hierzu ausführlich *Löhdefink*, S. 320 ff.

679 *Burgard*, BB 1995, S. 2069 (2074 f.).

fassung nicht zu einer Zurechnung. Gleiches gilt für sog. Standstill Agreements, in denen vereinbart wird, keine Wertpapiere der börsennotierten Gesellschaft zu erwerben oder hierüber zu verfügen. Auch hier fehlt es an einer gesellschaftsbezogenen Abstimmung.[680]

(3) Vermögensverwalter

Eine Zurechnung von Stimmrechten aus Wertpapieren, die ein Vermögensverwalter für eine Vielzahl von Wertpapierinhabern verwaltet und insbesondere die Stimmrechte hieraus ausübt,[681] kann unter Umständen zu einer wechselseitigen Zurechnung bei allen Wertpapierinhabern führen. Denn die Abstimmung kann auch in einer Person – hier dem Vermögensverwalter – vorgenommen werden.[682] Erforderlich ist jedoch stets, daß zwischen den Wertpapierinhabern selbst eine – auch stillschweigende – Kommunikation entsprechend den vorstehend herausgearbeiteten Grundsätzen stattgefunden hat.[683] Liegt eine solche Abstimmung nicht vor, kann unter Umständen eine Zurechnung auf Ebene des Vermögensverwalters erfolgen, wenn die Voraussetzungen des § 22 Abs. 1 Satz 1 Nr. 6 WpHG bzw. des § 30 Abs. 1 Satz 1 Nr. 6 WpÜG vorliegen.[684]

Bsp.:

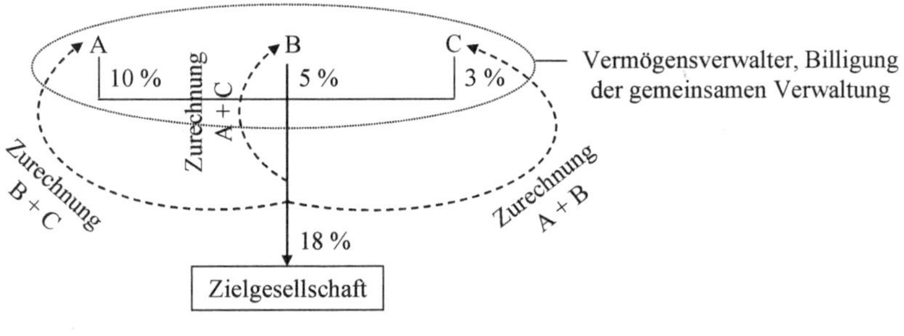

680 Vgl. auch *v. Bülow*, Kommentar zum WpHG 2007, § 22 Rn. 204, 205: Entsprechendes gilt auch für die Vereinbarung von Vorkaufs-, Vorhand-, Options-, Mitverkaufs- und ähnliche Rechte und Pflichten. a.A. *Schneider* in: Assmann/Schneider, WpHG 2009, § 22 Rn. 185.

681 *Opitz* in: Schäfer, WpHG 1999, § 22 Rn 54, sieht hierin eine Umgehungsgefahr.

682 Vgl. vorstehender lit. b).

683 So auch *Dehlinger/Zimmermann* in: Fuchs, WpHG 2009, § 22 Rn. 104.

684 Entsprechend sind die diskutierten Fallgruppen personenidentischer Geschäftsführung zu behandeln. Vgl. hierzu *v. Bülow* in: Kölner Kommentar zum WpHG 2007, § 22 Rn. 206ff.;

(4) Wahl von Aufsichtsratsmitgliedern

Auch die Abstimmung über die Wahl von Aufsichtratsmitgliedern führt nach der hier vertretenen Ansicht ohne hinzutreten weiterer gemeinsamer Zielsetzungen der Beteiligten nicht zu einer Stimmrechtszurechnung.[685] Soweit jedoch die mit der Wahl der Aufsichtsratsmitglieder verbundenen Zielsetzungen einen nach dieser Auffassung zulässigen Abstimmungsgegenstand darstellen, ist eine Zurechnung zu bejahen. Unerheblich ist in diesem Fall, ob lediglich eine Abstimmung in der Hauptversammlung erforderlich sind oder mehrere.[686]

(5) Kettenabstimmungen

In der Praxis wird diskutiert, den Meldepflichtigen bzw. Bieter über den eindeutigen Wortlaut des § 22 Abs. 2 Satz 2 WpHG bzw. § 30 Abs. 2 Satz 2 WpÜG hinaus auch Stimmrechte zuzurechnen, die diesem nach § 22 Abs. 2 WpHG bzw. § 30 Abs. 2 WpÜG zuzurechnen sind.[687] Andernfalls wird eine leichte Umgehung der Zurechnungsvorschriften für möglich gehalten.[688] Einhellig wird dies jedoch *de lege lata* wegen des eindeutigen Wortlauts und dem wegen § 28 WpHG bzw. §§ 59, 60 WpÜG geltenden Analogieverbotes abgelehnt.[689] Eine Zurechnung kann daher nur erfolgen, wenn die Abstimmung des Dritten mit einem etwaigen Vierten oder Fünften auch eine Abstimmung zwischen dem Vierten oder Fünften und dem Meldepflichtigen bzw. Bieter begründet. Hierfür sind wiederum die vorstehenden Kriterien für die Annahme eines Abstimmungsvorgangs heranzuziehen.[690] Dieser setzt einen Kommunikationsprozeß zwischen dem Meldepflichtigen bzw. Bieter und dem Vierten oder Fünften voraus. Dieser Kommunikationsprozeß kann unmittelbar zwischen den Wertpapierinhabern oder aber auch mittelbar über den Dritten selbst erfolgen. Er muß jedoch nach den herausgear-

---

685 Vgl. vorstehender lit. f).; grundsätzlich ablehnend OLG Stuttgart, AG 2005, S. 125 (129); *Lange*, ZBB 2004, S. 22 (27); *Seibt*, ZIP 2004, S. 1829 (1833).; bejahend abhängig von Qualität und Quantität der Aufsichtsratsmandate und Zusammensetzung BaFin, Jahresbericht 2005, S. 178.

686 Vgl. mit ausführlicher Darstellung *Löhdefink*, S. 274 ff.; *v. Bülow* in: Kölner Kommentar zum WpHG 2007, § 22 Rn. 200.

687 *v. Bülow*, im Kölner Kommentar WpHG 2007, § 22 Rn.198; *Casper*, ZIP 2003, S. 1469 (1477); *Pentz*, ZIP 2003, S. 1478 (1483); *Liebscher*, ZIP 2002, S. 1005 (1010); *Pittroff;* S. 285 f.

688 Für alle v. *Bülow*, im Kölner Kommentar WpHG 2007, § 22 Rn.198; mit einem anschaulichen Beispiel *Löhdefink*, S. 313 f.

689 v. Bülow, im Kölner Kommentar WpHG 2007, § 22 Rn.198; *ders.* in: Kölner Kommentar zum WpÜG 2003, § 30 Rn. 144; *Liebscher*, ZIP 2002, S. 1005 (1010); *Pittroff;* S. 285 f.

690 Vgl. vorstehender lit. c).

beiteten Grundsätzen bewußt geschehen.[691] Fehlt es an einem solchen Prozeß, hat eine Zurechnung zu unterbleiben. In den Fällen der Bevollmächtigung des Dritten wird ein Kommunikationsprozeß zwischen den Beteiligten zu bejahen sein.

Bsp.:

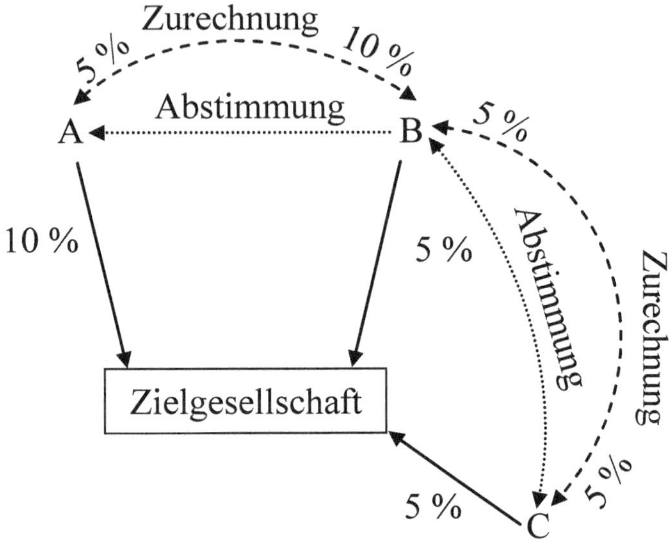

i) Zusammenfassung

Neben dem Zurechnungstatbestand des § 22 Abs. 2 WpHG, für den die konkreten Vorgaben der Transparenzrichtlinie gelten, sind beim Zurechnungstatbestand des § 30 Abs. 2 WpÜG diesmal die konkreten Vorgaben der Übernahmerichtlinie zur Zurechnung von Stimmrechten gemeinsam handelnder Personen zu berücksichtigen. Allein hieraus resultiert vorliegend jedoch keine abweichende Anwendung beider Vorschriften. Beide Vorschriften verlangen als Abstimmung der Beteiligten einen bewußten Kommunikationsprozeß, der eine Koordinierung ihres Verhaltens ermöglicht. Dies setzen auch beide Richtlinien voraus. Beteiligter des Abstimmungsprozesses kann jeder sein, der auch Meldepflichtiger bzw. Bieter sein kann. Grundlage der Abstimmung kann entweder eine rechtlich bindende oder unverbindliche, eine ausdrückliche oder stillschweigende, eine mündliche

691 So zutreffend v. *Bülow*, im Kölner Kommentar WpHG 2007, § 22 Rn.198.

oder schriftliche, eine förmliche oder formlose Abrede oder ein faktisches Verhalten der Beteiligten sei. Erforderlich ist stets eine ausreichende Koordinierung, die bei Vereinbarungen grundsätzlich anzunehmen ist. Bei faktischen Verhaltensweisen können die im Konzernrecht oder in der Fusionskontrolle ausgebildeten Grundsätze zur Feststellung einer Mehrmütterherrschaft zur Beurteilung herangezogen. Sowohl bei § 22 Abs. 2 WpHG als auch bei § 30 Abs. 2 WpÜG muß eine Abstimmung stets auch gesellschaftsbezogen sein. Sofern sie die Ausübung der Stimmrechte insgesamt betrifft, ist eine Zurechnung stets anzunehmen. Sofern lediglich eine Abstimmung über das Halten, Erwerben oder Veräußern von Wertpapieren getroffen wird, ist eine Zurechnung nach beiden Vorschriften abzulehnen. Sofern die Abstimmung nur punktuell oder gar nicht stimmrechtsbezogen ist, ist aufgrund des unterschiedlichen Sinn und Zweckes der §§ 21 ff. WpHG und dem Pflichtangebot nach § 35 WpÜG zu differenzieren. § 22 Abs. 2 WpHG setzt nach der hier vertretenen Auffassung unter Berücksichtigung der tatbestandlichen Voraussetzungen des § 22 Abs. 2 Satz 2 WpHG voraus, daß der Abstimmungsvorgang darüber hinaus einen gesellschaftsrechtlichen Bezug aufweist, der i. S. d. § 13 Abs. 1 WpHG geeignet ist, den Börsen- oder Marktpreis der Wertpapiere der börsennotierten Gesellschaft erheblich zu beeinträchtigen. Diese kapitalmarktrechtliche Einschränkung für Grenzfälle findet für die §§ 21 ff. WpHG ihre Rechtfertigung darin, daß diese ausschließlich den Anleger im Hinblick auf seine Anlage schützen sollen und auch für die weiteren Marktteilnehmer die Wertbeeinflussung entscheidend ist. Da das Pflichtangebot den Minderheitsaktionär in seiner überlagernden Funktion als Anleger vor den Folgen eines Kontrollwechsels schützen soll, muß es im Rahmen des § 30 Abs. 2 WpÜG über die gesellschaftsbezogene Abstimmung hinaus dem Bieter ermöglicht werden, die (faktische) Kontrolle zu erlangen. Anhaltspunkte hierfür können die zur Beurteilung des Vorliegens einer Mehrmütterherrschaft, eines faktischen Konzerns, der Abhängigkeit i. S. d. § 17 AktG oder des beherrschenden Einflusses nach dem Konsolidierungskonzept der möglichen Beherrschung gewonnenen Erkenntnisse sein. Die der Abstimmung unterliegenden Stimmrechte sind grundsätzlich wechselseitig in vollem Umfang zuzurechnen, es sei denn der Meldepflichtige bzw. Bieter beherrschen den Abstimmungsvorgang einseitig.

6. Kapitel – Zusammenfassende Thesen

1. Die §§ 21 ff. WpHG und das WpÜG sind wesentlich durch den langjährigen Entwicklungs- und Entstehungsprozeß der Transparenzrichtlinien und der Übernahmerichtlinie auf europäischer Ebene geprägt. Aus diesem Prozeß lassen sich daher Leitlinien für die Auslegung der §§ 21 ff. WpHG, des WpÜG und insbesondere der Zurechnungsvorschriften ableiten. Die §§ 21 ff. WpHG sind aufgrund der derzeit geltenden Transparenzrichtlinie 2004 ebenso richtlinienkonform auszulegen wie das WpÜG nach Erlaß der Übernahmerichtlinie im Jahre 2004. Aufgrund der detaillierten Regelungen der Transparenzrichtlinie 2004 hat sich daher auch die Auslegung der Zurechnungstatbestände des § 22 WpHG eng an den entsprechenden Bestimmungen der Transparenzrichtlinie 2004 auszurichten. Die Übernahmerichtlinie ist zwar als Rahmenrichtlinie ausgestaltet und überläßt daher den Mitgliedsstaaten einen weiten Gestaltungsspielraum bei der Umsetzung in nationales Recht. Neben den konkreten Vorgaben der Übernahmerichtlinie sind bei der Anwendung des WpÜG und auch bei der Auslegung der Zurechnungstatbestände des § 30 WpÜG jedoch stets die allgemeinen Grundsätze der Übernahmerichtlinie zu beachten. Wesentlich zu beachtender Grundsatz ist hierbei insbesondere die Gewährleistung eines angemessenen Minderheitenschutzes durch das Pflichtangebot im Falle eines Kontrollwechsels.
2. Die funktionale und systematische Einbindung des § 22 WpHG im Regelungssystem der §§ 21 ff. WpHG zeigt, daß § 22 WpHG eine zentrale Funktion bei den Fragen nach dem Vorliegen, nach der Erfüllung sowie bei der Frage nach der Sanktion der Nichterfüllung von Mitteilungspflichten einnimmt. Der § 22 WpHG dient insoweit allein der Gewährleistung des durch die Mitteilungspflichten verfolgten Sinn und Zweckes, deren Erfüllung somit Grundlage der Auslegung des § 22 WpHG bildet.
3. Die §§ 21 ff. WpHG dienen in erster Linie der Herstellung einer angemessenen Beteiligungstransparenz und der damit verbundenen Offenlegung stimmrechtsbegründeter Einflußmöglichkeiten in börsennotierten Gesellschaften. Diese bilden eine wesentliche Grundlage der Anlageentscheidung des Anlegers. Die Beteiligungstransparenz und damit auch die §§ 21 ff. WpHG sollen einen effektiven Anlegerschutz gewährleisten und die Funktionsfähigkeit des Kapitalmarktes fördern. Maßstab für das Erreichen einer angemessenen Be-

teiligungstransparenz ist der jeweils verwirklichte Schutz der Anleger und der erzielte Grad der Funktionsfähigkeit des Kapitalmarktes. Hierbei bilden die aufgezeigten Anlegerrisiken (Informations- und Konditionenrisiko, Substanzerhaltungsrisiko, Verwaltungsrisiko, Interessenvertretungsrisiko und das Liquidationsrisiko) die Grundlage für die Beurteilung eines angemessenen Anlegerschutzes. Die Auswirkungen der den Zurechnungstatbeständen zugrunde liegenden Lebenssachverhalte auf diese Anlegerrisiken sind bei der Auslegung der Zurechnungstatbestände jeweils zu berücksichtigen.

4. Die funktionale und systematische Einbindung des § 30 WpHG im Regelungssystem des WpÜG zeigt, daß die Zurechnung von Stimmrechten nach § 30 WpÜG den zeitlichen und sachlichen Anwendungsbereich der Vorschriften des freiwilligen Übernahmeangebotes nach Abschnitt 4 und des Pflichtangebotes nach Abschnitt 5 des WpÜG bestimmt. Beide Angebotsverfahren sehen Einschränkungen für und Pflichten des Bieters hinsichtlich der Entscheidung des „ob" und „wann" der Abgabe eines Angebotes, der zu gewährleistenden Gegenleistung, dem zulässigen Umfang des Angebotes sowie hinsichtlich von Rechten und Pflichten aus Aktien der Zielgesellschaft vor. Ihre Rechtfertigung finden diese Einschränkungen und Pflichten des Bieters im Schutzzweck des Pflichtangebotes nach § 35 WpÜG. Transparenzgesichtspunkte haben für § 30 WpÜG nur eine untergeordnete Bedeutung.

5. Sinn und Zweck des Pflichtangebotes ist primär der Schutz des Minderheitsaktionärs in seiner Rolle als Anleger, wodurch gleichzeitig die Funktionsfähigkeit des Kapitalmarktes gefördert werden soll. Zwar hat der durch das Pflichtangebot bezweckte Schutz des Minderheitsaktionärs auch eine gesellschaftsrechtliche Komponente: die Eröffnung einer den Wert seiner Beteiligung wahrenden Veräußerungsmöglichkeit im Falle eines Kontrollwechsels als präventiver Konzerneingangsschutz. Diese gesellschaftsrechtliche Komponente wird jedoch durch die kapitalmarktrechtliche Komponente des Pflichtangebotes überlagert, in deren Fokus der Schutz des anlegerorientierten Minderheitsaktionärs als Unternehmensfinanzierer steht. Die Eröffnung einer den Wert seiner Anlage wahrenden Veräußerungsmöglichkeit trägt den Grundlagen seiner Investitionsentscheidung Rechnung. Das Pflichtangebot verwirklicht insoweit primär Anlegerschutz, der gleichzeitig die institutionelle Funktionsfähigkeit des Kapitalmarktes fördert. Auch bei § 30 WpÜG ist daher der gewährleistete Anlegerschutz und die erreichte Funktionsfähigkeit des Kapitalmarktes Grundlage der Auslegung der Zurechnungstatbestände. Die den Zurechnungstatbeständen zugrunde liegenden Lebenssachverhalte sind nach ihren Auswirkungen auf die aufgezeigten Anlegerrisiken zu beurteilen. Jeder Zurechnungstatbestand sollte ausschließlich Sachverhalte erfassen, bei denen durch die Einflußmöglichkeiten die Anlegerrisiken derart

tangiert sind, daß sie einen Schutz des Anlegers erfordern, der die Interessen des Bieters überlagern.

6. § 22 WpHG und § 30 WpÜG bestimmen die Zurechnung von Stimmrechten aus Wertpapieren, die einem Dritten gehören, an den Meldepflichtigen bzw. Bieter aufgrund wortgleicher Zurechnungstatbestände. Die Zurechnung erfolgt aufgrund der jeweils unwiderlegbaren Vermutung, daß mit Erfüllung des jeweiligen Zurechnungstatbestandes Einfluß auf die Ausübung der Stimmrechte aus den jeweiligen Wertpapieren besteht. § 22 Abs. 1 WpHG und § 30 Abs. 1 WpÜG knüpfen jeweils die Zurechnung an die Rechtstellung des Meldepflichtigen bzw. Bieters, § 22 Abs. 2 WpHG und § 30 Abs. 2 WpÜG an eine zwischen Wertpapierinhaber und Meldepflichtigen bzw. Bieter bestehende Abstimmung an.
7. Ein Zwang zur einheitlichen Auslegung der §§ 21 ff. WpHG und des § 30 WpÜG besteht trotz der wortgleichen Regelungen nicht. Mangels konkreter Vorgaben der Übernahmerichtlinie zur Zurechnung von Stimmrechten ist § 30 WpÜG zwar auch nach dem Erlaß der Übernahmerichtlinie als ein Fall erweiterter Rechtsangleichung im Hinblick auf die in der Transparenzrichtlinie geregelten Zurechnungstatbestände zu qualifizieren. Eine Auslegungspriorität des § 22 WpHG für § 30 WpÜG wegen der Verpflichtung zur richtlinienkonformen Auslegung resultiert hieraus jedoch nicht, denn außerhalb des Anwendungsbereiches einer Richtlinie besteht kein Zwang zur richtlinienkonformen Auslegung. Auf Grund des historischen Willens des deutschen Gesetzgebers ist jedoch zunächst von einer einheitlichen Auslegung auszugehen. Hierbei sollte § 22 WpHG aufgrund des Zwangs zur richtliniekonformen Auslegung der Vorrang eingeräumt werden. Das ermittelte Auslegungsergebnis ist jedoch sodann vor dem Hintergrund von Sinn und Zweck des Pflichtangebotes zu prüfen und unter Umständen erweiternd oder einschränkend auf § 30 WpÜG anzuwenden. Bei der Auslegung sind die zwingenden Grundsätze der Übernahmerichtlinie zu beachten.
8. Der deutsche Gesetzgeber bedient sich bei § 22 Abs. 1 Satz 1 Nr. 1 WpHG und § 30 Abs. 1 Satz 1 Nr. 1 WpÜG zweier Systeme: (i) dem Konsolidierungskonzept der möglichen Beherrschung nach § 290 HGB in der Fassung des BilMoG und (ii) dem Konzern-Konzept, das § 22 Abs. 3 WpHG und § 2 Abs. 6 WpÜG beinhalten. Während das in § 290 HGB in der Fassung des BilMoG umgesetzte Konsolidierungskonzept die Transparenz der Vermögens- und Finanzlage eines Konzern gewährleisten soll, geht es beim Konzern-Konzept um die Aufdeckung konzernrechtlicher Sachverhalte vor dem Hintergrund des Schutzes der Minderheitsaktionäre. Hieraus resultieren Auslegungskonflikte, die auf den unterschiedlichen Betrachtungsweisen gründen. Diese Auslegungskonflikte werden dadurch verstärkt, daß die §§ 21 ff. WpHG und

das WpÜG unterschiedliche Regelungszwecke verfolgen und münden daher in einer unterschiedlichen Auslegung der wortgleichen Tatbestände des § 22 Abs. 1 Satz 1 Nr. 1 WpHG sowie des § 30 Abs. 1 Satz 1 Nr. 1 WpÜG. Die Berechnung des Stimmrechtsanteils nach § 290 HGB kann im Rahmen der § 21 ff. WpHG aufgrund der Vorgaben der Transparenzrichtlinie insoweit keine Anwendung finden, als Stimmen aus Wertpapieren des zivilrechtlichen Inhabers keine Berücksichtigung finden. Die Übernahmerichtlinie steht einer Nichtberücksichtigung jedoch nicht entgegen. Gleiches gilt für die Frage, ob die Tochterunternehmenseigenschaft auch gegenüber einer natürlichen Person begründet werden kann. Für § 22 Abs. 1 Satz 1 Nr. 1 WpHG ist dies aufgrund der Vorgaben des Art. 2 Abs. 1 lit. f (ii) der Transparenzrichtlinie 2004 europarechtlich zwingend zu bejahen. Mangels Vorgaben in der Übernahmerichtlinie kann für § 30 Abs. 1 Satz 1 Nr. 1 WpÜG eine abweichende Auslegung vertreten werden. Diese ist nach Sinn und Zweck des Pflichtangebotes jedoch abzulehnen. Im Übrigen konnte für die in der Praxis diskutierten Fallgruppen keine abweichende Anwendung beider Vorschriften festgestellt werden. De lege ferenda sollte der Gesetzgeber für den Begriff des Tochterunternehmens eine eigenständige kapitalmarktrechtliche Definition schaffen, die nicht verschiedene Regelungskonzepte miteinander vermengt. Im Rahmen des WpÜG wird durch den derzeitigen Begriff des Tochterunternehmens mit seinem faktischen Element, die durch die Einführung der festen 30 %-Schwelle des § 29 Abs. 2 WpÜG gewonnene Rechtssicherheit aus den Angeln gehoben. Dies mag für die §§ 21 ff. WpHG wegen der weniger einschneidenden Rechtsfolgen noch hinnehmbar sein. Im Hinblick auf die weit reichenden Folgen des Pflichtangebotes kann die damit verbundene Unsicherheit jedoch negative Auswirkungen auf die Kapitalmarktteilnehmer und damit die Effizienz des Kapitalmarktes haben.

9. Sowohl bei § 22 Abs. 1 Satz 1 Nr. 2 WpHG als auch bei § 30 Abs. 1 Satz 1 Nr. 2 WpÜG kommt es für die Zurechnung von Stimmrechten auf die Zuordnung der wirtschaftlichen Chancen und Risiken hinsichtlich der Wertpapiere, aus denen Stimmrechte zugerechnet werden sollen, an. Entscheidend für die Zurechnung ist jedoch, daß damit die Möglichkeit der Einflußnahme auf die Ausübung der Stimmrechte besteht. Soweit eine Einflußnahme ohne abweichende Vereinbarungen nicht besteht, können beide Vorschriften eine Zurechnung nicht begründen. In den in der Praxis diskutierten Fällen konnte eine voneinander abweichende Anwendung beider Vorschriften nicht festgestellt werden.
10. Die Zurechnung von Stimmrechten nach § 22 Abs. 1 Satz 1 Nr. 3 WpHG und § 30 Abs. 1 Satz 1 Nr. 3 WpÜG regelt einen Sonderfall der jeweiligen Nr. 2. Es gelten die gleichen Auslegungsgrundsätze. In den in der Praxis diskutierten

Fällen konnte eine voneinander abweichende Anwendung beider Vorschriften mit einer Ausnahme nicht festgestellt werden. Nach § 22 Abs. 1 Satz 1 Nr. 3 WpHG bewirkt eine Zurechnung von Stimmrechten beim Meldepflichtigen richtlinienkonform eine Hinwegrechnung beim Wertpapierinhaber. Dies kann jedoch nicht für § 30 Abs. 1 Satz 1 Nr. 3 WpÜG gelten. Weder der Wortlaut noch eine richtlinienkonforme Auslegung nach der Übernahmerichtlinie rechtfertigen eine Hinwegrechnung. Der Übernahmerichtlinie ist eine Hinwegrechnung von Stimmrechten aus Aktien beim Wertpapierinhaber fremd. § 30 Abs. 1 Satz 1 Nr. 3 WpÜG entfaltet daher im Rahmen der Verpfändung keine Rechtswirkung.

11. Die Zurechnung nach § 22 Abs. 1 Satz 1 Nr. 4 WpHG und § 30 Abs. 1 Satz 1 Nr. 4 WpÜG erfolgt einheitlich.
12. Für die Zurechnung von Stimmrechten nach § 22 Abs. 1 Satz 1 Nr. 5 WpHG bzw. § 30 Abs. 1 Satz 1 Nr. 5 WpÜG ist nicht der bereits bestehende vermutete Einfluß auf die Ausübung der Stimmrechte entscheidend, sondern daß dieser durch jederzeit möglichen Erwerb der Wertpapiere erlangt werden kann. Die Erwerbsmöglichkeit muß daher dinglich ausgestaltet sein. Die Transparenzrichtlinie 2004 und das Transparenzrichtlinien-Umsetzungsgesetz haben insoweit die Grundlage für eine erweiternde Auslegung des § 22 Abs. 1 Satz 1 Nr. 5 WpHG sowie des § 30 Abs. 1 Satz 1 Nr. 5 WpÜG auf schuldrechtliche Erwerbsoptionen entzogen. Allerdings ist § 22 Abs. 1 Satz 1 Nr. 5 WpHG erweiternd auf dingliche Erwerbsmöglichkeiten anwendbar, die zusätzlich zeitlichen Beschränkungen (Befristung, Ausübungszeitraum) oder Bedingungen unterliegen, deren Eintritt sicher ist. Dies ist insbesondere unter dem Gesichtspunkt größtmöglicher Transparenz notwendig, um Umgehungsstrategien zu vermeiden und mit einem effizienten Kapitalmarkt vereinbar. Für § 30 Abs. 1 Satz 1 Nr. WpÜG ist jedoch insoweit eine enge Auslegung vorzunehmen, da Anlegerrisiken solange nicht berührt sind, wie der Bieter an der Ausübung seiner Erwerbsmöglichkeit gehindert ist. Setzt der dingliche Erwerb den Eintritt weiterer Bedingungen oder den Ablauf von Fristen voraus, bedarf es daher keiner eine unter Umständen Pflichtangebot auslösenden Stimmrechtszurechnung.
13. § 22 Abs. 1 Satz 1 Nr. 6 WpHG und § 30 Abs. 1 Satz 1 Nr. 6 WpÜG sind einheitlich auszulegen. Durch die Erweiterung des Tatbestandes um die Alternative der Bevollmächtigung haben sich bestehende Zweifelsfragen weitestgehend erübrigt. Unter Transparenzgesichtspunkten sowie den Anlegerinteressen wäre eine Erweiterung des Zurechnungstatbestandes im Rahmen des WpHG auf Depotstimmrechte von Banken wünschenswert. Dem stehen jedoch derzeit der eindeutige Wortlaut der Transparenzrichtlinie 2004 sowie des § 22 Abs. 1 Satz 1 Nr. 6 WpHG entgegen. Einer entsprechenden Erweiterung des § 30 Abs. 1 Satz 1 Nr. 6 WpÜG bedarf es nicht.

14. Neben dem Zurechnungstatbestand des § 22 Abs. 2 WpHG, für den die konkreten Vorgaben der Transparenzrichtlinie wiederum gelten, sind auch beim Zurechnungstatbestand des § 30 Abs. 2 WpÜG diesmal die konkreten Vorgaben der Übernahmerichtlinie zur Zurechnung von Stimmrechten gemeinsam handelnder Personen zu berücksichtigen. Hieraus resultiert vorliegend jedoch keine abweichende Anwendung beider Vorschriften. Beide Vorschriften verlangen als Abstimmung der Beteiligten einen bewußten Kommunikationsprozeß. Dies setzen auch beide Richtlinien voraus. Beteiligter des Abstimmungsprozesses kann jeder sein, der auch Meldepflichtiger bzw. Bieter sein kann. Grundlage der Abstimmung kann entweder eine rechtlich bindende oder unverbindliche, eine ausdrückliche oder stillschweigende, eine mündliche oder schriftliche, eine förmliche oder formlose Abrede oder ein faktisches Verhalten der Beteiligten sein. Erforderlich ist stets eine ausreichende Koordinierung, die bei Vereinbarungen grundsätzlich anzunehmen ist. Bei faktischen Verhaltensweisen können die im Konzernrecht, in der Fusionskontrolle oder herausgebildeten Grundsätze zur Feststellung einer Mehrmütterherrschaft zur Beurteilung herangezogen. Sowohl bei § 22 Abs. 2 WpHG als auch bei § 30 Abs. 2 WpÜG muß eine Abstimmung gesellschaftsbezogen sein. Sofern sie die Ausübung der Stimmrechte insgesamt betrifft, ist eine Zurechnung stets anzunehmen. Sofern lediglich eine Abstimmung über das Halten, Erwerben oder Veräußern von Wertpapieren getroffen wird, ist eine Zurechnung nach beiden Vorschriften abzulehnen. Sofern die Abstimmung nur punktuell stimmrechtsbezogen ist, ist aufgrund des unterschiedlichen Sinn und Zweckes der §§ 21 ff. WpHG und dem Pflichtangebot nach § 35 WpÜG zu differenzieren. § 22 Abs. 2 WpHG setzt nach der hier vertretenen Auffassung voraus, daß der stimmrechtsbezogene Abstimmungsvorgang darüber hinaus einen gesellschaftsrechtlichen Bezug aufweist, der i. S. d. § 13 Abs. 1 WpHG geeignet ist, den Börsen- oder Marktpreis der Wertpapiere der börsennotierten Gesellschaft erheblich zu beeinträchtigen. Da das Pflichtangebot den Minderheitsaktionär in seiner überlagernden Funktion als Anleger vor den Folgen eines Kontrollwechsels schützen soll, muß die punktuell stimmrechtsbezogene Abstimmung im Rahmen des § 30 Abs. 2 WpÜG es dem Bieter ermöglichen, die (faktische) Kontrolle zu erlangen. Anhaltspunkte hierfür können die zur Beurteilung des Vorliegens einer Mehrmütterherrschaft, eines faktischen Konzerns, des Vorliegens einer Abhängigkeit i. S. d. § 17 AktG oder zum Konsolidierungskonzept der möglichen Beherrschung gewonnenen Erkenntnisse sein. Die der Abstimmung unterliegenden Stimmrechte sind grundsätzlich wechselseitig in vollem Umfang zuzurechnen, es sei denn der Meldepflichtige bzw. Bieter beherrscht einseitig den Abstimmungsvorgang.

Literaturverzeichnis

Adams, Michael: Was spricht gegen eine unbehinderte Übertragbarkeit der in Unternehmen gebundenen Ressourcen durch ihre Eigentümer?, AG 1990, S. 243 – 252

Adler, Hans/Düring, Walther/Schmaltz, Kurt: Rechnungslegung und Prüfung der Unternehmen, Kommentar zum HGB, AktG, GmbHG, PublG nach den Vorschriften des Bilanzrichtlinien-Gesetz, Teilband 4, 6. Aufl., Stuttgart 1997

Altmeppen, Holger: Neutralitätspflicht und Pflichtangebot nach dem neuen Übernahmerecht, ZIP 2001, S. 1073–104

Arends, Volker: Die Offenlegung von Aktienbesitz nach deutschem Recht, Wiesbaden 2000

Assmann, Heinz-Dieter: Konzeptionelle Grundlagen des Anlegerschutzes, ZBB 1989, S. 49–63

Assmann, Heinz-Dieter: Verhaltensregeln für freiwillige öffentliche Übernahmeangebote, AG 1995, S. 563–572

Assmann, Heinz-Dieter: Erwerbs-, Übernahme- und Pflichtangebote nach dem Wertpapiererwerbs- und Übernahmegesetz aus der Sicht der Bietergesellschaft, AG 2002, S. 114–125

Assmann, Heinz-Dieter/Schneider, Uwe H.: Wertpapierhandelsgesetz Kommentar, 5. Auflage, Köln 2009

Assmann, Heinz-Dieter/Pötzsch, Thorsten/Schneider, Uwe H.: Wertpapiererwerbs- und Übernahmegesetz Kommentar, 1. Auflage, Köln 2005

Assmann, Heinz-Dieter/Basaldua, Nathalie/Peltzer, Martin: Übernahmeangebote, Berlin, New York 1990

Austmann, Andreas: Pflichten zur Offenlegung von Aktienbesitz, WiB 1994, S. 143–147

Baums, Theodor: Übernahmeregeln in der Europäischen Gemeinschaft, ZIP 1989, S. 1376 – 1381

Beckmann, Ralph: Der Richtlinienvorschlag betreffend Übernahmeangebote auf dem Weg zu einer europäischen Rechtsangleichung, DB 1995, S. 2407 – 2411

Beckmann, Ralph: Übernahmeangebote in Europa, Berlin 1990

Behrens, Peter: Rechtspolitische Grundsatzfragen zu einer Europäischen Regelung für Übernahmeangebote, ZGR 1975, S. 433–458

Benner-Heinacher, Jella S.: Mindeststandards für Übernahmeregeln in Deutschland, DB 1997, S. 2521–2524

Berding, Benjamin: Gesellschafts- und kapitalmarktrechtliche Grundsätze im Übernahmerecht, WM 2002, S. 1149–1158

Berger, Klaus Peter: Unternehmensübernahmen in Europa – Der geänderte Vorschlag für eine EG-Takeover-Richtlinie im Vergleich mit nationalen Übernahmeregelungen, ZIP 1991, S. 1644–1660

Berger, Klaus Peter/Filgut, Esther: „Acting in Concert" nach § 30 Abs. 2 WpÜG, AG 2004, S. 592–603

Bess, Jürgen: Eine europäische Regelung für Übernahmeangebote (Teil I), AG 1976, S. 169–176

Bess, Jürgen: Eine europäische Regelung für Übernahmeangebote (Teil I), AG 1976, S. 206 – 210

Bosse, Christian: Wesentliche Neuerungen ab 2007 aufgrund des Transparenzrichtlinien-Umsetzungsgesetzes für börsennotierte Unternehmen, DB 2007, S. 39–46

Bott, Claudia/Schleef, Michael: Transparenz von Beteiligungsverhältnisse nach dem Wertpapierhandelsgesetz – Nutzen für den Anleger?, ZBB 1998, S. 330–334

Braun, Hendrik: Das einflußlose Mitglied im Stimmrechtspool – Bieter i. S. d., § 35 II WpÜG?, NZG 2008, S. 928–933

v. Bülow, Christoph/Stephanblome, Markus: Acting in Concert und neue Offenlegungspflichten nach dem Risikobegrenzungsgesetz, ZIP 2008, S. 1797–1806

Burgard, Ulrich: Die Offenlegung von Beteiligungen bei Aktiengesellschaften, AG 1992, S. 41–55

Burgard, Ulrich: Die Berechnung des Stimmrechtsanteils nach §§ 21–23 Wertpapierhandelsgesetz, BB 1995, S. 2069–2078

Cahn, Andreas: Probleme der Mitteilungs- und Veröffentlichungspflichten nach dem WpHG bei Veränderungen des Stimmrechtsanteils an börsennotierten Gesellschaften, AG 1997, S. 502–512

Casper, Matthias: Acting in Concert – Grundlagen eines neuen kapitalmarktrechtlichen Zurechnungstatbestandes, ZIP 2003, S. 1469–1477

Dannhoff, Martin: Der Entwurf des Zweiten Finanzmarktförderungsgesetzes, DZWIR 1993, S. 521–525

Dauner-Lieb, Barbara/Lamandini, Marco: Der neue Kommissionsvorschlag einer EU-Übernahmerichtlinie – Stellungnahme der Gutachter des EU-Parlaments, BB 2003, S. 265–267

Diekmann, Hans: Mitteilungspflichten nach §§ 20 ff. AktG und dem Diskussionsentwurf des Wertpapierhandelsgesetzes, DZWiR 1994, S. 13–21

Diekmann, Hans: Änderungen im Wertpapiererwerbs- und Übernahmegesetz anläßlich der Umsetzung der EU-Übernahmerichtlinie in das deutsche Recht, NJW 2007, S. 817–824

Dörge, Andreas: Rechtliche Aspekte der Wertpapierleihe, Berlin 1992

Drinkuth, Henrik: Gegen den Gleichlauf des Acting in concert nach 22 WpHG und 30 WpÜG, ZIP 2008, S. 676–678

Ebenroth, Carsten Thomas/Wilken, Oliver: Zum Auskunftsanspruch des Aktionärs im Konzern, BB 1993, S. 1818–1823

Ehricke, Ulrich/Ekkenga, Jens/Oechsler, Jürgen: Wertpapiererwerbs- und Übernahmegesetz, München 2003

Ekkenga, Jens/Hofschroer, Josef: Das Wertpapiererwerbs- und Übernahmegesetz (Teil I), DStR 2002, S. 724–734

Ekkenga, Jens/Hofschroer, Josef: Das Wertpapiererwerbs- und Übernahmegesetz (Teil II), DStR 2002, S. 768–777

Emmerich, Volker/Habersack, Mathias: Aktien- und GmbH-Konzernrecht, 5. Aufl., München 2008

Etzbach, Peter: Die Regelung öffentlicher Übernahmeangebote: unter besonderer Berücksichtigung der vorgeschlagenen 13. EU-Richtlinie zu Übernahmeangeboten und des Übernahmekodex, Frankfurt am Main 2002

Everling, Ulrich: Zur Auslegung des durch EG-Richtlinien angeglichenen nationalen Rechts, ZGR 1992, S. 376–395

Falkenhagen, Klaus: Aktuelle Fragen zu den Mitteilungs- und Veröffentlichungspflichten nach Abschnitt 4 und 7 des Wertpapierhandelsgesetzes, WM 1995, S. 1005–1009

Fiedler, Christine: Mitteilungen über Beteiligungen von Mutter- und Tochterunternehmen, Baden-Baden 2005

Fischer zu Cramburg, Ralf: Blick nach Brüssel, NZG 2009, S. 100–100

Fleischer, Holger: Zum Begriff des öffentlichen Angebots im Wertpapiererwerbs- und Übernahmegesetz, ZIP 2001, S. 165–1660

Fleischer, Holger: Schnittmengen des WpÜG mit benachbarten Rechtsmaterien – eine Problemskizze, NZG 2002, S. 545–551

Fleischer, Holger/Kalss, Susanne: Das neue Wertpapiererwerbs- und Übernahmegesetz – Einführende Gesamtdarstellung und Materialien, Teil 1 u. 2, München 2002

Franck, Jens-Uwe: Die Stimmrechtszurechnung nach § 22 WpHG und § 30 WpÜG, BKR 2002, S. 709–716,

Fuchs, Andreas: Wertpapierhandelsgesetz (WpHG), Kommentar, München 2009

Gätsch, Andreas/Schäfer Frank A.: Abgestimmtes Verhalten nach § 22 II WpHG und § 30 II WpÜG in der Fassung des Risikobegrenzungsgesetzes, NZG 2008, S. 846–851

Gehrt, John Alexander: Die neue Ad-Hoc-Publizität nach § 15 Wertpapierhandelsgesetz, Baden-Baden 1997

Geibel, Stephan/Süßmann, Rainer: Erwerbsangebote nach dem Wertpapiererwerbs- und Übernahmegesetz, BKR 2003, S. 42–67
Geibel, Stephan/Süßmann, Rainer/Angerer, Lutz: Wertpapiererwerbs- und Übernahmegesetz Kommentar mit WpÜG-Angebotsverordnung, 2. Auflage, München 2008
Glade, Achim/Haak, Andreas M./Hellich, Peter: Die Umsetzung der Übernahmerichtlinie in das deutsche Recht, Der Konzern 2004, Teil I S. 455–462, Teil II S. 515–524
Habersack, Mathias/Mayer, Christian: Der neue Vorschlag 1997 einer Takeover-Richtlinie – Überlegungen zur Umsetzung in das nationale Recht, ZIP 1997, S. 2141–2146
Harbarth, Stephan: Kontrollerlangung und Pflichtangebot, ZIP 2002, S. 321–332
Haarmann, Wilhelm/Riehmer, Klaus/Schüppen, Matthias: Öffentliche Übernahmeangebote, Kommentar zum Wertpapiererwerbs- und Übernahmegesetz, Heidelberg 2002
Haarmann, Wilhelm/Schüppen, Matthias: Frankfurter Kommentar zum Wertpapiererwerbs- und Übernahmegesetz, 3. Aufl., Frankfurt am Main 2008
Habersack, Mathias: Beteiligungstransparenz adieu?, AG 200, S. 817–820
Heidel, Thomas: Anwaltskommentar Aktienrecht, 2. Auflage, Bonn 2007
Heinle, Daniel C.: City Code und Übernahmecodex, Frankfurt am Main 2001
Heinrich, Tobias A.: Kapitalmarktrechtliche Transparenzbestimmungen und die Offenlegung von Beteiligungsverhältnissen, Frankfurt am Main, 2006
Heiser, Kristian J.: Interessenkonflikte in der Aktiengesellschaft und ihre Lösung am Beispiel des Zwangsangebots, Münster 1999
Hennrichs, Joachim/Kleindiek, Detlef/Watrin, Christoph: Münchener Kommentar zum Bilanzrecht, IFRS, Stand: Juli 2008, München
Hennrichs, Joachim: Die Bedeutung der EG-Bilanzrichtlinie für das deutsche Handelsbilanzrecht, ZGR 1997, S. 66–88
Hildner, Matthias: Kapitalmarktrechtliche Beteiligungstransparenz verbundener Unternehmen: die kapitalmarktrechtlichen Meldepflichten verbundener Unternehmen bei Veränderung des Stimmrechtsanteils an börsennotierten Gesellschaften, Berlin 2002
Hirte, Heribert: Geldausgleich statt Inhaltskontrolle – Vermögensbezogener Aktionärsschutz in der börsennotierten Aktiengesellschaft –, WM 1997, S. 1001–1008
Hirte, Heribert/von Bülow, Christoph: Kölner Kommentar zum WpÜG mit AngebVO und §§ 327a, 327f AktG, Köln 2003
Hirte, Heribert/Möllers, Thomas M. J.: Kölner Kommentar zum WpHG, Köln 2007
Hoffmann-Becking, Michael: Münchener Handbuch des Gesellschaftsrechts, Band 4, Aktiengesellschaft, 3. Aufl., München 2007

Holzborn, Timo/Friedhoff, Martin: Die gebundenen Ausnahmen der Zurechnung nach dem WpÜG – Die Tücken des Handelsbestandes nach § 20 WpÜG –, WM 2002, S. 948–951

Hommelhoff, Peter/Kleindiek, Detlef: Takeover-Richtlinie und europäisches Konzernrecht, AG 1990, S. 106–111

Hopt, Klaus J.: Vom Aktien- und Börsenrecht zum Kapitalmarktrecht, Teil 2: Die deutsche Entwicklung im internationalen Vergleich, ZHR 1977, S. 389–441

Hopt, Klaus J.: Grundsatz- und Praxisprobleme nach dem Wertpapierhandelsgesetz, ZHR 1995, S. 135–163

Hopt, Klaus J.: Europäisches und deutsches Übernahmerecht, ZHR 1997, S. 368–420

Hopt, Klaus J.: Grundsatz- und Praxisprobleme nach dem Wertpapiererwerbs- und Übernahmegesetz, ZHR 2002, S. 383–432

Hopt, Klaus J./Mülbert, Peter O./Kumpan, Christoph: Reformbedarf im Übernahmerecht, AG 2005, S. 109–119.

Hopt, Klaus J./Wiedemann, Herbert: Aktiengesetz – Großkommentar, 10. Lieferung, §§ 1–53, 4. Aufl., Berlin 2004

Houben, Eike: Die Gestaltung des Pflichtangebotes unter dem Aspekt des Minderheitenschutzes und der effizienten Allokation der Unternehmenskontrolle, WM 2000, S. 1873–1883

Hüffer, Uwe: Aktiengesetz, 8. Aufl., München 2008

Hutter, Stephan/Kaulamo, Katja: Das Transparenzrichtlinie-Umsetzungsgesetz: Änderungen der anlaßabhängigen Publizität, NJW 2007, S. 471–478

Jäger, Regina: Rechtsprobleme bei der Meldung des Anteilsbesitzes gemäß § 21 bzw. 41 WpHG, insbesondere bei Familienaktiengesellschaften, WM 1996, S. 1356–1359

Jarass, Hans D.: Grundfragen der innerstaatlichen Bedeutung des EG-Rechts – Die Vorgaben des Rechts der Europäischen Gemeinschaft für die nationale Rechtsanwendung und die nationale Rechtssetzung nach Maastricht, Köln 1994

Kallmeyer, Harald: Die Mängel des Übernahmekodex der Börsensachverständigenkommission, ZHR 1997, S. 435–454

Kallmeyer, Harald: Pflichtangebote nach dem Übernahmekodex und dem neuen Vorschlag 1997 einer Take-Over-Richtlinie, ZIP 1997, S. 2147–2148

Kindler, Peter/Horstmann, Hendrik: Die EU-Übernahmerichtlinie – Ein „europäischer" Kompromiß, DStR 2004, S. 866–873

Kirchner, Christian: Neutralitäts- und Stillhaltepflicht des Vorstands der Zielgesellschaft im Übernahmerecht, AG 1999, S. 481–492

Kleindiek, Detlef: Funktion und Geltungsanspruch des Pflichtangebots nach dem WpÜG – Kapitalmarktrecht – Konzernrecht – Umwandlungsrecht, ZGR 2002, S. 546–578

Krause, Hartmut: Das obligatorische Übernahmeangebot, Baden-Baden 1996
Krause, Hartmut: Der revidierte Vorschlag einer Takeover-Richtlinie, AG 1996, S. 209 –217
Krause, Hartmut: Die geplante Takeover-Richtlinie der Europäischen Union mit Ausblick auf das geplante deutsche Übernahmegesetz, NZG 2000, S. 905–913
Krause, Hartmut: Zur Gleichbehandlung der Aktionäre bei Übernahmeangeboten und Beteiligungserwerb, Teil I, WM 1996, S. 845–851
Krause, Hartmut: Das deutsche Übernahmegesetz vor dem Hintergrund der EU-Richtlinie, ZGR 2002, S. 500–519
Krause, Hartmut: Die EU-Übernahmerichtlinie – Anpassungsbedarf im Wertpapiererwerbs- und Übernahmegesetz, BB 2004, S. 113–119
Kümpel, Siegfried: Die Grundstruktur der Wertpapierleihe und ihre rechtlichen Aspekte, WM 1990, S. 909–916
Kümpel, Siegfried/Peters, Martin: Aktuelle Rechtsfragen der Wertpapierleihe, AG 1994, S. 525–531
Kuthe, Thorsten/Brockhaus, Guido: Anmerkung zu OLG München, DB 2005, 1263, DB 2005, S. 1266–1267
Land, Volker/Hasselbach, Kai: Das neue deutsche Übernahmegesetz – Einführung und kritische Anmerkungen zum Diskussionsentwurf des BMF –, DB 2000, S. 1747–1755
Lange, Oliver: Die Auswirkung der Zurechnungsvorschriften des WpÜG auf Vorstandsmitglieder, Der Konzern 2003, S. 675–683
Lange, Oliver: Aktuelle Rechtsfragen der kapitalmarktrechtlichen Zurechnung, ZBB 2004, S. 22–28
Larenz, Karl: Methodenlehre der Rechtswissenschaft, 6. Aufl., München 1991
Lenz, Jürgen/Linke, Ulf: Die Handhabung des WpÜG in der aufsichtsrechtlichen Praxis, AG 2002, S. 361–369
Letzel, Hans-Joachim: Das Pflichtangebot nach dem Übernahmekodex – mit Vorausschau auf das Pflichtangebot nach dem ÜbG, NZG 2001, S. 260–268
Liebscher, Thomas: Die Zurechnungstatbestände des WpHG und WpÜG, ZIP 2002, S. 1005–1017
Liebscher, Thomas: Konzernbildungskontrolle: rechtsformspezifische und rechtsformunabhängige Aspekte der Problematik eines konzernrechtlichen Präventivschutzes im Rahmen des Konzernierungsprozesses, Berlin 1995
Louven, Christoph: Anmerkung zu OLG München, Urt. V. 27.04.2005 – 7 U 2792/04 – (Übernahmeangebot: Zurechnung von Stimmrechten nach § 30 WpÜG zur Feststellung einer Kontrolle über die Zielgesellschaft), BB 2005, S. 1414–1415
Löhdefink, Andreas: Acting in Concert und Kontrolle im Übernahmerecht, Köln, 2007

Lüdenbach, Norbert/Hoffmann, Wolf-Dieter: Haufe IFRS-Kommentar, 6. Auflage, Freiburg 2008

Lutter, Marcus: Umfang der Bindung von Richtlinien, Festschrift f. Everling, Berlin 1995, S. 765–782

Lutter, Marcus: Europäisches Unternehmensrecht, ZGR Sonderheft 1, Berlin 1996

Lüttmann, Ruth: Kontrollwechsel in Kapitalgesellschaften: eine vergleichende Untersuchung des englischen, US-amerikanischen und deutschen Rechts, Baden-Baden 1992

Maul, Silja/Muffat-Jeandet, Danièle: Die EU-Übernahmerichtlinie – Inhalt und Umsetzung ins nationale Recht (Teil I), AG 2004, S. 221–234

Maul, Silja/Muffat-Jeandet, Danièle: Die EU-Übernahmerichtlinie – Inhalt und Umsetzung ins nationale Recht (Teil II), AG 2004, S. 306–318

Markwardt, Karsten: Diskussionsbericht zu den Referaten „Acting in Concert“ von Casper und Pentz, ZIP 2003, S. 1492–1494

Merkt, Hanno/Binder, Jens-Hinrich: Änderungen im Übernahmerecht nach Umsetzung der EG-Übernahmerichtlinie: Das deutsche Umsetzungsgesetz und verbleibende Problemfelder, BB 2006, S. 1285–1292

Merkt, Hanno: Unternehmenspublizität: Offenlegung von Unternehmensdaten als Korrelat der Marktteilnahme, Tübingen, 2006

Mertens, Hans-Joachim: Förderung von, Schutz vor, Zwang zu Übernahmeangeboten, AG 1990, S. 252–259

Meyer, Oliver: Die Übernahme börsennotierter Aktiengesellschaften nach der EU-Übernahmerichtlinie, Hamburg, 2006,

Meyer, Andreas/Bundschuh, Michaela: Sicherungsübereignung börsennotierter Aktien, Pflichtangebot und Meldepflichten – Praxisfragen im Spannungsfeld zwischen Wertpapierhandels- und Übernahmerecht –, WM 2003, S. 960–966

Möllers, Thomas M. J.: Anlegerschutz durch Aktien- und Kapitalmarktrecht – Harmonisierungsmöglichkeiten nach geltendem und künftigem Recht –, ZGR 1997, S. 335–367

Mühle, Sabine: Das Wertpapiererwerbs- und Übernahmegesetz – im Schnittfeld zwischen Gesellschafts- und Kapitalmarktrecht unter besonderer Berücksichtigung des ökonomischen Rahmenbezugs, Baden-Baden 2003

Mülbert, Peter O.: Übernahmerecht zwischen Kapitalmarktrecht und Aktien(konzern)recht – die konzeptionelle Schwachstelle des RegEWpÜG, ZIP 2001, S. 1221–1229

Mülbert, Peter O./Schneider, Uwe H.: Der außervertragliche Abfindungsanspruch im Recht der Pflichtangebote, WM 2003, S. 2301–2348

Mülbert, Peter O.: Umsetzungsfragen der Übernahmerichtlinie – erheblicher Anpassungsbedarf bei den heutigen Vorschriften des WpÜG, NZG 2004, S. 633–642

Munscheck, Karsten: Das Übernahmeangebot als Konzernbildungskontrolle – Überlegungen zur Höhe und Ausgestaltung des Stimmrechtsanteils, der die Angebotsverpflichtung auslöst, RIW 1995, S. 998–1003

Neye, Hans-Werner: Der gemeinsame Standpunkt des Rates zur 13. Richtlinie – ein entscheidender Schritt auf dem Weg zu einem europäischen Übernahmerecht, AG 2000, S. 289–301

Neye, Hans-Werner: Der neue Vorschlag der Kommission für eine dreizehnte Richtlinie über Übernahmeangebote, DB 1996, S. 1121–1125

Neye, Hans-Werner: Die EU-Übernahmerichtlinie auf der Zielgeraden, ZIP 2001, S. 1120–1128

Neye, Hans-Werner: Der neue Übernahmekodex der Börsensachverständigenkommission, ZIP 1995, S. 1464–1467

Nießen, Tobias: Die Harmonisierung der kapitalmarktrechtlichen Transparenzregeln durch das TUG, NZG 2007, S. 41–46

Noack, Ulrich: Gesellschaftervereinbarungen bei Kapitalgesellschaften, Tübingen 1994

Nottmeier, Horst/Schäfer, Holger: Praktische Fragen im Zusammenhang mit §§ 21, 22 WpHG, AG 1997, S. 87–96

Oechsler, Jürgen: Der ReE zum Wertpapiererwerbs- und Übernahmegesetz – Regelungsbedarf auf der Zielgeraden!, NZG 2001, S. 817–826

Paul, Carsten A.: Gesetzgeberisches Regelungsanliegen und rechtsdogmatische Einordnung von § 35 WpÜG – Wider die These vom Konzerneingangsschutz, Der Konzern 2009, S. 80–87.

Peltzer, Martin: Der Kommissionsentwurf für eine 13. Richtlinie über Übernahmeangebote vom 07.02.1996, AG 1997, S. 145–151

Pentz, Andreas: Acting in Concert – Ausgewählte Einzelprobleme zur Zurechnung und zu den Rechtsfolgen, ZIP 2003, S. 1478–1492

Pfitzer, Norbert/Streib, Harry: Bestimmungen über die Unternehmenspublizität im Rahmen des Wertpapierhandelsgesetzes, BB 1995, S. 1947–1953

Pluskat, Sorika: Das geplante neue Übernahmerecht nach dem Referentenentwurf des BMF, DStR 2001, S. 897–901

Pluskat, Sorika: Das Scheitern der europäischen Übernahmerichtlinie, WM 2001, S. 1937–1942

Pluskat, Sorika: Acting in Concert in der Fassung des Risikobegrenzungsgesetzes – jetzt alles anders?, DB 2009, S. 383–387

Pötzsch, Thorsten/Möller, Andreas: Das künftige Übernahmerecht – Der Diskussionsentwurf des Bundesministeriums der Finanzen zu einem Gesetz zur Regelung von Unternehmensübernahmen und der Gemeinsame Standpunkt des Rates zur europäischen Übernahmerichtlinie –, WM 2000, Sonderbeilage Nr. 2, 3, S. 1–38

Pötzsch, Thorsten/Möller, Andreas: Das neue Übernahmerecht – Der Regierungsentwurf vom 11. Juli 2001, ZIP 2001, S. 1256–1262
Reul, Jürgen: Die Pflicht zur Gleichbehandlung der Aktionäre bei privaten Kontrollaktionen: eine juristische und ökonomische Analyse, Tübingen 1991
Riehmer, Klaus/Schröder, Oliver: Der Entwurf des Übernahmegesetzes im Lichte von Vodafone/Mannesmann, NZG 2000, 820–824
Riepe, Stefan: Das Zweite Finanzmarktförderungsgesetz – Verbesserung der internationalen Wettbewerbsfähigkeit des Finanzplatzes Deutschland –, DStR 1994, S. 1236–1240
Riesenhuber, Karl/Domröse, Ronny: Richtlinienkonforme Rechtsfindung und nationale Methodenlehre, RIW 2005, S. 47–54.
Roos, Michael: Der neue Vorschlag für eine EG-Übernahme-Richtlinie, WM 1996, S. 2177–2188
Saenger, Ingo/Kessler, Nicholas: Abgestimmtes Verhalten i. S. d. § 30 Abs. 2 WpÜG bei der Aufsichtsratswahl. Zugleich Anmerkung zu OLG München v. 27.04.2005 – 7 U 2792/04 –, ZIP 2006, S. 837–842
Schäfer, Frank A.: Wertpapierhandelsgesetz, Börsengesetz mit BörsenzulV, Verkaufsprospektgesetz mit VerkProspV, Kommentar, Köln 1999
Schmid, Hubert/Mühlhäuser, Felix: Wirtschaftliches Eigentum und Gewinnrealisierung bei der Wertpapierleihe, BB 2001, S. 2609–2618
Schmidthoff, Clive M./Goré, François/Heinsius, Theodor: Übernahmeangebote im Aktienrecht, Frankfurt am Main, 1976
Schmidt-Rimpler, Walter: Besprechung der Dissertation „Die Ausübung des Stimmrechts bei nutznießungsbelasteten Aktien" von Egbert Peters, NJW 1953, S. 1503–1507
Schnabel, Kerstin/Korff, Matthias: Mitteilungs- und Veröffentlichungspflichten gemäß § 21 ff WpHG und ihre Änderung durch das Transparenzrichtlinie-Umsetzungsgesetz – Ausgewählte Praxisfragen, ZBB 2007, S. 179–187
Schneider, Uwe H./Anzinger, Heribert M.: Institutionelle Stimmrechtsberatung und Stimmrechtsvertretung – „A quiet guru's enormous clout", NZG 2007, S. 88–96
Schneider, Uwe H./Burgard, Ulrich: Transparenz als Instrument der Steuerung des Einflusses der Kreditinstitute auf Aktiengesellschaften, DB 1996, S. 1761–1767
Schneider, Uwe H./Burgard, Ulrich: Übernahmeangebote und Konzerngründung – Zum Verhältnis von Übernahmerecht, Gesellschaftsrecht und Konzernrecht, DB 2001, S. 963–969
Schneider, Uwe H.: Acting in Concert – ein kapitalmarktrechtlicher Zurechnungstatbestand, WM 2006, S. 1321–1368
Schockenhoff, Martin/Schumann, Alexander: Acting in Concert – geklärte und ungeklärte Rechtsfragen, ZGR 2005, S. 568–610

Schwark, Eberhard: Kapitalmarktrechtskommentar – Börsengesetz mit Börsenzulassungsverordnung, Verkaufsprospektgesetz mit Verkaufsprospektverordnung, Wertpapierhandelsgesetz, Wertpapiererwerbs- und Übernahmegesetz, München 2004

Schuster, Gunnar: Der neue Vorschlag für eine EG-Takeover-Richtlinie und seine Auswirkungen auf den Übernahmekodex, EuZW 1997, S. 237–241

Seibt, Christoph H./Heiser, Kristian J.: Analyse des Übernahmerichtlinie-Umsetzungsgesetzes (Regierungsentwurf), AG 2006, S. 301–319

Seibt, Christoph H.: Stimmrechtszurechnung nach § 30 WpÜG zum Alleingesellschafter-Geschäftsführer einer GmbH, ZIP 2005, S. 729–740

Seibt, Christoph H.: Grenzen des übernahmerechtlichen Zurechnungstatbestandes in § 30 Abs. 2 WpÜG (Acting in Concert), ZIP 2004, S. 1829–1837

Seulen, Günter: Der Entwurf der EG-Übernahmerichtlinie 1999 und deren mögliche Umsetzung in das deutsche Recht, Münster 2002

Starke, Till M.: Beteiligungstransparenz im Gesellschafts- und Konzernrecht, Baden-Baden 2002

Steinmeyer, Roland/Häger, Michael: WpÜG, Kommentar zum Wertpapiererwebs- und Übernahmegesetz mit Erläuterungen zum Minderheitenausschluß nach §§ 327a ff. AktG, 2. Aufl., Berlin 2007

Steuer, Stephan/Baur, Georg: Erwerbsgeschäfte im Grenzbereich bedeutender Beteiligungen nach dem Wertpapierhandelsgesetz, WM 1996, S. 1477–1484

Stoll, Jutta: Zum Vorschlag der EG-Kommission für die 13. Richtlinie auf dem Gebiet des Gesellschaftsrechts über Übernahmeangebote, BB 1989, S. 1489–1491

Sudhoff, Heinrich: Nochmals: Der Nießbrauch am Gesellschaftsanteil, NJW 1974, S. 2205–2211

Sudmeyer, Jan: Mitteilungs- und Veröffentlichungspflichten nach §§ 21, 22 WpHG, BB 2002, S. 685–692

Thaeter, Ralf/Barth, Daniel: RefE eines Wertpapiererwerbs- und Übernahmegesetzes, NZG 2001, S. 545–550

Thoma, Georg F.: Der neue Übernahmekodex der Börsensachverständigenkommission, ZIP 1996, S. 1725–1734

Tröger, Tobias: Unternehmensübernahmen im deutschen Recht (I), DZWiR, 2002, S. 353–363

Tröger, Tobias: Unternehmensübernahmen im deutschen Recht (II), DZWiR, 2002, S. 397–407

v. Rosen, Rüdiger: Zweites Finanzmarktförderungsgesetz und Privatanleger, Die Bank, 1995, S. 9–14

Vedder, Caroline: Zum Begriff „für Rechnung" im AktG und WpHG, Köln 1999

Veil, Rüdiger: Der Schutz des verständigen Anlegers durch Publizität und Haftung im europäischen und nationalen Kapitalmarktrecht, ZBB 2006, S. 162–171 *von Bülow, Christoph/Bücker, Thomas:* Abgestimmtes Verhalten im Kapitalmarkt- und Gesellschaftsrecht, ZGR 2004, S. 669–720

Wackerbarth, Ulrich: Die Zurechnung nach § 30 WpÜG zum Alleingesellschafter-Geschäftsführer einer GmbH, ZIP 2005, S. 1217–1221

Weber, Martin: Deutsches Kapitalmarktrecht im Umbruch – Das zweite Finanzmarktförderungsgesetz, NJW 1994, S. 2849–2860

Weber, Martin/Berg, Erik/Kruse, Hermann: Kurs- und Renditevergleich von Stamm- und Vorzugsaktien, ZfbF, 1992, S. 548–565

Weiler, Lothar/Meyer, Ingo: „Abgestimmtes Verhalten" gemäß § 30 WpÜG: Neue Ansätze der Bundesanstalt für Finanzdienstleistungsaufsicht?, NZG 2003, S. 909–911

Weisgerber, Thomas: Der Übernahmekodex in der Praxis, ZHR 1997, S. 421–434

Weiß, Daniel: Der wertpapierhandelsrechtliche und übernahmerechtliche Zurechnungstatbestand des *acting in concert*, Frankfurt am Main 2007

Weitbrecht, Andreas/Wilken, Oliver: Publizität, Anlegerschutz und Gesellschaftsrecht im Europäischen Kapitalmarktrecht, EWS 1994, S. 418–423

Wenger, Ekkehard/Kaserer, Christoph/Hecker, Renate: Konzernbildung und Ausschluß von Minderheiten im neuen Übernahmerecht: eine verpasste Chance für einen marktorientierten Minderheitenschutz, ZBB 2001, S. 317–334

Wiedemann, Herbert: Die Übertragung und Vererbung von Mitgliedschaftsrechten bei Handelsgesellschaften, München 1965

Wiedemann, Herbert: Das Abfindungsrecht – ein gesellschaftsrechtlicher Interessensausgleich, ZGR 1978, S. 477–497

Wiedemann, Herbert: Gesellschaftsrecht Band I: Grundlagen, München 1980

Wirth, Gerhard/Weiler, Lothar: Änderung des Übernahmekodex ab 1.1.1998: Das erweiterte Pflichtangebot, DB 1998, S. 117–120

Witt, Carl-Heinz: Die Änderungen der Mitteilungs- und Veröffentlichungspflichten nach §§ 21 ff. WpHG und §§ 20 f. AktG durch das Dritte Finanzmarktförderungsgesetz und das „KonTraG", WM 1998, S. 1153–1161

Ziemons, Hildegard/Jaeger, Carsten: Treuepflichten bei einer Veräußerung einer Beteiligung an einer Aktiengesellschaft, AG 1996, S. 358–366

Zinser, Alexander: Der geänderte Vorschlag einer Takeover-Richtlinie vom 10.11.1997, EWS 1997, S. 133–140

Zinser, Alexander: Der RefE eines „Gesetzes zur Regelung von öffentlichen Angeboten zum Erwerb von Wertpapieren und von Unternehmensübernahmen" vom 12.3.2001, NZG 2001, S. 391–397

Zöllner, Wolfgang: Zu Schranken und Wirkung von Stimmbindungsverträgen, insbesondere bei der GmbH, ZHR 155 (1991), S. 168–189

Zöllner, Wolfgang: Kölner Kommentar zum Aktiengesetz, Band 1, §§ 1–75 AktG, 2. Aufl., Köln 1986 ff.

Peter Lang · Internationaler Verlag der Wissenschaften

Daniel Weiß

Der wertpapierhandelsrechtliche und übernahmerechtliche Zurechnungstatbestand des *acting in concert*

Frankfurt am Main, Berlin, Bern, Bruxelles, New York, Oxford, Wien, 2007. 202 S.
Europäische Hochschulschriften: Reihe 2, Rechtswissenschaft. Bd. 4611
ISBN 978-3-631-56866-8 · br. € 43,20*

Der Tatbestand des sogenannten *acting in concert* (§§ 22 Abs. 2 Satz 1 WpHG, 30 Abs. 2 Satz 1 WpÜG) hat die übernahmerechtliche Praxis seit seiner Einführung vor erhebliche Probleme gestellt. Die Frage nach seiner richtigen Auslegung ist eine der umstrittensten im Kapitalmarktrecht, und sie hat erhebliche praktische Auswirkungen. Die Arbeit untersucht den Tatbestand umfassend und bezieht alle auslegungsrelevanten Gesichtspunkte mit ein.

Aus dem Inhalt: Nationale Vorläuferregelungen und Europarechtliche Vorgaben · Zwingende Verklammerung und identische Auslegung von § 22 WpHG und § 30 WpÜG · Regelungsgehalt der § 22 WpHG, 30 WpÜG · Fallbeispiele zu den abgestimmten Verhaltensweisen · Einzelfälle einer Verhaltensabstimmung „in sonstiger Weise" · Beendigung von abgestimmten Verhalten

Frankfurt am Main · Berlin · Bern · Bruxelles · New York · Oxford · Wien
Auslieferung: Verlag Peter Lang AG
Moosstr. 1, CH-2542 Pieterlen
Telefax 00 41 (0) 32 / 376 17 27

*inklusive der in Deutschland gültigen Mehrwertsteuer
Preisänderungen vorbehalten

Homepage http://www.peterlang.de

Kolibri 360 GmbH
Ferdinand-Jühlke-Straße 7
99095 Erfurt, Deutschland
produktsicherheit@kolibri360.de